KB192692

한국불교의
정토염불수행 방법

한국불교의 정토염불수행 방법

1쇄 인쇄 | 2023년 11월 3일

지은이 | 이선이(태경)

발행인 | 한정희
발행처 | 경인문화사
편집부 | 이현미 김지선 유지혜 한주연 김윤진 이다빈
마케팅 | 전병관 하재일 유인순
출판번호 | 제406-2007-000136호
주소 | 경기도 파주시 회동길 445-1 경인빌딩 B동 4층
전화 | 031-955-9300   팩스 | 031-955-9310
홈페이지 | http://www.kyunginp.co.kr
이메일 | kyungin@kyunginp.co.kr

ISBN | 978-89-499-6757-8 93220
값 | 29,000원

* 저자와 출판사의 동의 없는 인용 또는 발췌를 금합니다.
* 파본 및 훼손된 책은 구입하신 서점에서 교환해 드립니다.

한국불교의
정토염불수행 방법

이선이 지음

경인문화사

염불(念佛)을 주장하는 스님들을 회상해보면, 동진(東晉)시대 여산(廬山)에 살던 혜원(慧遠, 334-416)스님은 극락세계에 왕생하고자 하는 마음으로 염불삼매를 닦았다. 이것이 염불결사의 시작이다.

당(唐)나라 선도(善導, 613-681)스님이 칭명염불을 말한 이후, 오대산에서는 반주삼매를 닦고자 정토법문을 개설하는 풍조가 생겼다. 신라의 원효(元曉, 617-686)스님은 서민 대중 속으로 들어가 부처님의 명호를 함께 부르는 칭명염불을 주장한다. 또 의상(義湘, 625-702)스님은 화엄정토신앙을 강조했다. 한국의 염불은 언뜻 보기에는 칭명염불만을 강조하는 것 같으나, 사실 저변에는 유심정토의 흐름이 있는 관상법(觀想法)을 보여준다.

조선시대에 태어나 활동하며 불법 중흥의 뜻을 세운 허응당 보우(虛應堂 普雨, 1515-1565)스님은 부처님의 상호를 생각하며 명호를 외우는 관상염불을 수행법으로 제시하였다. 여산 혜원의 염불결사를 잇는 깊은 뜻으로 이해된다. 비록 유생들과의 갈등으로 인한 평범한 삶은 아니었더라도 염불하는 마음은 올곧았을 것이다. 이 책의 주제는 보우스님의 관상염불수행법이다. 우리의 염불수행을 만나는 좋은 기회이다.

저자의 노고를 치하하며, 이 인연으로 칭명염불(稱名念佛)과 관상염불(觀想念佛)이 함께 널리 보급되어 이 땅이 불국토가 되길 기원한다.

불기 2567년 10월 10일
中山 慧南

✦ 프롤로그 ✦

'염불(念佛)'은 한국불교에서 매우 중요한 위치를 차지하고 있다. 출가자의 수행과 의례는 물론 재가자들의 수행에서도 없어서는 안 되는 필요한 요소이다. 그러나 현재 염불이라고 하면, 대부분 불의 명호를 부르는 칭념염불을 생각하게 된다. 입으로 자기가 정한 불(佛)의 이름을 칭(稱) 즉 입으로 소리를 내어 크게 부르는 구념염불인 것이다.

염불에 이와 같은 개념이 강조된 것은 16세기부터 18세기까지 『염불작법』의 구성과 변화에서 야기되었다고 주장한다. 용천사본 『염불작법』(1575년)은 관상염불, 장엄염불, 아미타경 독송과 진언염불 수행의 특징을 보인다. 이전의 염불수행은 칭념염불보다 아미타불의 몸과 세계를 관하는 관상염불을 중시하고 있었다는 뜻이다. 십육관법을 생략하고 '권념(勸念)'의 부분이 늘어나며 칭명염불을 강조하는 데서 비롯되었기 때문이라고 한다.

'권념'은 허응당 보우스님이 지은 『권념요록(勸念要錄)』에서 제시하고 있는 '관법(觀法)'의 주요한 내용이다. 관법의 수행법을 이해하는 방식의 변화가 권념의 흐름에 영향을 주고 점차 변화하였다는 뜻이다. 그렇다면 『권념요록』의 십육관법과 권념의 의미를 본래의 뜻대로 아는 것이 곧 조선 전기의 수행법을 아는 것이 된다. 한국불교의 전통적인 수행법이라고 생각된다.

허응당 보우스님은 『권념요록』을 지을 때 많은 부분을 『예념미타도량참법』에 의지하고 있다. 하지만 서문에서는 한국의 왕랑반혼전을 죽기 전에 보이는 효험의 예로 삽입하여 놓고 있다. 그리고 본문에서는 이 왕랑반혼전을 처음에 놓고, 나머지 왕생전은 『예념미타도량참법』 왕생전록을 참고하여 총 11편으로 구성한다.

왕랑반혼전은 매우 많은 내용을 포함하고 있는 반면에, 왕생전록에서 가지고 온 왕생전은 매우 짧고 단편적인 내용이다. 고려 또는 조선시대 저작의 왕생전으로 이야기되는 왕랑반혼전이 우리의 것이라는 것이 더 크게 작용하였을 것이다. 우리에게도 이러한 영험전이 있으니 믿고 수행하라는 의미로 처음에 놓고, 제목을 '권념'이라고 한 것이다. 이 의도는 문정왕후의 불교중흥과 중첩된다.

허응당 보우와 문정왕후는 불교를 통해서 암울한 현실을 타개하려고 노력하였다. 그 결과는 『권념요록』의 저술을 낳았다는 것이다. 특히 조선

전기 왕실 여성불교는 고려시대부터 존속했던 정업원을 이어서 비구니승가라고 할 정도로 정치적 사회적 역할을 충분히 하고 있었다. 이와 같은 조선시대 정업원의 기능은 고려시대 왕실 여성의 입장과 크게 다르지 않았다.

고려 중기의 무신정권과 몽고간섭기는 왕실여성에게 매우 힘든 나날이었을 것이다. 고려 왕실의 여성들은 정업 수행을 통해서 그들의 마음을 표출하고 안위를 걱정하였다. 고려불화의 화기를 통해서 이를 확인할 수 있다. 고려 왕실의 여성 또는 정업원의 비구니들은 십육관변상도를 조성하는 불사에 참여하며, 그들의 마음을 나타내고 있기 때문이다. 정업원의 '정업(淨業)'은 『관무량수경』을 소의경전으로 결정하게 하는 용어이다. 관무량수경변상도의 화기나 허응당 보우스님의 관법도 모두 '정업'을 통해서 십육관상을 수행하는 것을 주제로 한다. 좀 더 구체적으로 말하면 정업은 구품왕생을 기원하는 공통된 수행의 내용이라는 것이다.

고려와 조선의 여성들은 정업을 직접 쌓는 정인(正因)을 불교수행으로 강조한다. 그 실천으로 왕생전의 증거를 보여주며 '권념'이라고 불렀다. 이러한 흐름 속에서 우리의 수행법을 강조하고자 만들어진 것이 『권념요록』이다.
그렇다면 『권념요록』의 구성을 파악하여, 그 내용으로 경전을 해석해 보는 것은 매우 의미있는 작업이라고 생각한다. 염불관상수행법이 여성에게 국한된 것은 분명 아니다. 수행법이 당시 누구에게나 적용할 수 있는 윤리의 실천임을 보여주려는 것을 목적으로 한다는 것이다.

따라서 본 저술은 염불을 단순한 칭념염불이 아니라 한국불교의 전통을 포함하고 있는 관상염불수행법을 보이려는 것이다. 관상염불에서 관상과 염불 중 어느 것이 먼저 놓이느냐는 매우 다른 의미를 지닐 수 있다. 그러나 바른 수행에서는 두 가지가 동시에 이루어진다. 본 책에서는 현재 한국불교에서 지니는 염불에 대한 인식을 염두에 두면서 관상염불이라는 표현을 사용한다.

그리고 『권념요록』을 따라가며 설명하는 내용에는 이제까지 관습대로 이해하던 여러 가지에 대하여 바른 뜻을 알려준다. 관상과 염불의 바른 방법, 십육관상송이나 십육관상찬의 쓰임, 극락세계 십종장엄, 반야용선도의 기원, 삼종정업의 실천, 『시왕경』의 본래 모습, 한국불교 염불수행의 특징 등이다.

다음과 같은 내용으로 이 책을 구성하였다.

선행되어야 할 점은 『권념요록』에서 어떠한 수행법을 제시하고 있으며, 왕랑반혼전에서 관상염불수행을 어떻게 보여주려고 했는가를 알아야 한다. 사료나 문헌을 분석하여 사상을 드러내는 학문적인 연구방식은 탈피하고, 경전을 중심으로 구성하려고 한다. 한국불교수행의 입장에서 경문과 문헌을 해석하고 관상염불법을 정확하게 서술하려고 하였다. 기존에 알려진 염불수행법과 다른 설명도 있을 수 있다. 어쩌면 이러한 점이 한국불교전통의 관상염불수행법일 수도 있으니, 이점을 염두에 두었으면 한다.

전체 구성은 크게 네 부분으로 나누었다.

첫 번째는 『권념요록』의 서문과 왕랑반혼전을 맨 먼저 놓았다. 본 책의 전체 구성과 주제를 보여주기 위해서이다.

두 번째는 『무량수경』의 48원을 중심으로 관상염불이라는 주제에 필요한 개념들을 설명한다. 발원의 의미를 알려주고, 삼독과 오계를 보여준다.

세 번째는 『권념요록』의 관법·인증·발원을 놓았다. 실제 수행법을 설명하는 내용이다. 『관무량수경』에서 제시한 16가지 구체적인 대상의 관상법을 설명한다.

네 번째는 서방정토세계가 장엄된 국토의 모습과 아미타불의 불장엄을 놓았다. 이는 서방정토의 불세계를 통합적으로 관상하는 뜻이 있다.

마지막에 허응당 보우스님이 보여주려는 관상염불수행법을 제시한다.

구체적인 목차는 다음과 같다.

제1장은 허응당 보우스님이 저술한 『권념요록』의 내용을 보여주고, 저술의 의도를 파악할 수 있도록 하였다.

제일 먼저 『권념요록』 서문의 뜻과 구성을 설명한다. 그리고 왕생전 11편 중에 왕랑반혼전을 현대문으로 번역하여 제시하였다. 중국 왕생전 이야기 10편은 요약하였다. 왜냐하면 아주 짧은 내용으로 단편적인 왕생이야기이기 때문이다. 또 본 저술의 목적에 따라 한국불교의 관상염불수행법에 집중하기 위해서이다.

왕랑반혼전은 48원, 십육관법, 아미타불의 현전 등 정토삼부경의 내용을 모두 포함하고 있다. 뿐 만 아니라 시왕사상도 내포하고 있는 특징을 보인다. 허응당 보우스님은 시왕사상에 대해서 『권념요록』에서 직접 언급한 내용은 찾을 수 없다. 구품왕생에 맞추어 관법수행을 설명하고 있을 뿐이다. 그래서 시왕에 관련한 내용은 대강만 설명하기로 하였다.

『권념요록』의 서문은 이선이(2022년)의 복원문을 수정·보완하여 사용하기로 한다.

제2장은 『무량수경』에서 48원을 세우는 과정과 뜻을 살펴볼 수 있도록 하였다. 정토왕생은 48원과 삼배자의 인(因)에 의해서 결정된다. 오계의 실천은 『관무량수경』에서 구품을 결정하는 십선의 인과 동일하다. 그러므로 계(戒)의 범위와 기능을 잘 이해하는 것은 반드시 선행되어야 한다.

제3장은 허응당 보우스님의 관법 실천 방법인 구념(口念)과 심사(心思)를 구체적으로 보여준다. 『권념요록』의 '관법'을 통해서 나타나는 내용이다.

『관무량수경』을 통해서 실제적인 관상법을 설명한다. 이때 활용하는 자료는 다음과 같다. 고려시대 판본을 모아 놓은 『고려불적집일』에서 서방정토십육관의경각송과 미타십상찬을 제시한다. 십육관상송의 일부는 일본 지은원 소장품인 십육관경변상도 화기에 적혀있는 십육관상찬으로 보충한다. 고려불화의 찬은 중국문헌에서 발견할 수 없는 내용이기 때문에, 한국불교의 특징으로 볼 수 있다.

제시한 십육관상의 도상은 내원암본 『불설관무량수불경』(1853년) 변상도이다. 관경서분변상도 1장, 제1~13관 13장, 제14~16관 9장으로, 총 23장이다. 이 변상도에는 고려 대각국사 의천과 교류가 많았던 원조(元照) 스님의 십육관경송이 함께 실려 있어 이를 번역하여 놓았다.

제4장은 용천사본 『불설아미타경』(1577년)을 통해서 서방정토의 장엄한 국토와 불장엄 모습을 보여준다. 관상의 내용에 대해서는 변상도를 제시한다.

제시한 자료는 다음과 같다. 용천사본 『염불작법』에 합철되어 있는 『불설아미타경』의 도상을 제시하고, 방제에 따라 경문을 나누어 놓았다. 이 도상은 중국 주굉(袾宏)의 『불설아미타경소초』의 영향을 받고 있지만, 도상에는 많은 변화가 있다. 용천사본 『불설아미타경』은 경문 이후에 진언, 아미타불내영도, 용선도가 첨부되어 있어, 총 27장의 변상도를 제시한다. 용선도는 다른 판본에는 보이지 않는 유일한 자료이다. 또 수록된 왕생정토주를 번역하였다.

결과를 종합하여 허응당 보우스님이 『권념요록』에서 보이고 있는 관상염불수행법을 설명한다.

마지막으로, 부록에는 자료를 참고할 수 있도록 정리하여 놓았다.

경전과 왕생전은 한 번에 읽을 수 있도록 뽑아서 원본의 순서로 묶어 놓았다.

설명 중에 중요한 내용은 참고할 수 있도록 페이지를 정리하여 놓았다.

* 표기 및 참조

　[요록]:『권념요록』

　[왕랑]: 왕랑반혼전

　[경전]:『무량수경』,『관무량수경』,『아미타경』등

　[그림]: 경전 내용에 해당하는 변상도

　[설명]: 그림과 경전 내용을 이해하기 위한 추가 설명

* 범례

　-한자는 사용하지 않는 것을 원칙으로 하였다. 다만 뜻을 분명하게 전달할 필요가 있는 경우와 동음으로 혼란이 있는 경우에는 ( ) 또는 [ ]표에 한자를 넣어 혼란을 피하도록 하였다.

　-번역은 축약하거나 의미를 보충하는 설명은 피하고 원문을 그대로 옮겼다.

　-『무량수경』은 주요 내용을 발췌하였고,『관무량수경』·『아미타경』은 전문을 제시하였다.

　-『권념요록』왕생전에서 왕랑반혼전은 전문을 번역하고, 중국 왕생전록에서 인용한 10편은 축약하였다.『권념요록』서문의 원문은 부록편의 '『권념요록』서문 복원문'을 참조하면 된다.

　-부록에는 경전을 묶어 읽을 수 있는 목록화 하여 놓았다.

I

허응당 보우와
왕랑반혼전 이야기

1. 보우스님이 '권념'을 강조하는 이유

한국불교에서 염불(念佛)이라고 하면 아미타불의 이름을 입으로 외는 것, 즉 칭명염불(稱名念佛)이라고 할 만큼 보편적인 염불수행으로 알려졌다. 그래서 염불수행과 염불의식에서 염불은 불·보살의 명호(名號)를 암송하고 공덕을 찬탄하는 것을 주된 것으로 여겼다. 하지만 한국불교의 염불의례집에서는 염불의식의 순서는 물론 수행의 방법을 적고 있어 주목된다. 염불작법이 단순한 의식만을 행하는 순서가 아니라, 동시에 수행이 이루어지는 수행의례라는 것을 강조한다.

염불을 행하는 의식의 차제를 기록한 의례집을 '염불작법'이라고 한다. 특히 16세기 이후부터 간행되는 『염불작법』(1575년, 용천사본)을 18세기 『염불보권문』(1704년, 명연) 등과 비교해 보면, 아미타불을 염(念)하는 의식 절차를 이해하는 인식이 변화하고 있음을 알 수 있다. 『염불보권문』에 실린 서왕가·인과문·대불정수능엄신주 등은 대중이 이해하기 쉬웠고, 또 칭명염불을 통해 극락왕생하는 성불을 강조하고 있기 때문이다. 동일한 내용의 절차인 염불작법류이지만, 본래 가지고 있던 관행 수행이라는 개념보다는 점차 칭명을 강조하는 이해로 전환되었음을 알 수 있다. 공통점은 아미타불 십상염불(十相念佛)의 활용이지만, 차이점은 용천사본 『염불작법』에서 항목 '권념(勸念)'의 내용이 칭념염불로 변화하는 것이 그 중심에 있다고 한다. 강향숙(2021년)은 『염불작법』의 판본을 비교 분석하여,

'권념'에 대한 이러한 새로운 연구성과를 발표하였다.

이 '권념'의 뜻은 허응당 보우스님(1509년~1565년)이 지은 『권념요록(勸念要錄)』(1637년, 화엄사판)에서 설명하는 수행법을 참고해야 할 필요가 있다. 『권념요록』이 허응당 보우스님이 왕성하게 활동하였던 1550~60년대의 저술이라고 한다면, 『염불작법』 중 가장 이른 개천사본(1572년)보다는 빠르다. 어쨌든 1500년대에 조선불교는 관상염불이 유행하고 있었던 것은 분명하다.

『권념요록』이란 제목에서 '권념'은 보우스님이 활동하던 당시 왕실 여성들이 출가하는 정업원(淨業院)을 위해서 제시한 수행법이기에 주목된다. '정업(淨業)'은 『관무량수경』을 소의경전으로 하는 개념이며, '계행삼복(戒行三福)'을 가리킨다. 이 삼종복업(三種福業)의 제일 덕목은 십선(十善)으로 부모와 스승에게 효를 실천하는 것이다. 정업원은 자수원·자비원 등으로 명칭을 자주 바꾸기는 하지만, 제법 큰 조직으로 존재하였으며 효를 강조하는 왕실 비구니승가라고 할 만하다. 또 권념의 내용이 정업이기 때문에, 조선시대에 유교 윤리관과 일치하고 있음도 눈여겨 볼만하다. 특히 『권념요록』의 서문이 복원되어서 그 실체를 더욱 잘 알 수 있게 되었다. 본 책에서도 이선이(2022년)의 복원된 서문을 일부 수정하여 서술하기로 한다.

조선시대의 정업원은 고려시대에도 유사한 기능을 하며 존재했다. 일본 지은원(知恩院) 소장 관경십육관변상도(1323년)와 인송사(隣松寺) 소장 관경십육관변상도(1323년) 화기에서 정업원의 주지 및 비구니스님들이 불사에 적극적으로 참여하고 있음을 확인할 수 있다. 고려시대 역시 정업원은 왕실 여성들이 출가하였던 곳이다. 그리고 서복사·인송사·지은원 소장본 관경십육관변상도 화기에는 십육관상찬을 함께 적고 있다. 이와 같은 사실은 허응당 보우스님의 『권념요록』의 '관법'을 십육관법으로 설명하는 것과 같은 맥락으로 이해할 수 있다. 즉 고려불화와 『권념요록』의 관법은 같은 수행법으로 활용하고 있다고 해도 좋다는 것이다.

용천사본 『염불작법』 전반부는 칠불 소청→개경계→개법장진언→정법계진언→정삼업진언→천수 5편의 절차로 되어 있어, 경전을 독송하는 의미가 부여되어 있다. 후반부는 축원(십육관경수지법문→초관 경문)→사십팔원 원력장엄→권념(발원→칭찬소→현호경)으로 이어지는 절차이다. 십육관경수지법문과 칭찬소는 보우스님이 『권념요록』에서 '관법'으로 수행법을 제시한 관상염불의 관법과 동일하다. 이 『염불작법』의 특징은 『무량수경』에서 법장비구가 세운 사십팔원이 『예념미타도량참법』 십종장엄의 '사십팔원 원력장엄'을 통해서 인용되며 강조된다는 것이다.

이 절차는 이후에 '권념'의 본래 의미인 관상염불의 수행에서 칭념염불만 남게 되는 결과를 초래하게 된다. 현재 한국불교에서 염불이라고 하면, 칭념염불 만을 강조하는 것이 되는 것이다.

『염불작법』은 『권념요록』을 참조하고, 『권념요록』은 『예념미타도량참법』을 참조하고 있다. 허응당 보우스님은 『예념미타도량참법』에서 필요한 내용을 인용하고 편차를 달리하여, 자신만의 수행 체계를 만든 것이 '권념요록'이다.

『권념요록』'서문'은 『예념미타도량참법』 서문에서 미타참법의 뜻을, 왕생전은 '왕생전록'의 왕생이야기를, '관법'은 '구생행문(求生行門)'의 실제 수행법과 '결의생신(決疑生信)'의 의심없이 믿어야 하는 이유를, '인증'은 '인교비증(引敎比證)'의 내용을 가져와 구성하였다. 왕생전의 이야기는 고려 말이나 조선전기에 유행했던 왕랑반혼전 이야기를 처음에 놓고, '왕생전록'의 왕생하는 인연 이야기를 제시하였다. 이러한 틀은 비록 『예념미타도량참법』을 참고하고 있지만, 한국불교의 관상염불수행법으로 전환하였음을 나타내는 것이라고 할 수 있다.

허응당 보우스님이 『권념요록』에서 왕생이야기를 강조하며 왕랑반혼전을 처음에 놓은 이유를 다양하게 해석할 수 있다. 중국의 이야기가 아닌 우리의 것으로 자주적인 수행법을 강조하기 위함일 것이다.

사실 왕랑반혼전은 다른 왕생전의 내용과 달리 관상염불수행의 모든 모습을 담고 있다. 수행하는 모습, 왕생하는 모습, 후생의 모습을 모두 포함하고 있다. 이 3가지 모습은 『권념요록』의 서문의 내용이기도 하다.

또 왕랑반혼전은 여성의 발원으로 부부가 정토에 왕생하는 이야기인 점에 주목해야 한다. 왕생전은 모두 한글로 언해되어 있을 뿐 만 아니라 예로든 왕생전은 모두 여성이다. 이 점은 『권념요록』을 필요로 하는 대상이 왕실 및 사대부 여성이었을 가능성을 더욱 짙게 하는 점이다. 문정왕후와 허응당 보우스님의 관계에서도 이해된다. 불교중흥이라는 공통 관심사에서 비롯되었을 것이며, 또한 정업원(淨業院)은 조선 왕실 여성들에게 피난처의 역할도 하였기에 가능하였을 것이다.

간경도감에서 판각한 『불정심다라니경(佛頂心陀羅尼經)』(1486년)도 여성의 결혼과 깊은 관련이 있는 점도 눈여겨 볼만 하다. 민간신앙과 다라니신앙의 결합으로 이루어진 이 경전은 왕실 여성에게 매우 중요한 수행법인 동시에 여성들에게 윤리 강요서로 사용되었다는 점이다. 서하방탑(西夏方塔)에서 출토된 자료를 수집한 『영하서하방탑출토한문불전서록(寧夏西夏方塔出土漢文佛典敍錄)』에 『불정심다라니경』의 잔문과 모다라니주(姥陀羅尼呪)가 이미 언급되어 있다. 그리고 12세기 서하지역에서 그려진 접인선자왕생아미타불정토도(接引善者往生阿彌陀佛淨土圖)는 매우 이른 시기 고려에 유입되었다.

왕랑반혼전, 『권념요록』, 『불정심다라니』 등은 모두 여성불교와 서방정토왕생이라는 공통점이 있다. 여성과 관련된 이러한 흐름은 여러 곳에서 감지된다.

이와 같은 증거는 고려시대부터 십육관변상도에 보이던 십육관상찬의 활용, 허응당 보우스님이 왕랑반혼전에서 보여주고자 했던 관법, 그리고

『염불작법』으로 전승되는 권념의 내용으로 크게 정리된다. 이것이 한국여성들이 전통적으로 아미타불을 염송하고 관상하며 수행하고자 했던 수행법의 내용이라고 생각된다. 여기에 십육관상의 내용에서 가장 중심이 되는 아미타불의 구체적인 모습인 미타십상을 더하면, 한국여성들이 관상염불의 수행을 고려와 조선시대를 아우르며 어떻게 발전시켰는지를 알 수 있게 한다. 허응당 보우스님은 이 수행법을 왕랑반혼전을 통해서 보여준 것이며, 『권념요록』을 통해서 '권념(勸念)'이라고 불렀던 것이다. 권념은 염(念)이 가지는 본래의 개념인 불수념(佛隨念)을 풀어서 이해하기 쉽게 표현하였다.

2. 보우스님이 제시한 염불왕생의 모습

허응당 보우스님은 『권념요록』 서문에서 어지러운 오탁악세에서 생각[念]은 있으나 드러내지 못하고, 마음[心]이 없이 일으키는 자들을 위해서 이 책을 짓는다고 한다. 서문의 구성은 『예념미타도량참법』 서문을 이용하여 염불수행으로 나타나는 인과를 설명한다. 사실 『예념미타도량참법』 서문은 『용서증광정토문』 염불보응인연을 기본틀로 하여 구성되어 있다. 관련 내용은 부록편 '3. 『권념요록』 서문의 복원 과정과 복원문'을 참조하면 도움이 된다. 허응당 보우스님은 『예념미타도량참법』 서문을 약간 수정하여 인용한다.

처음은 저술의 목적을 밝히고,

두 번째는 염불관상수행법의 시작이 혜원스님에게 있음을 밝히고,

세 번째는 몸에 나타나는 본받을 만한 모습[身前之效]을 보이며,

네 번째는 왕생을 구하는 모습[往生之徵]을 보이며,

다섯 번째는 후신의 증거[身後之驗]를 보인다.

마지막 여섯 번째는 발원으로 구성하였다.

이렇게 여섯으로 나눈 서문은 저술 목적과 발원을 밝힌 부분을 제외하면, 왕랑반혼전과 『예념미타도량참법』 서문의 주인공들을 예를 들어 각각 인증을 보여주고 있다.

세 번째 본받을 만한 모습에 속해 있는 왕랑반혼전은 우리의 것으로 수행의 본보기를 보여주고자 하는 허응당 보우스님의 의도가 숨어 있다고 해야 할 것이다. 왕랑반혼전은 다른 왕생전에 비해 분량이 꽤 길며, 내용도 풍부하다. 아미타사상은 물론 시왕, 연명, 정토수행법도 갖추고 있는 특징이 있다.

○ 『관념요록』의 저술 목적
[요록]

　　권념요록(나암 찬)

　　　㉠ 아! 사람의 도란, 의심은 많고 배움은 적으니 장애는 무겁고 복은 가볍다. 열어서 이르게 하는 글이 없는 것 같으니, 어찌 구생의 법[求生之法]을 풀어 열 수 있겠는가!

ⓛ 그래서 고금의 선사(善士)·승려와 속인·이름있는 사람이 감응한
   것이 많고 왕생(往生)이 하나가 아닌 덕행의 기록을 끌어와서,
ⓒ 말법시대에 사는 선남선녀에게 혹은 염(念)이 있으나 드러내지
   못하고 혹은 심(心)이 없으나 드러내 일으키는 자에게 보이고자
   한다.

[설명]

총 서문을 시작하는 처음 문장으로 저술의 목적을 드러내는 부분이다.

나암은 허응당 보우스님이다. 서문 전체는 『예념미타도량참법』의 서문
을 활용하여 구성한다. 『예념미타도량참법』 서문의 저술 목적은 아미타불,
48원, 관문(觀門), 접인(接引) 등을 직접 강조한다. 하지만, 허응당 보우스님
의 저술목적은 ⓐ은 『예념미타도량참법』 결의생신의 서문 내용이며, ⓛ은
『예념미타도량참법』 서문의 저술 목적 일부 문장이며, ⓒ은 허응당 보우의
글로 이루어져 있다.

『권념요록』에서는 결의생신의 서문에 있는 '구생(求生)'의 개념을 강조
한다. 정토에 왕생하려고 하는데 불교 수행에 어려움이 있는 이들을 위해
서라는 저술의 목적을 드러낸다. 저술 목적에 많은 변화가 있음을 알 수 있
다. 이 부분은 허응당 보우스님의 정토관상염불법을 설명하는 Ⅲ장의 '1)
구품의 '관법(觀法)' 구념과 심사'에서 자세하게 언급하게 될 것이다.

'구생의 법'이라는 개념은 보우스님의 독창적인 주장이라고 할 수 있다. 왜냐하면 『예념미타도량참법』 서문에는 이러한 말을 사용하지 않기 때문이다. 이 구생은 허응당 보우스님이 주장하는 수행법인 '관법'과 서로 호응하도록 하였다는 점 때문이다. 관법의 실제 내용은 『예념미타도량참법』 구생행문에서 인용하고 있다.

구생행문에서 구생이란 큰 원(願)을 일으킨 사람은 반드시 원(願)과 행(行)을 동시에 닦아서 행과 원이 서로 부합하고 복(福)과 지혜[智]가 서로 의지하도록 해야 왕생할 수 있다고 한다.

구생(求生)에는 2가지 뜻이 있다. 하나는 본래의 뜻이고, 다른 하나는 『예념미타도량참법』 구생행문에서 말한 뜻이다.

구생은 생사윤회의 과정 또는 육취생사의 과(果)에서 생기는 존재 즉 유(有) 중에 하나를 가리킨다. 중생이 죽으면 4단계로 생사윤회하고, 신구의 삼업으로 지은 선악의 인은 7단계로 상속(相續)한다. 4유(有) 중에 하나인 중유는 중음(中陰)이라고 부르고, 7유(有) 중에 하나인 중유는 신구의 삼업의 인으로 육취생사의 과를 초감할 수 있어서 인과는 상속하며 끊이지 않는다.

중유(antarā-bhava)의 몸[身]은 식(識)의 몸으로, 사람이 죽은 후에 다시 다음의 생을 받으려는 기간의 식신(識身)을 가리킨다. 중유는 4가지 성질을 가지고 있다. 정혈이 아닌 의(意)로 만들어졌기 때문에 의생신(意生身, manomayakāya)이며, 향(香)을 먹고 몸을 키우므로 식향

(食香, gandharva)이며, 다음 생에 태어날 곳을 희구함으로 구생(求生, saṃbhavaiṣin)이며, 본유(本有)가 후(後)를 무너뜨리는 것을 인으로 하여, 다음 생의 사이에서 잠시 일어나는 기(起, abhinirvṛtti)이다. 찰라 멸과 동시에 찰라 생하는 것과 같이, 능생(能生)이 생(生)이 되어인(因)이 되고, 소생(所生)이 기(起)가 되어 과(果)가 되는 찰라인 것을 말한다.

허응당 보우스님은 구생의 의미를 보살행의 실천으로 전환한다. 중유가 가지는 구생의 성질은 다음 생에 태어날 곳을 희구하기 때문에, 원과 행 그리고 복과 지혜가 서로 의지하여 하나가 되는 수행이어야 한다는 뜻이다. 구생의 본래 의미인 희구하는 곳을 서방극락정토로 생각한 것이다.

『권념요록』에서 구생을 강조하는 것은 다음 생을 받으려는 기간에 관상염불하여 원과 행이 하나 되고 또 복과 지혜가 하나가 되어, 다음에 태어나려는 곳인 정토로 향할 수 있게 해야 하기 때문이다. 곧 아미타불 세계에 정토왕생을 의미한다. 그래서 널리 염불을 권해야 한다. 이것이 허응당 보우스님이 『권념요록』을 지은 이유이다. 바른 염(念)이 필요하고, 바른 염불을 해야 한다. 염불은 불(佛)을 마음속에 그려내는 관상이며 희구하는 구생으로 서방정토 극락세계에 안착하게 된다.

○ 염불결사와 관상법의 시작

[요록]

　　네모난 옷[方袍, 가사]과 둥근 머리[圓頂, 삭발]는 마땅히 혜원

(慧遠)의 고풍을 따르고, 유(儒)는 발에 신고 도(道)는 머리에 올리는 것은 유민(遺民)의 청아한 모범을 그리워해야 한다.

계방(啓芳)과 회옥(懷玉)은 수명이 다하자 화불(化佛)이 돌아감을 영접하고,

장완(張抏)과 오경(吳瓊)은 목숨이 다하자 금빛 선인이 데리고 가버리고,

선화(善和)는 백정의 업을 갖추었으나 오히려 옥지(玉池)에 왕생하였으며,

중거(仲擧)는 생명을 해치는 원수를 맺었으나 금지(金地)에 태어났다.

[설명]

방포(方袍)와 원정(圓頂)은 스님들의 가사와 삭발을 상징하는 표현이다.

혜원(慧遠, 334년~416년)은 백련결사로 불리는 관상염불결사를 처음 시작한 시조이다. 이 결사에 참여했던 재가의 대표적인 인물인 유유민(劉遺民, 352년~410년)을 들어서 불교가 유교·도교와의 동등함을 표하고 있다.

혜원은 여산 동림사에서 승속 123인과 염불수행결사를 하였다. 이 백련결사는 반야대라고 부르는 무량수불의 불상 앞에서 염불삼매를 닦고, 참여한 모든 이들이 함께 서방정토에 왕생하는 것을 목적으로 하였다. 재(齋)를 건립하고, 서원을 세운다. 이때 참여했던 대표적인 인물이 유유민이

며, 결사를 찬송(讚頌)하는 글을 짓는다.

혜원스님은 결사에서 관상(觀想)수행을 하며, 처음 10년 동안에는 성상(聖相)을 3번 보고, 이후에 아미타불과 관음·세지보살을 보고, 또 흐르는 물과 광명이 14가지로 나뉘어 흐르는 것을 본다. 모두 『관무량수경』의 정토세계를 설명하는 내용으로 부처님께서 혜원스님에게 보여준 것이라고 한다.

수행을 한 사람이 임종하려고 할 때면, 화불과 금빛 선인이 내영하고, 백정의 업이더라도 옥으로 된 연못에 태어나고, 살생의 업을 지었으나 금으로 된 연못에 태어난다는 왕생의 예를 들고 있다. 선화와 중거와 같이 비록 살생의 업을 지었어도 마음을 다하여 십념을 하면, 그 공덕으로 왕생할 수 있다는 것이다. 나무아미타불을 염송하고 관상한 결과이다.

○ 몸에 나타나 본받을 만한 모습[身前之效]

[요록]

자비의 광명이 비추는 곳은 지옥이면 닿는 곳이 무너지고 허물어지며, 성인의 명호를 유지할 때는 천마(天魔)이면 유지하는 곳이 두렵고 두려워진다. 부사의한 부처님의 힘은 걸림이 없이 신통하며, 일성(一聲)은 팔십 억겁의 죄의 허물을 멸하며, 일념(一念)은 팔십 억겁의 공덕을 얻는다.

현세에 백업(白業, 선)은 몰록 늘어나며, 악연(惡緣)은 점점 쉬게 된다. 사람이 공경하면 신(神)이 도와서 허물이 가고 복이 온다.

양(梁氏)의 딸은 눈이 멀었으나 다시 밝아지고,

풍부인(馮夫人)의 몸은 병들었으나 다시 쾌차하고,

소희문(邵希文)은 정신이 나갔으나 어려움을 벗어나고,

유혜중(劉惠仲)은 마(魔)를 꿈꾸었으나 놀람이 없다.

이것이 이에 죽기 전의 효험[效]이다.

[설명]

염불수행이 효험있음을 보여준다. 살아 있는 몸에 나타나는 내용이다. 공덕이 조금이라도 있으면, 눈먼 양씨 딸의 먼눈이 밝아지듯이, 몸은 나아지고, 정신이 되돌아오고, 마의 꿈에 눌리지 않게 된다. 이것이 수행으로 몸에 나타나 볼 수 있는 모습이라는 것이다.

○ 왕생을 구하는 모습[往生之徵]

[요록]

임종할 때, 황천으로 나아가는 것을 면하면 다시 흑업(黑業)이 없으니, 느리면 1일에서 7일에 이르도록 하고, 급하면 십등피안(十登彼岸)에서 일성(一聲)을 한다.

얼굴[面]은 백호광을 보고 몸[身]은 자금좌를 타며, 염라왕이 감히 부르지 못하여, 화불(化佛)이 스스로 와서 맞이하여, 곧바로 극락의 마을로 돌아가서 영원히 유명(幽冥)의 길을 달리한다.

왕랑은 명부에 들었으나 오래지 않아서 혼(魂)은 인간으로 되돌아왔고,

송씨는 명계에 가두어졌으나 몸은 온전하게 하여 공주에게 밀어 넣어졌다.

범씨노파[范婆]는 집 밖에 있는 성상(聖像)을 보았고,

담감(曇鑒)은 병 안에 있는 꽃을 돌렸고,

오장왕(烏長王)은 하늘의 음악이 허공을 가득 채웠고,

수문후(隋文后)는 기이한 향기가 허공을 가득 채웠다.

이것이 이에 왕생의 조짐[徵]이다.

[설명]

명부도 감동시켜 왕생하는 모습을 보여주고 있다.

십등(十登)은 십등피안을 가리킨다. 실제로 눈앞에 있는 것으로 이름과 모습[名相]의 경계를 말할 때, 차별로 나타나는 방법 중 열 번째이다. 의미는 일진(一塵)을 들여다보아서 몰록 나타나고, 매우 가는 털[纖毫]을 관하여 몰록 또렷해지면, 무차별의 기세가 아니라 사(事)에 의지하여 이(理)를 드러낸다는 뜻이다. 즉 진(塵)의 이름 모습[名相]이 생멸이면 차안(此岸)이고, 진(塵)의 이름 모습[名相]이 공적하여 불생불멸이면 피안(彼岸)이라는 뜻이다. 피(彼)와 차(此)가 오롯이 하나 된 모습이 십등이라고 할 수 있다.

임종할 때 염불삼매를 닦고자 하면, 천천히 7일 동안 염불삼매를 닦을 수도 있고, 급하면 간절하게 아미타불과 내가 하나가 되도록 1번의 나무아

미타불로 관상염불한다는 것이다. 피안과 차안 즉 수행자인 나와 아미타불이 하나가 되도록 하는 것이 염불이다.

그러면 아미타불의 백호광을 대면하게 되고, 몸은 금좌를 타고, 관음과 세지보살이 맞이한다. 이때는 염라대왕도 감히 부를 수 없어서 극락에 왕생한다는 것이다. 백호광 이야기는 『관무량수경』에 나온다. 이러한 예가 왕랑과 송씨, 범씨노파, 담감, 오장왕, 수문후의 왕생이다. 이 중에서도 왕랑반혼전 이야기는 우리의 이야기로서 처음에 놓이게 되었다. 허응당 보우스님이 활동하던 시기에 살았던 사람들이 바라는 가장 이상적인 왕생의 모습이 아닐까 한다. 이것이 왕생의 조짐인 것이다.

○ 후신의 증거[身後之驗]
[요록]

　　　세상을 떠나면, 이름은 귀적(鬼簿)에서 삭제되고, 지위는 불(佛)의 계단에 나열하며, 무덤은 상서로운 빛을 드러내고, 해골은 사리가 된다. 염부에 던져지면 장면은 짧고, 안양(安養)에 거하면 해[年]는 길어진다. 연꽃 봉우리에 화생하고 꽃 안에서는 꽃의 자질에 의탁하며, 부용지 안의 대세지보살과 관음보살은 훌륭한 벗이 되고, 마명보살과 용수보살은 법의 친구를 맺어 짓는다. 비록 이름은 범부로 왕생했지만 물러나지 않는 불자[不退佛子]가 된다.

당나라 선도(善導)는 회향을 오운대(五雲堂)에서 말하였고,

후위(後魏) 담란(曇鸞)은 형상을 칠보방(七寶舫)에 드러냈다.

이것이 이에 몸의 후[죽은 후]를 보이는 징험[驗]이다.

[설명]

임종 후에 일어나는 일이다. 『시왕경』에서 저승의 세계를 즉 염부제 세계를 결단하는 일은 염라천자가 한다. 염라천자는 염라대왕으로도 불리며, 대왕의 명을 받는 명관은 시자인 귀사와 함께 죽음을 집행한다. 이때 명을 적어놓은 책자가 증표로 등장하는데 이것이 귀적(鬼籍)이다. 염불하면 명부를 감동시키기 때문에, 귀적에서 삭제된다는 것이다.

연꽃 봉우리에 화생하는 것은 『관무량수경』 제14·15·16관의 9품왕생하는 내용이다. 이 9품은 중생세간에서 중생이 닦아야 할 인관(因觀)이라고 할 수 있다. 단 10번의 나무아미타불을 부르더라도 범부로 안양국의 금련화에 왕생한다. 그리고 12겁이 지나서 연꽃이 피고 비로소 부처님의 법문을 듣게 된다. 안락국에서 물러나지 않는 불퇴전의 불자가 되었기 때문에 가능하다는 것이다. 이를 대승불교를 있게 한 마명과 용수보살이 친구가 될 수 있다고 말한 것이며, 정토교를 널리 퍼뜨린 선도(善導)와 담란(曇鸞)을 증거로 들어 보이고 있다.

○ 서문의 발원

[요록]

수명이 다한 임종의 감응은 전하는 이야기는 많으나, 몇몇 늘어놓으니▨▨▨▨▨▨▨▨▨▨▨▨▨ 마음을. 생전(生前)과 후신(後身)의 상서로움을 어눌하게 트이도록 하였으나, 글이 번잡하여 신기를 생략한다.

엎드려 바라오니, 함께 알아서 힘쓰기를 ▨▨▨▨▨▨▨▨▨

[설명]

마지막 발원 부분은 읽을 수 없는 글자가 20여 자가 된다. 하지만 그 뜻은 대강 알 수 있다. 『권념요록』 서문에서 저술 목적을 밝힌 내용과 생전과 후신의 상서로움을 통하게 하려는 의도이다. 구생의 뜻을 임종의 감응이라고 풀어서 말하고 있다. 관상염불을 수행하여 임종에 감응하는 왕생 이야기들은 많다. 살아 있을 때 보이는 모습과 죽어서 후에 왕생하는 모습 등을 보인 것이다. 그러니 결사를 통해서 닦은 선인(善因)으로 한날한시에 모두 함께 서방정토에 왕생하여 성불하자는 발원이다.

이러한 왕생 이야기를 보여주는 목적은 불(佛)을 마음에 그려내는 '염불'을 바르게 할 수 있도록 하기 위함이다. 원(願)을 일으켜 원과 행을 동시에 닦아 서로 부합하고, 복(福)과 지(智)가 서로 의지하게 한다. 그러면 후생을 희구하는 구생은 정토로 인도하여 왕생을 할 수 있게 된다는 것이다. 특히 병과 위험에 처하면, 현세의 생명을 다음 세상으로 존속하려는 바람은 더욱 절실했을 것이다. 염불이 필요한 이유이며, 관상수행을 하는 이유이다.

이와 같이 허응당 보우스님은 『권념요록』 서문에서 관상염불 수행을 했을 때, 몸에 나타나는 모습, 왕생하는 모습, 후신의 증거로 왕생한 모습을 보여주었으니, 염불수행을 의심하지 말라고 당부하고 있다. 당시의 혼란한 현실을 말법시대로 인식하고 오탁악세에서 벗어나는 방법을 보여주고자 하였다. 이것이 구생(求生) 즉 왕생을 구하는 방법이라고 주장한다.

3. 환생을 보이는 왕랑반혼전 이야기

서문이 끝나고 바로 왕랑반혼전이 놓여 있다. 『권념요록』 10가지 왕생전의 이야기는 『예념미타도량참법』 제4권 '왕생전록'에 보이지만, 왕랑반혼전 이야기는 보이지 않는다. 『한국불교전서』에 실려 있는 왕랑반혼전 끝부분에 편집자는 충렬왕 30년(1304년)에 간행된 『불설아미타경』 뒤에 있는 이야기와 『권념요록』의 이야기는 다르다고 기록하고 있다. 또 '궁원집운(窮原集云)'이라고 적고 있으나, 아직 그 실물은 세상에 드러나지 않고 있다.

왕랑반혼전에 보이는 시왕과 명부 등에 관한 이야기는 왕생전록의 이야기에서는 갖추어서 나타나지 않는다. 염라왕·시왕·귀자 등은 당시 시왕사상의 유입을 보여주는 좋은 예이다. 『권념요록』은 여말선초의 미타신앙과 관상염불법을 살펴볼 수 있는 좋은 문헌이란 뜻이다.

왕랑반혼전 이야기는 먼저 죽은 부인 송씨가 한밤중에 왕랑을 찾아오면서 시작된다.

○ 왕랑반혼전 이야기

● 송씨부인이 왕랑에게 명관이 올 것을 전하다

[왕랑]

　　　이 왕랑(王郎)은 성은 왕(王)이오 이름은 사궤(思机)니 길주 사람이다.

　　　나이 57세에 아내 송씨가 먼저 죽고, 11년 만에 한밤중 삼경(밤 11시~ 1시)에 창문을 두드리며 말한다.

　　　"랑(郎)이어! 자는가요? 자지 않는가요?"

　　　랑이 말하였다.

　　　"누구요?"

　　　"낭군의 옛 아내 송씨입니다. 중요한 뜻을 잠깐 전하기 위해, 고하려고 왔습니다."

　　　랑이 놀라 괴이하게 여기며 말한다.

　　　"무슨 중요한 일이요?"

　　　송씨가 말한다.

　　　"내가 죽은 지 11년이 되었으나, 그 죄를 물어 끝내지 아니하고 그대를 기다려 결단할 것이라 합니다. 전날 염라대왕이 서로 논의를 오래 하였습니다. 내일 아침에 그대를 잡으러 벼슬아치[差使] 오귀(五鬼)가 올 것입니다. 그대는 반드시 집 가운데 미타탱을 서쪽 벽에 높이 걸고, 그대는 동쪽에 앉아 서쪽을 향하고 아미타불을 염(念)해야 합니다."

랑이 말한다.

"명관(冥官)이 나를 잡는다니 무슨 일이오?"

송씨가 말한다.

"우리 집 북녘에 사는 안노숙은 매일 이른 아침에 서쪽을 향해서 50배 절을 하고, 매월 보름날에 아미타불을 염(念)하기를 일만 편으로 하는 것을 업으로 삼았습니다. 그대와 나는 매양 항상 비방하였으니, 이 일로 잡아서 가두어 먼저 묻고, 그대를 기다려서 묻기를 마치려고 합니다. 우리들이 필히 지옥에 떨어지면 오래도록 빠져나올 기약이 없습니다."

말을 마치자 송씨는 즉시 돌아갔다.

• 명관은 염라왕의 명령을 실행하지 못한다

[왕랑]

이에 랑이 아침이 밝자, 말한 것과 같이 지극한 정성으로 염불하였다. 그때 홀연히 오귀가 와 뜰 가운데 선다. 잠시 휘돌아 보고, 자세히 살펴보더니 먼저 아미타탱에 예를 하고, 다음에 왕랑에게 절을 한다. 왕랑이 놀라 답으로 절을 한다.

귀사(鬼使)가 말한다.

"우리들은 명조(冥曹)의 명을 받아서, 그대를 잡으로 왔다. 지금 그대는 도량을 청정하게 하고 단정히 앉아서 아미타를 권념(勸念)하니, 우리들이 비록 공경하기를 마지않지만, 염라대왕의 명은 피하기 어렵다. 비록 칙명을 따를 수는 없고 잡아가지 않을 수도 없다. 엎드려 청하오니, 길 떠날 채비[行李]를 해주십시오."

제3귀가 말한다.

"염라대왕이 명을 내리시기를, 저 왕랑을 엄하게 묶어 가져오라고 하시니, 칙령과 같지 아니하면 왕의 성냄을 우리들이 받을 것입니다."

나머지 귀(鬼)가 말한다.

"우리들이 많은 칙령을 받을지언정, 좋은 도를 닦지 않았기에 지금 귀보(鬼報)를 받아서 아직 벗어나지 못하였다. 차라리 죽는 죄를 받을지언정, 감히 염불하는 사람을 명을 따라서 묶을 수는 없습니다."

제일 귀가 왕랑에게 고하여 말한다.

"비록 범한 죄가 산과 같이 있어서, 반드시 지옥에 들어가야 하나, 우리들의 본 것을 염라대왕에게 잘 아뢰면 반드시 사람의 길[人道]로 돌아오리라. 그대는 감히 슬퍼하지 마십시오. 그대가 만약 극락에 태어나거든 우리들의 귀사(鬼使)를 잊지 마십시오."

이로 인하여 꿇어앉아 계송을 보여 말한다.

　나는 명간의 사자가 된 것이

이제야 백천겁이 되었구나.

염불하는 사람이

악도 가운데 떨어짐을 보지 못했다.

"그대가 만약 연화국에 나거든 우리 무리를 염(念)하여 귀보(鬼報)를 벗어나게 하소서."

• 왕랑은 서방정토에 태어날 것을 수기받는다

[왕랑]

그러한 후에 명조(冥曹)에 도착하니, 염라대왕이 칙사에게 노하여 말하였다.

"빨리 잡아 묶어 오라고 하였는데, 어찌 늦게 왔느냐!"

귀사(鬼使)가 본 것을 갖추어 늘어놓는다.

왕이 자리에서 일어나서 서서 말한다.

"좋구나! 왕랑! 빨리 계절(階節, 무덤 앞의 평평하게 닦은 땅) 위에 오르게 하시오."

열 왕이 모두 절하여 말한다.

"부처(夫妻, 부부)가 안노숙이 염불하는 일을 항상 일찍이 비방하였기에, 먼저 송씨를 가두었고, 마땅히 왕랑에게 물어서, 악도에 떨어뜨리려 하였습니다. 이제 지극히 모진 귀사를 부리려고 하였으나, 귀사가 본 것을 들었는데, 그대가 마음을 고쳐서 참회하고 염불을 부지런히 닦으니 무슨 죄가 있겠습니까"라고 한다.

왕이 인하여 게로 말한다.
　　서방의 주인이신 미타불은
　　이 사바세계와는 특별한 연(緣)이 있으니,
　　만약 저 불(佛)을 한결같이 염(念)하지 않으면
　　명조(冥曹)의 용맹한 사자를 항복시키기 어렵네.

"부부를 인간으로 되돌려 보내면 남은 목숨이 30년인데, 년을 60세를 더하여 부지런히 정진하여 미타불을 염(念)하면, 저 세계[정토]에 속히 갈 것입니다. 우리들 시왕도 서방에 나란히 이를 수 있도록 보내주십시오."

● 송씨부인은 공주가 되어 다시 태어난다

[왕랑]

　　왕이 조부(曹府) 최판관에게 명령하여 말한다.
　　"왕랑이 도량을 만들어 놓고 간절히 염불하니, 먼저 범한 무간의 죄보가 지금 이미 흩어져 버렸다. 오직 염불의 공덕으로 부부는 인간에게 같이 돌려보내, 함께 늙어 같이 머물러서 염불하게 하라. 송씨는 목숨을 마친지 해가 오래되어서, 가죽과 뼈가 흩어져 잃어 버렸으니 혼(魂)에 속하니 어디에 둘까?"

판관이 왕의 명을 듣고서, 염왕의 뜻으로 왕랑에게 돌아와 절하고, 부부를 왕에게 사뢴다.

　"월지국의 옹주가 이제 목숨이 스물 한 살입니다. 명의 끝이 다하여서, 혼(魂)이 지금 여기에 와서 야마천의 보를 이미 다하여서 천상에 환생할 것입니다. 그 몸이 온전히 있으니 송씨의 혼을 공주의 모습에 의탁하여 환생하게 하는 것이 마땅할 것입니다."

　염왕이 기뻐하며 말한다.

　"낭군 부부가 이 원(願)을 잊지 않으면, 서방에 빨리 태어나리니, 그대는 자세히 들어라. 그대의 집 북쪽에 사는 안노숙을 감히 비방하지 마라. 이 몸을 받아 옴에 항상 서방을 우러러보니, 그 공덕으로 말미암아 모든 부처님과 모든 하늘이 항상 보호하고 지킬 것이다. 그대는 항상 공양함을 부모같이 하라. 그대에게 청하노니, 우리들 음신(音信, 소식)을 안노숙에게 전달하라."

　왕랑이 대답하여 허락한다.

　염왕이 안노숙을 향하여 절하고 말한다.

　"도(道)의 체(體)가 어떠하십니까? 날로 견고히 하시니, 3년을 지나서 3월 초하루 날이면 서방교주가 자금색의 연꽃을 가지고 앉아서 그대를 맞이하여 서방 상품에 왕생하게 하리라."

　말을 마치자 본가에 환생하니, 사람들이 장사지내려고 할 때였다.

환생게로 말한다.

> 집에 가득한 처자와 보물이,
> 고(苦)를 받았을 때 몸을 대신하지 못하네.
> 미타불을 한결같이 념(念)하면 죄보를 사라지게 하니,
> 다시 태어나 명을 늘려 다시 진(眞)을 닦으리라.

송씨는 공주의 몸에 밀어 넣어져 도로 태어났다. 왕과 부인이 환희할 때, (월지국) 공주로 태어난 몸이 위에 일들을 갖추어 편다.

● 왕랑과 송씨부인은 극락에 함께 왕생한다

[왕랑]

왕이 슬퍼하고, 왕랑에게 알리도록 하여 말한다.

"나는 일찍이 이런 일을 보지 못하였으니, 이른바 꿈속의 상서로다."

왕랑이 바로 아뢰어 말한다.

"송씨가 11년 사이에 다른 친(親)을 생각하지 않고, 오직 전날의 믿음을 지켜서 이에 다시 친(親)을 만나고자 하였습니다."

기뻐서 물러가서 목숨을 147세까지 늘린 후에 극락에 함께 태어났다.

[설명]

왕랑반혼전 이야기는 크게 5부분으로 나누어 볼 수 있다.

송씨부인이 왕랑에게 명관이 올 것을 전하는 이야기,

명관이 염라왕의 명령을 실행하지 못하는 이야기,

왕랑이 서방정토에 태어날 것을 수기받는 이야기,

송씨부인이 공주가 되어 다시 태어나는 이야기,

송씨부인과 왕랑이 극락에 함께 왕생하는 이야기이다.

이 왕랑반혼전에서는 칭념염불이 아닌 관상염불을 통해서 극락왕생을 보여주고 있다. 중요한 점은 왕랑이 송씨부인의 말을 듣고 미타탱을 서쪽에 걸고, 동쪽에 앉아서, 아미타불을 염불한 공덕으로 관련된 모든 이들이 모두 정토에 왕생하는 것이다. 염불공덕으로 인해서 왕랑은 반혼하고, 송씨는 환생하여 오래오래 산다. 시왕도 등장한다. 염불공덕이 명부도 감응시킨다는 내용이다. 반면에 『염불작법』에 이르러서는 관상법보다는 법장비구가 세운 48원의 칭념을 더 강조한다.

4. 왕생전록의 10가지 왕생 이야기

왕랑반혼전이 끝나면 왕생전록의 10가지 왕생전이 펼쳐진다. 『권념요록』 10가지 왕생전의 순서와 제목은 아래와 같으며, 『예념미타도량참법』 왕생전록의 제목을 함께 제시하였다. 전문을 다루지 않고, 특징과 요지만을 보여주고자 한다.

① 원공결사전(遠公結社傳)-廬山遠公 結社往生

여산 혜원스님은 백련결사를 하고 왕생한다.

여산에 거처하던 혜원스님은 유유민 등 승속 123인과 함께 백련결사를 하고 정토를 수행하여 연꽃 속에 태어났다. 법사는 마음을 맑게 하여 관상(觀想)하였으며, 처음 10년 동안에 성인의 모습을 세 번 보고, 다음은 아미타불과 관음세지보살을 보고, 공덕수가 흐르는 모습을 보았다는 이야기이다. 모두 『관무량수경』에서 말하는 서방정토의 국토장엄과 불장엄의 내용이다. 관상염불의 수행은 백련결사를 통해서 시작되었음을 보여주고 있다.

② 궐공칙현보전(闕公則現報傳)-晉闕公則 報現往生

진나라 궐공은 본받고 과보를 보여주고 왕생한다.

백련결사에 참여한 궐공이 그의 기일날에 왕생한 정토세계를 보여주었다.

③ 오장왕견불전(烏長王見佛傳)-烏長國王 見佛往生

오장국의 왕은 불(佛)을 보고 왕생한다.

오장국의 왕은 왕이 되었지만 생사윤회를 벗어나지 못함을 한탄한다. 서방에 불국(佛國)이 있다는 이야기를 듣고, 밤낮으로 염불을 권하고 도를 닦으며, 매일 일백인의 승려에게 재[一百僧齋]를 베풀고 왕과 왕후는 음식을 친히 나르고, 법을 청하기를 30년이나 하였다. 그래서 아미타불과 성중이 내영하여 왕생한다.

④ 정목경집번전(鄭牧卿執幡傳)-信士牧鄉 執幡往生

청신사 목경은 번(幡)을 잡고서 왕생한다.

당나라 정목경은 병에 걸렸으나, 어육을 먹지 않고 정계(淨戒)를 수
지하여 왕생한다.

⑤ 방저권타왕생전(房翥勸他往生傳)-京兆房翥 勸化往生

경조 지역 사람인 방저는 다른 이에게 따르도록 권하고 왕생한다.

방저는 죽어서 염라왕에게 갔다. 명부에는 어떤 노인에게 염불을
권하고 그 노인은 이미 정토에 태어났다고 적혀있자, 그 복으로 노인을
만나게 해주려고 한다. 그러나 방저는 『금강경』 만권을 독송하고 오대
산을 순례하기를 원한다. 염불을 권하는 것[勸化]은 명부도 감동시켜서
서방정토에 왕생한다.

⑥ 수문황후전(隋文皇后傳)-隨文皇后 異香往生

수나라 문제의 황후는 기이한 향기를 내며 왕생한다.

문제의 황후는 여인의 몸을 싫어하여 아미타불을 염송한다. 임종하
려 할 때 방안에 향기가 가득하다. 무제가 사제(闍提)에게 상황을 묻자
정업(淨業)을 닦아 왕생을 보인다고 한다.

⑦ 형왕부인입화전(荊王夫人立化傳)-荊王夫人 立化往生

　　현왕의 부인은 원심(願心)을 세워서 왕생한다.

　　현왕의 부인이 시녀[婢妾]들과 함께 서방정토를 닦는다. 게으른 시녀를 쫓아냈으나 참회한 시녀는 서방에 왕생한다. 그리고 현왕의 부인 꿈에 나타나 발원하여 서방을 염(念)하면 홍련화·백련화에 태어남을 보여준다. 그리고 부인이 금으로 된 단(壇)의 상품상생으로 왕생할 것을 알려준다. 부인의 생일날, 관음각 앞에서 자손인 방구가 헌수(獻壽)의 뜻으로 상을 차렸으나 이미 서원을 세워 왕생[立化]할 수 있었다.

⑧ 양씨자명전(梁氏自明傳)-信女梁氏 目明往生

　　청신녀 양씨는 눈을 뜨고 왕생한다.

　　당나라 청신녀 양씨는 숙세의 재앙으로 두 눈이 보이지 않았다. 어떤 스님이 권한 염불을 3년 동안 하고, 두 눈을 뜨게 되었다. 계속하여 임종 때가 되자 아미타불과 대보살이 와서 맞이하였다.

⑨ 동녀권모전(童女勸母傳)-世子童女 勸母往生

　　세자인 여자 어린아이는 어머니에게 권하여 왕생한다.

　　송조의 위나라 세자인 어린 여자아이는 부자와 함께 3인이 수행하였다. 14살에 죽은 동녀가 수행을 하지 않던 어머니에게 나타나 연화대에 없는 이유를 설명한다. 여아의 가르침으로 어머니는 아미타불을 염하여 왕생한다.

⑩ 도우선화십념전(屠牛善和十念傳)-屠牛善和 十念往生

소잡는 장선화는 십념으로 왕생한다.

당나라 장선화는 소를 잡는 것을 업으로 하였다. 임종할 때 소가 나타나서 '네 놈이 나를 죽였지!'라고 한다. 겁이 나서 스님에게 구원을 청한다. 스님은 『십육관경』에 임종할 때 지옥상(地獄相)이 나타나도 지극한 마음으로 나무아미타불을 십념하면 정토에 왕생할 수 있다고 한다. 이 말을 듣고, 선화는 향로를 집을 사이도 없이 바로 왼손으로는 불을 켜며 오른손으로는 향을 집고 얼굴은 서쪽을 향하고 간절히 염불한다. 십성(十聲)을 다하기도 전에 아미타불이 서쪽에서 와서 함께 보좌에 앉는다.

10가지 왕생전록 이야기에서 염불관상의 수행이 백련결사에서 시작된 것임을 알려준다.

처음은 혜원과 궐공에서 염불결사가 시작되었다고 한다.

오장왕과 왕후는 백인의 스님에게 재를 베푸는 발원을 하고,

정목경은 정계를 수지하여 왕생한다.

방저는 염불의 권유로 염라왕을 감동시킨다.

수문제 황후는 정업을 닦고,

현왕부인은 시녀가 왕생하며,

양씨는 선지식을 만나서 염불하고,

세자 동녀는 연화대를 알려주어 모두 왕생한다.

성화는 삼종정업에 위배되는 악업으로도 십념을 하여 왕생한다.

10가지 이야기 가운데 혜원, 궐공, 오장왕, 정목경, 방저까지는 남성이 주인공으로 삼종정업의 인이며, 수문제부터 세자 동녀까지는 여성이 주인공으로 관상염불의 과이다. 남성은 서방정토의 왕생을 바라는 이의 인이며 여성은 왕생하는 과를 나타내고 있다. 염불결사 즉 관상수행의 연원 부분을 제외하면, 반드시 해야 할 행인 인은 백승재, 정계수지, 염불 권유가 된다. 이 세 가지는 『관무량수경』에서 중생이 닦아야 할 삼종정업의 내용과 일치하며, 상품상생에서 제시한 삼종중생의 실천행 모습이다.

전반부 ①②는 염불결사의 시조이며, ③④⑤는 『관무량수경』 삼종정업의 내용이다. 후반부 ⑥~⑩은 모두 염불왕생한 여인들의 이야기이다. 특히 ⑩은 살생의 계를 범했어도 십념을 통해서 정토왕생을 보여준다. 십념은 『무량수경』 제18원의 내용이며, 『관무량수경』 하품하생에서 닦는 관법의 내용이다. 또 법장비구의 48원은 중품하생의 관법 내용이다. 정토왕생한 이들이 모두 여성인 것은 여인들에게 모델을 제시하려는 의도라고 생각된다. 여성 주인공의 등장은 『권념요록』이 여인을 위한 수행서라는 것을 알려주고 있는 증거가 될 수 있다.

5. 왕랑반혼전에 보이는 관상염불법

1) 아미타불을 관상염불하는 방법

왕랑은 죽은 지 11년이나 지난 송씨부인이 밤에 나타나서 염라대왕이 명관에게 이제 잡아 오라고 하였다는 이야기를 전해 듣는다. 명관에게 잡혀서 지옥에 떨어져야 하는 이유는 이웃에 사는 안노인을 비방한 탓이다. 안노숙은 매일 이른 아침에는 서쪽을 향해서 50배 절을 하고, 매월 보름날에는 아미타불을 10,000편을 염(念)하는 수행을 하였는데, 이를 비방한 죄가 있기 때문이다.

명관에게 잡혀가지 않으려면, 아미타불의 탱화를 서쪽에 걸고 동쪽에 앉아서 지극정성으로 아미타불을 염해야 한다고 알려준다. 왕랑이 그대로 따르자, 명관[옥졸]은 왕랑을 묶어 데려가지 못하고 오히려 지옥에 떨어져 있는 자신도 극락으로 함께 왕생할 수 있기를 청한다.

귀사가 계송에서 '염불하는 사람이 악도 가운데 떨어짐을 보지 못했다'는 말은 법장비구 48원 중에 첫 번째 원의 내용이다. 악취무명원(惡趣無名願)으로 불리는데, '내가 성불할 때, 국토에 지옥·아귀·축생이 있다면 나는 정각을 이루지 않겠습니다'라는 서원이다. 즉 중생이 삼악도에 떨어지는 자가 하나라도 있다면 성불하지 않겠다는 것이다. 지옥중생인 귀사도 함께 극락에 왕생한다는 뜻이다.

아미타불을 염하는 공덕이 있어 염라대왕의 명을 실행할 수 없게 되고, 도리어 명령을 실행하려는 명관도 지옥에서 함께 극락왕생하게 된다. 염불은 명부도 감동시킨다는 뜻이다. 이때 아미타불을 관상염불하는 방법은 그림을 서쪽에 걸고 수행자는 동쪽에 앉아 서쪽을 바라보며 나무아미타불을 염불하는 것이다.

『무량수경』에서는 법장비구가 세자재왕여래에게 48원을 모두 서원하자, 부처님께서 아난에게 서쪽을 향하여 아미타불을 예배하도록 하라고 하는 모습으로 묘사되어 있다. 이때 아미타불은 법장비구가 성불하여 있는 세계의 부처님 이름이다. 『관무량수경』에서는 초관인 일상관에서는 서쪽을 생각하고, 서쪽을 향해서 단정히 앉아서 해를 똑똑히 보고, 마치 하늘에 북이 달려있는 듯이 보아야 한다고 한다.

염불은 제일 먼저 서쪽을 향해 앉는 것에서 시작한다. 눈이 있다면 누구나 해가 지는 모습을 볼 수 있다는 뜻이다. 경전에서는 서원이나 관상법으로 아미타불을 보는 것이라면, 왕랑반혼전에서는 아미타불의 탱화를 걸고 시작하는 것이다. 다르게 보이는 듯하지만, 서방정토에 있는 아미타불을 보여주는 동일한 방식이다. 오롯한 마음으로 아미타불을 생각하면 된다. 이것이 아미타불을 염불하거나 관상하는 자세이다. 이 수행법은 후에 관법(觀法) 설명에서 자세하게 다루어질 것이다.

2) 염라왕과 명관

염라는 Yama를 말한다. 범어를 음사하여 한자로는 야마(夜摩)·염마(焰摩)·염라(閻羅) 등으로 쓰고, 번역하면 쌍세(雙世)·차지(遮止)·정식(靜息)·심악승업(深惡勝業) 등의 뜻이다. 염마왕(閻魔王)은 Yama-rāja이며, 간략하게 염라(閻羅)·염라(焰羅)·섬왕(剡王)·염왕(閻王)·사왕(死王) 등으로 쓰며, 귀신

세계의 시조로서 명계(冥界)의 총 벼슬아치이고, 지옥의 주신으로 불린다.

염라왕은 리그베다 시대에서는 야마신이었으며, 인도 설화에서는 죽은 자의 영혼인 고뇌를 묶어주는 공포신이었다. 베다 시대의 염마는 창조자로서의 성격이 있었기 때문에, 형제와 자매의 신으로 쌍변(雙變)의 관념으로 전개하여, 둘이 결혼하여 세계를 창조한다는 신화로 변화한다.

이것이 불교에 들어와 영향을 주었다. 염라왕 사상이 불교와 함께 중국에 들어와서 도교와 결합하여 성행하자 명계시왕(冥界十王)을 벗어나고자 하는 생각이 생겨났다. 그래서 『예수시왕칠생경』, 『지장시왕경』 등에 영향을 주게 된다. 또 밀교에서 염라왕은 천부(天部)에 속하여 염마천이라고 부른다. 지옥에서 염왕을 보좌하는 명계의 관속을 명관이라고 부르게 되었다.

『예수시왕칠생경』은 다른 이름으로 『불설염라왕수기사중예수생칠왕생정토경』이라고도 불리며, 약칭하여 『시왕경』이라고 한다. 경전의 뜻을 풀어 본다면, 부처님께서 염라왕에게 수기를 주고, 사중(四衆)이 살아서 7번을 미리 공덕을 닦도록 하여 정토에 왕생을 설하는 경전이라는 것이다. 경전이 결합하는 과정에서 생긴 경문의 변화 부분을 『시왕경』에서 보면, 밑줄 친 부분의 내용이 삽입되었다는 것이다.

○ 산자의 생칠왕생재(生七往生齋)와 죽은 자의 칠칠재(七七齋)의 결합
[경전]

만약 선남자·선여인, 비구·비구니, 청신사·청신녀가 살아서 7재를 미리 닦고자 하면(預修生七齋), 매월 2번 삼보에게 공양하고, 시왕에게 빌어 베풀어야 한다. 닦는 사람의 이름은 장부에 적고 육조(六曹)에 올린다.

　　선업동자(善業童子, 善惡童子)는 천조(天曹)와 지부관(地府官) 등에 올리고 이름 책[名案]에 기록하여 둔다. 몸이 다하는 날에 이르면, 쾌락한 곳에 태어나는 짝지음을 편하게 얻는다. 중음의 49일에 주하지 않고, 남녀가 추구하는 것도 기다리지 않는다.

　　목숨은 시왕(十王)을 지나가는데, 만약 한 재(齋)라도 빠지면 한 왕에게 막혀서 머무름이 이어지고 고통을 받는다. 태어남을 벗어나지 못하면, 1년을 지체하여 막힌다. 그러므로 너에게 권하니, 이 중요한 일을 지어서 왕생(往生)의 보(報)를 기원하라.

　　찬하여 말한다.
　　　사중(四衆)이 재(齋)를 닦아 있게 되었을 때,
　　　30일에 두 번 공양함이 항상하는 뜻이다.
　　　인연을 빠뜨리지 말아라. 공덕이 적으니,
　　　마침내 중음(中陰)을 사귀면 명사(冥司)에게 막히네.

[설명]

육조는 경문에서 육도명관(六道冥官)이라는 육도를 가리키고, 천조와 지부관은 하늘[天]과 지옥의 명관일 것이다. 선업동자(善業童子)는 시왕 권속의 이부(二府)를 가리키므로, 선악동자(善惡童子)로 해석해야 할 것이다. 경문에서 '살아서 7재를 미리 닦고자 하면, 매월 두 번'이라는 증광이 일어난다. 죽은 사람을 위한 칠칠재(七七齋)가 살아있는 사람을 위한 '생칠재(生七齊)'를 수용하게 된다. 그리고 팔재계와 한 달 동안에 10번 재를 지내는 십재(十齋)를 혼용하여 시왕(十王)이 탄생한다. 이 혼용과정은 우리나라에서는 유행하지 않았지만, 중국불교에서는 시왕을 조직화하는 과정에 나타나는 보현재(寶賢齋)와 관련이 있다. 『시왕경』에서 염라왕은 미래에 보현왕여래가 될 것이라고 수기를 받고, 그 나라의 이름이 화엄(華嚴)이라고 하는 내용의 관련성이다(小南一郞, 2002).

한국불교에서 시왕과 권속들의 구성은 다음과 같다.

한국에서 가장 오래된 『예수시왕생칠경』(1246년)의 시왕을 참조하고, 『불설지장보살발심인연시왕경』에서는 시왕에 대한 본존(本尊)을 정하고, 광흥사본 『예수시왕생칠재의찬요』(1576년)에 보이는 권속의 무리를 모으면 다음과 같이 정리할 수 있다. 시왕은 판관, 귀왕, 이부, 사직, 감재직부 등의 권속을 거느린다. 제1 진광왕의 권속을 참조하여, 이하에서는 (이부/사직/감재직부) 등으로 표시하여 중복을 피하였다.

제1 7일: 진광왕(본존: 부동명왕)
권속: 판관(判官)-태산류판관, 태산주판관, 도구송판관, 대음하후판관

귀왕(鬼王)-나리실귀왕, 악독귀왕, 부석귀왕, 대쟁귀왕

이부(二府)-주선동자, 주악동자

사직(四直)-년직사자, 월직사자, 일직사자, 시직사자

감재직부(監齋直府)-감재사자, 직부사자

제2 7일: 초강왕(본존: 석가여래)

권속: 판관-태산왕판관, 태산재판관, 도추노판관, 태산양판관

　　　　상원주장군

　　　귀왕-나리실귀왕, 삼목귀왕, 혈호귀왕, 다악귀왕

　　　(이부/사직/감재직부)

제3 7일: 송제왕(본존: 문수보살)

권속: 판관-태산하판관, 사명판관, 사록판관, 태산서판관, 태산류판관

　　　　하원당장군

　　　귀왕-백호귀왕, 적호귀왕, 나리실귀왕

　　　(이부/사직/감재직부)

제4 7일: 오관왕(본존: 보현보살)

권속: 판관-태산숙판관, 태산승판관, 제사검부판관, 사조배판관

　　　귀왕-비신귀왕, 나리차귀왕, 전광귀왕

　　　(이부/사직)

제5 7일: 염라왕(본존: 지장보살)

권속: 판관- 태산홍판관, 주사풍판관, 도사조판관, 악복조판관, 의동삼
　　　사대최판관

　　　귀왕-천조귀왕, 담수귀왕, 랑아귀왕, 대나리차귀왕

　　　(이부/사직/감재직부)

　　　염마법왕설근본주

　　　ॐ(oṃ) **यम**(yaṃma) **यद्रम**(yedrama)

　　　रजय(rajaya) **स्वाह**(svāhā)

제6 7일: 변성왕(본존: 미륵보살)

권속: 판관-공조정판관, 법조호리판관, 태산굴리판관, 대음주실판관

　　　귀왕-주화귀왕, 주모귀왕, 주식귀왕, 아나타귀왕

　　　(이부/사직/감재직부)

제7 7일: 대산왕(본존: 약사여래)

권속: 판관-태산오도굴판관, 태산황판관, 태산설판관, 장인판관, 장산
　　　판관, 주재판관

　　　귀왕-대아나타귀왕, 주축귀왕, 주금귀왕

　　　(이부/사직/감재직부)

제8 7일: 平等王(본존: 관세음보살)

권속: 판관-공조사보판관, 태산능판관, 태산육판관

　　　귀왕-주산귀왕, 주수귀왕, 사목귀왕, 주매귀왕

　　　(이부/사직/감재직부)

제9 7일: 도시왕(본존: 아촉여래)

권속: 판관-육조황보판관, 부조진판관, 태산호판관, 태산동판관, 태산

　　　　웅판관, 주명판관

　　　귀왕-오목귀왕, 주질귀왕, 주음귀왕

　　　(이부/사직/감재직부)

제10 7일: 오도전륜왕(본존: 아미타불)

권속: 판관-태산육조판관, 태산정판관, 태산조판관, 태산오판관, 태산

　　　　이판관, 시통경판관

　　　중원갈장군

　　　귀왕-산앙귀왕

　　　이부-주선동자, 주악동자

　　　태산부군

　　　(사직/감재직부)

　　시왕 중에 염라왕·전륜왕은 불교적인 배경을 가지고 있고, 태산왕은 중

국의 전승문화인 도교에서 유래되었다고 할 수 있다. 그리고 오관왕·평등왕은 불교와 초기 도교 및 신선사상이 혼재되어 있다. 시왕은 각각 본존을 가지고 있으며, 특히 염라왕은 염라법왕설근본주(閻魔法王說根本呪)를 반드시 염송해야 한다. 이것은 밀교의례와 밀접한 관계가 있음을 알려준다.

시왕은 여러 권속을 거느린다. 특이한 점은 제2왕에는 상원주장군(上元周將軍), 제3왕에는 하원당장군(下元唐將軍) 제10왕에게는 중원갈장군(中元葛將軍)이라는 권속의 등장이다. 도교에 상·중·하원이 있는데, 이들을 관장하는 것이 주(周)·당(唐)·갈(葛)의 장군이다. 주나라와 당나라, 그리고 갈(葛)은 제갈량일 것이다. 주나라와 당은 모두 국명으로 한족을 대표하고 있는 것으로 보아 무척이나 중국적인 구성이다. 마지막 제10왕에 중원을 놓은 이유는 불교의례인 우란분제와 일찍부터 관련이 있었기 때문이다.

Ⅱ

무량수와
법장비구의 사십팔원

6. 아난이 부처님 모습에 보이는 무량수·무량광을 물음

1) 정토삼부경의 이해

『권념요록』의 서문은 염불 수행을 하면 일어나는 여러 가지 모습을 보여준다. 특히 왕랑반혼전은 고려와 조선에서 성행한 정토왕생사상을 유추할 수 있는 귀중한 자료이다. 왕랑번혼전에서는 서쪽에 아미타탱화를 걸어 놓고, 수행자는 동쪽에 앉아서 서쪽을 향해 아미타불을 염송하는 관상법이었다. 이러한 관상법은 1500년대 후반 『염불작법』의 저술기를 지나며, 칭념염불이 강화된다. 이 칭념의 구체적인 내용은 '사십팔원 원력장엄'으로 『무량수경』에서 법장비구가 서원하는 48원이다.

원은 표현은 다르지만 모두 극락세계를 염원하고 있다는 공통점이 있다. 극락세계(極樂世界)는 sukhāvatī를 읽는 대로 수마제(須摩提)라고 적고, 뜻으로는 극락정토·극락국토·서방정토·안양정토·안양세계·안락국 등 다양하게 번역한다. 현장(玄奘, 602?년~664년)이 번역한 『칭찬정토불섭수경』에서는 서방세계에 불(佛)세계가 있는데, 그 세계의 이름이 '극락'이고, 여래십호를 만족하는 '무량수급무량광(無量壽及無量光)'의 존명을 가진 아미타불이 살고 있다고 한다. 구마라집이 번역한 『아미타경』의 이역경이다. 아미타는 amita의 음역이며, 무량(無量)이라는 뜻이다. 이때 무량수는 amitāyus의 뜻이며, 무량광은 amitābha의 뜻이다.

현재 부처님은 최초의 여래인 정광여래로부터 지금까지 나투어 오시고 있으며, 엄숙하고 기쁨에 넘치는 모습은 무량수와 무량광이 있어서라는 것이다. 『무량수경』·『관무량수경』·『아미타경』은 이러한 아미타불의 무량수와 무량광에 대한 설법을 주제로 하고 있기 때문에, 예로부터 정토삼부경으로 불렸다. 그리고 이 3종의 경전은 함께 이해하는 것을 중요하게 생각하였다.

　『무량수경』은 부처님의 무량수·무량광한 모습을 본 아난이 그 이유를 묻고 부처님이 세자재왕불의 예를 들어 답하는 내용이다. 정광여래가 52불을 지나고 53번째 세자재왕불이 되어 정토를 법장비구에게 보여주고, 이 모든 수행을 마친 법장비구가 48가지 서원을 말한다. 그리고 정토에 왕생할 수 있는 공덕을 닦은 삼배자(三輩者)의 종류와 수행할 때 경계해야 할 삼독과 오악(五惡)을 설명한다. 탐진치 삼독은 어떠한 마음으로 경계해야 하며, 오악은 불교 윤리관으로 오계(五戒)의 실천을 말한다. 오계인 오선(五善)을 범하면 오악으로 과거의 업이 되며, 현재의 고통으로 오통(五痛)이 되며, 미래에는 죽어서의 고통으로 화탕지옥을 만나는 오소(五燒)이다.

　삼독과 오악을 잘 경계하면, 공덕에 따라서 삼배로 왕생할 수 있으며, 서방의 아미타불을 친견하게 된다. 아미타불의 위신력과 법장비구의 서원력 그리고 행자의 수행력으로 서방정토에 왕생할 수 있다. 48원 중에서 가장 중요하게 여기는 원은 18번째 '십념왕생원(十念往生願)'이다. 아미타불을 마음에 온전하게 하여 10번만 칭념해도 그 인연으로 정토에 왕생한다는 원이다. 이 원은 시간이 지나며 단 한 번이라도 명호를 칭념하거나 또는 칭념하는 소리를 듣기만 해도 왕생하여 성불할 수 있다고 주장하게 된다.

『관무량수경』은 위제희부인이 번뇌가 없는 극락세계에 왕생하고자 청하여 듣는 수행법의 내용이다. 아사세태자가 부모인 빈비사라왕을 감옥에 가두고, 다시 위제희부인을 가두는 것으로부터 시작한다. 위제희부인은 아들인 아사세태자가 부모를 감옥에 가두는 이러한 오탁악세를 벗어나는 법을 묻자, 부처님은 아미타불의 정토를 보여주며, 수행법으로 16가지 관상법을 말해준다. 설법하는 인연에서는 삼종정업(三種淨業)을 제시하고, 수행법에서는 아미타불의 세계와 아미타불의 모습을 마음속에 염(念)하는 16가지의 관상염불을 말한다. 이러한 뜻이 있어서 불화를 조성할 때는 16관법에 대한 찬을 써넣기도 하고, 불안한 시대에는 정토왕생을 기원하게 되었다.

고려불화에는 특히 『관무량수경』과 관련된 내용이 많다. 서분만을 그리거나 16가지 관상법을 그리거나 한다. 고려의 십육관경서분 변상도는 경을 설하는 7가지 인연을 내용으로 한다. 그러나 조선시대 내원암본 『관무량수불경』(1853년)에 이르면, 위제희부인이 아사세태자와 제바달다의 사건으로 사바세계를 싫어하여 법을 구한다는 '영산중회 위제청법(靈山衆會 韋提請法)'의 방제를 넣은 변상도로 단순화한다. 이 방제의 내용은 대각국사 의천과 매우 많은 교류가 있었던 원조스님(元照, 1048년~1116년)의 십육관송(十六觀頌)이다.

현재 고려불화 중에서 가장 이른 십육관변상도는 1312년에 조성된 대은사(大恩寺) 소장본이다. 각각 염(念)해야 할 대상인 나무, 땅, 난간, 아미타불, 관세음보살 등의 16종류를 모두 표현하고 있다. 이 가운데서 궁극적인 대상은 아미타불을 보는 것을 진신관(眞身觀)이다. 아미타불의 몸과 광명은 구체적으로 32상 80종호를 가리키지만, 가장 대표적인 모습은 미타십상(彌陀十相)이라고 할 수 있다.

『아미타경』은 『무량수경』과 『관무량수경』의 전체 내용을 축약하여, 서방극락세계의 정토와 아미타불의 광명 장엄을 보여준다. 극락세계의 위치와 이름을 풀이하고, 극락세계를 장엄한 모습을 설명한다. 화엄교학에서 여래출현이라는 내용과 유사하다. 아미타불을 나타내는 장엄의 모습이다.

이 3가지 경전을 유기적으로 이해하고 수행하는 것을 아미타사상 또는 정토염불, 정토관상염불이라고 부른다. 왕랑반혼전에서는 서방정토에 살고 있는 아미타불을 서쪽에 걸고, 수행자는 동쪽에 앉는다. 지옥을 관장하는 염라대왕, 염라대왕의 명을 전달하는 명관(冥官), 명관을 따라서 실제 임무를 실행하는 오귀(五鬼)인 귀사(鬼使) 등이 등장하지만, 결국 아미타불을 관상하는 염불로 명부를 감동시켜 지옥행을 면하게 된다. 왕랑반혼전에 등장하는 모든 이들도 서방정토극락세계에 함께 왕생하게 된다. 왕랑반혼전에는 3부경의 내용은 물론 경전에 등장하지 않는 시왕까지 유입되어 있다. 중국 도교에 영향을 받아 성립된 시왕(十王)이 이미 혼재되어 있음을 알 수 있다. 그러나 허응당 보우스님은 『권념요록』에서 이 시왕사상을 언급하지 않는다. 오히려 수행법을 설명하는 '관법(觀法)'에서는 아미타불과 두 보살 그리고 수행하는 나를 관상하고, 또 '인증(引證)'에서 다라니를 강조하고 있다. 다른 의도가 있어 보이는 맥락이다.

2) 아난의 질문

『무량수경』에서 아난은 부처님의 공덕인 무량수·무량광에 대해 질문한다. 경문에서는 그 증표로 지금 부처님께서 법문을 하려는 공덕상의 모습으로 설명한다. 세존(世尊)은 기특한 법이며, 세웅(世雄)은 불(佛)이 주하는 곳이며, 세안(世眼)은 성인의 행이며, 세영(世英)은 최승의 도에 머무르고, 천존(天尊)은 여래의 덕을 행하는 것이라고 한다. 왜냐하면 과거와 미래 현재의 불(佛)이 서로 바라보며 서로서로 하나가 되었기 때문에, 지금 다시 얻을 것은 없다. 그런데 왜 이러한 위없는 모습을 보이는 것인가라는 의문의 질문이다.

세존, 세웅, 세안, 세영, 천존의 모습은 이미 부처님께서 보인 모습이다. 이 모습을 혜원(慧遠)은 『무량수경의소』에서 총(總)과 별(別)로 설명한다. 첫 번째 세존은 총이고, 나머지 4개는 별이라고 한다. 총은 부처님이 얻은 법으로 '오늘[今日] 세존은 기특법에 주한다'라는 내용을 가리킨다. 4가지의 별은 자덕(自德)인 부처님의 이명(異名)으로 '오늘 세웅은 부처님이 주하는 곳에 주한다'이며, 이타(利他)인 부처님의 이칭(異稱)으로 '오늘 세안은 도사의 행에 주한다'이며, 자덕인 부처님의 별호(別號)로 '오늘 세영은 최승의 도에 주한다'이며, 이타인 부처님의 이명으로 '오늘 천존은 여래의 덕을 행한다'이다.

'오늘[今日]'은 설법하시려는 지금이다. 부처님의 모습에서 기색이 청정하게 빛나는 얼굴인 것은 스스로의 덕이며, 자리와 이타가 하나이기 때문이다. 총·별인 과(果)를 지금 염(念)하는데, 위로는 한 단계를 나에게 오는 것으로 불(佛)을 염(念)하여 얻은 것이며, 아래로는 염(念)하여 모든 여래보다 수승하게 된다. 서로서로 끊이지 않게 이어짐을 염(念)한다는 뜻이다. 이때 염은 칭념염불이 아닌 관상염불로서 하나가 된다는 뜻이다. 그래서 아난은 천신의 가르침이 없이 스스로의 지혜로서 부처님의 얼굴 모습을 보고, 부처님께 직접 묻는다는 것이다.

○ 아난의 질문
[경전]
　　　그때, 부처님께서는 모든 근(根)이 기뻐 즐겁고, 몸의 색은 청정하며, 빛나는 얼굴색은 엄숙하였다.
　　　아난 존자는 부처님의 성스러운 뜻을 이어서, 바로 자리에서 일어나 편단우견하고 장궤합장하고, 부처님께 고하여 말한다.
　　　"오늘 세존께서는 모든 근(根)이 기뻐 즐겁고, 몸의 색은 청정하며, 빛나는 얼굴 색은 엄숙하여, 마치 밝은 거울에 깨끗한 그림자는 안과 밖을 드러내는 것과 같으며, 위엄있는 얼굴은 빛을 드러내어 무량을 뛰어넘어 끊어버리니, 오늘날까지 수승하고 신묘함을 본 적이 없습니다.

그렇다면 대성인이시어! 저의 마음으로 말을 잘 살펴서 보니,
오늘 세존(世尊)은 기특한 법에 머무르고,
오늘 세웅(世雄)은 불(佛)이 주하는 곳에 머무르고,
오늘 세안(世眼)은 성인의 행에 머무르고,
오늘 세영(世英)은 최승의 도에 머무르고,
오늘 천존(天尊)은 여래의 덕을 행합니다.
과거, 미래, 현재의 불(佛)과 불(佛)은 서로 바라 보며 염(念)하여, 지금 불(佛)은 모든 불(佛)을 염(念)함이 없음을 얻은 것이 아닙니까? 무슨 이유로 위신의 빛과 빛이 이러합니까?"

이에 세존은 아난에게 말씀하셨다.
"어찌 된 것이냐? 아난아, 모든 천신들이 네가 와서 부처님께 여쭈어보라고 가르쳤느냐? 스스로 지혜로서 위엄이 있는 얼굴을 보고서 묻는 것이냐?"

아난이 부처님께 아뢰었다.
"모든 천신들이 제게 와서 가르친 것은 없습니다. 스스로의 소

견으로 그 뜻을 보고 물을 뿐입니다."

부처님께서 말씀하셨다.
"참으로 훌륭하구나. 아난아! 물은 것이 참으로 기특하다. 깊은 지혜와 참으로 미묘한 변재를 일으켜서 중생을 불쌍하게 생각하여 그 지혜의 뜻을 묻는구나.

여래는 다함이 없는 대자비로 삼계를 불쌍히 여기기 때문에, 세상에 나오셨다[出興]. 빛은 도의 가르침을 열어버리고, 여러 싹은 진실한 법의 이익을 널리 얻게 한다. 무량 억겁 동안 심기 어렵고 보기 어려워도, 오히려 우담발화[靈瑞華]는 때때로 나온다. 지금 묻는 것은 아주 요익한 것이 모든 천·인·중생을 개화시킨다."

[설명]
아난은 스스로의 지혜로 묻는다고 한다. 그러자 부처님은 아난에게 중생을 위해 대신 묻는 것이냐고 칭찬하며, 우담발라화가 피는 것은 때가 되었기 때문에 피는 것이라고 한다. 중생에게 법문할 때가 되었다는 것이다. 그러니 묻는 모든 것은 천·인·중생을 개화시킬 것이라는 것이다. 그 징조를 혜원은 총과 별이라고 하였다.

7. 세자재왕여래는 정토를 보이고 법장비구는 48원을 세움

1) 세자재왕여래가 법장비구에게 정토를 보여줌

경전에서는 설법 주제를 설하는 부분을 정종분이라고 한다. 법문할 때가 되어서 하는 법문은 우담발라화가 필 때가 되어 피어나는 것과 같은 이치이다. 중생을 교화할 때가 됨을 뜻한다. 지금 부처님의 근(根)이 청정해서 수명이 오래 하고 얼굴색이 빛나는 것은 앞에 있었던 여러 부처님의 공덕을 이어 온 때문이다.

부처님이 예를 든 법문의 내용은 처음 여래인 정광여래부터 52불을 지나고 53번째 불인 세자재왕여래였을 때 법장비구가 서원을 세우는 이야기이다. 세자재왕여래는 법장비구에게 210억의 불국토, 천인(天人)의 선과 악, 그리고 국토의 거칠고 묘함을 보여준다. 법장비구는 210억 불국토의 수행을 마치고, 서원을 세우게 된다.

○ 세자재왕여래가 법장비구에게 보여주는 정토의 모습
[경전]

부처님이 아난에게 말씀하셨다.

"과거 일찍이 헤아릴 수 없고 불가사의한 겁 이전에 있었던 정광여래(錠光如來, Dīpaṃkarara)가 이 세상에 출흥하시여, 한량없는 중생들을 교화하고 제도하여 해탈시키고, 모두 도(道)를 얻게 하고 멸도에 드셨다."

"그 다음 여래의 이름은 광원이고, 그 다음은 월광·전단향·선산왕·수미천관·수미등요·월색·정념·이구·무착·용천·야광·안명정·부동지·유리묘화·유리금색·금장·염광·염근·지종·월상·일음·해탈화·장엄광명·해각신통·수광·대향·이진구·사염의·보염·묘정·용립·공덕지혜·폐일월광·일월유리광·무상유리광·최상수·보리화·월명·일광·화색왕·수월광·제치명·도개행·정신·선숙·위신·법혜·난음·사자음·용음·처세 등이었다.

이와 같은 여러 부처님을 모두 지나갔느니라.

이때, 다음에 부처님이 계셨으니, 이름이 세자재왕여래(世自在王如來)·응공·등정각·명행족·선서·세간해·무상사·조어장부·천인사·불·세존이니라."

"이때, 국왕이 있었으니, 부처님께서 설법하신다는 말을 듣고, 마음이 기쁘게 되었다.

참된 무상의 바른 진리의 도를 발하는 뜻으로 나라를 버리고, 왕위를 내어놓고, 출가하여 사문이 되었다. 이름을 법장(法藏)이라 하였는데, 뛰어난 재주와 용맹한 뛰어남은 세상에서 가장 뛰어났다.

세자재왕여래가 계신 곳에 나아가, 머리를 부처님의 발에 조아리고, 오른쪽으로 세 번 돌고 나서, 장궤하고 합장하고서 게송으로 찬탄하여 말하였다."(게송 생략)

부처님이 아난에게 말씀하셨다.

"법장비구는 이 게송을 읊고 나서 부처님께 여쭈었느니라.

'오직 원하옵건대 세존이시여!

저는 위없이 바른 깨달음[無上正覺]의 마음[心]을 내었습니다.

원하옵건대 부처님께서는 저를 위하여 널리 경전의 교법[經法]을 베풀어 주십시오.

저는 마땅히 수행하여, 부처님 국토가 청정함을 섭취(攝取)하여서 한량없이 미묘한 국토를 장엄하겠습니다. 저로 하여금 세상에서 정각을 속히 이루게 하여서 모든 생사가 괴로움을 근심하는 근본임을 뽑아 버리게 하여 주십시오.'"

부처님이 아난에게 말씀하셨다.

"그때 세자재왕불(世自在王佛)이 법장비구에게 말씀하셨다.

'수행하고자 하는 것이 불국토를 장엄하는 것임을 너 자신도 잘 알고 있느니라.'

비구가 부처님께 말씀드린다.

'그 뜻이 크고 깊어서, 저의 경계가 아닙니다. 오직 원하옵건대 세존께서는 불(佛)여래가 국토를 깨끗이 한 수행법을 널리 연설하여 주십시오.

저는 이를 듣고 나서, 수행하여 원하는 것을 이루어 만족하였다고 마땅히 설하겠습니다.'

이때, 세자재왕불은 그 높고 밝은 뜻과 서원이 깊고 넓은 것을 아시고, 즉시 법장비구를 위하여 법을 말씀하였느니라.

'비유하면, 큰 바다 물이 한 사람의 되 양 만큼으로 억겁의 세월이 지나도록 퍼내어 마침내 바닥에 닿으면, 그 미묘한 보배를 얻는다.

사람에게 지극한 마음이 있으면, 정진하여 도를 구함에 그치지 않으며, 마침내 과(果)를 얻을 것이니, 어찌 소원을 이루지 못하겠는가?'

그리고는 세자재왕불은 즉시 210억 모든 불국토에 살고 있는 천상과 인간의 선악 그리고 국토의 거칠고 미묘함을 널리 말씀하셨다. 그리고 그 마음과 원에 응해서 모두 그것을 드러내 보여주셨다.

그때, 저 비구는 불(佛)이 말씀하신 것을 듣고, 국토를 장엄하고 청정하게 함을 모두 다 보았다. 더없이 수승한 원을 세우자, 그 마음은 맑고 고요해지고, 뜻은 집착하는 것이 없으니, 모든 세간에서 그에게 미치는 자가 없었다.

5겁 동안 사유하여, 불국토를 장엄한 청정한 수행을 모두 취하였다."

아난이 부처님께 여쭈었다.

"저 불국토의 수명은 얼마나 됩니까?"

부처님이 말씀하셨다.
"그 불(佛)의 수명은 42겁이니라.
그때, 법장비구는 210억의 모든 불의 미묘한 국토에서 청정한 수행을 다 거두어서 취하였다. 이와 같이 수행을 마치자, 세자재왕여래의 처소에 나아가서, 머리를 조아리고 부처님의 발에 예를 올리고, 부처님을 세 번 돌고, 합장하고 서서는 여쭈었느니라.

'세존이시여.
저는 이미 장엄한 불국토의 청정한 수행을 모두 섭취(攝取)하였습니다.'"

[설명]
법장비구는 세자재왕여래가 보여준 210억 불국토의 수행을 보고 그 수행을 모두 마친다. 210억 불국토의 수행을 마치고, 법장비구는 서원을 세운다.

2) 48원의 내용
우담발라화가 필 때가 되어 피듯이, 설법도 할 때가 되었음을 선포한다. 설법 장소에 모인 모든 보살 대중은 법장비구가 210억 불국토에서 수행한 공덕으로 모든 원(願)을 만족한다. 한국불교에서 이 법장비구의 48원은 『예념미타도량참법』 제5 극락장엄에서 '사십팔원 원력장엄'이라고 불리는 원의 이름으로 독송하고 있다. '사십팔원 원력장엄'이란 제목 아래에 경전의 내용을 5자로 줄인 48원을 독송하는 것이다.

천태지의(天台智顗, 538년~597년)의 『국청백록』에 의하면 '원력장엄'은 제자가 선근이 미약할 때 원력장엄을 원해서 다섯 가지를 제시하는 방법으로 되어 있다. 첫째는 임종에 바른 염(念)을 성취하는 원이며, 두 번째는 지옥 삼악도에 떨어지지 않는 원이다. 매우 이른 시기부터 원력으로 장엄하는 것을 지관(止觀)수행의 증진에 활용하였던 것이다. 이렇게 '원력장엄'은 불교의례가 만들어지는 초기부터 임종에 좋은 생각[念]을 성취하기 위한 법으로 제시되었다.

48원에 번호를 붙이고, 원력장엄의 이름을 표기하고, 경문을 번역하였다.

○ 법장비구의 48원

[경전]

부처님이 비구에게 말씀하셨느니라.

'너는 지금 설할 수 있으니, 때를 선포하여 알려야 한다. 기쁨을 일으키니 모든 대중도 그러하였다.

보살은 듣자마자, 이 법을 수행하여, 인연[緣]으로 무량한 큰 원을 만족하였다.'

비구가 부처님께 아뢰었다.

'오직 드리움을 듣고 살펴주십시오. 제가 원(願)하는 것을 갖추어 말씀드리겠습니다.

① 악취무명원(惡趣無名願)
　만약 제가 부처가 될 때,
　국토에 지옥·아귀·축생이 있으면,
　정각(正覺)을 취하지 않겠습니다.

② 무타악도원(無墮惡道願)
　만약 제가 부처가 될 때,
　국토 안에 있는 인·천의 수명이 다한 후에 다시 3악도에 떨어지면,
　정각을 취하지 않겠습니다.

③ 동진금색원(同真金色願)
　만약 제가 부처가 될 때,
　국토 안에 있는 인·천이 모두 진금색(真金色)이 아니면,
　정각을 취하지 않겠습니다.

④ 형모무차원(形貌無差願)
　만약 제가 부처가 될 때,

국토 안에 있는 인·천의 형색(形色)이 같지 않아서 좋고 추함[好醜]이 있으면,

정각을 취하지 않겠습니다.

⑤ 성취숙명원(成就宿命願)

만약 제가 부처가 될 때,

국토 안에 있는 인·천이 숙명(宿命)을 모두 알지 못하고, 아래로 백천억 나유타의 모든 겁의 일을 알게 된다면,

정각을 취하지 않겠습니다.

⑥ 생획천안원(生獲天眼願)

만약 제가 부처가 될 때,

국토 안에 있는 인·천이 천안(天眼)을 얻지 못하고, 아래로 백천억 나유타의 모든 불국토를 보게 된다면,

정각을 취하지 않겠습니다.

⑦ 생획천이원(生獲天耳願)

만약 제가 부처가 될 때,

국토 안에 있는 인·천이 천이(天耳)을 얻지 못하고, 아래로 백천억 나유타의 모든 부처님이 설한 말씀을 모두 받아 지니지 못한다는 소리를 듣게 되면,

정각을 취하지 않겠습니다.

⑧ 보지심행원(普知心行願)

만약 제가 부처가 될 때,

국토 안에 있는 인·천이 견타심지[見他心智]를 얻지 못하고, 아래로 백천억 나유타의 모든 불국토 안에 있는 중생의 마음[衆生心]이 염(念)한다는 것을 안다면,

정각을 취하지 않겠습니다.

⑨ 신족초월원(神足超越願)

만약 제가 부처가 될 때,

국토 안에 있는 인·천이 한 찰나[一念頃]에 신족(神足)을 얻지 못하고, 아래로 백천억 나유타의 모든 불국토를 지날 수 없다면,

정각을 취하지 않겠습니다.

⑩ 정무아상원(淨無我想願)

만약 제가 부처가 될 때,

국토 안에 있는 인·천이 만약 상념(想念)을 일으켜서 몸[身]을 탐착하고 계교한다면,

정각을 취하지 않겠습니다.

⑪ 결정정각원(決定正覺願)

　만약 제가 부처가 될 때,

　국토 안에 사는 인·천이 정정취(正定聚)에 머물지 못하고, 멸도(滅度)에 반드시 이른다면,

　정각을 취하지 않겠습니다.

⑫ 광명보조원(光明普照願)

　만약 제가 부처가 될 때,

　광명이 양[量]을 한정하여, 아래로 백천억 나유타의 모든 불국토를 비추지 못하면,

　정각을 취하지 않겠습니다.

⑬ 수량무궁원(壽量無窮願)

　만약 제가 부처가 될 때,

　수명은 양(量)을 제한할 수 있어서, 아래로 백천억 나유타 겁에 이르면,

　정각을 취하지 않겠습니다.

⑭ 성문무수원(聲聞無數願)

　만약 제가 부처가 될 때,

　그 국토 안의 성문을 헤아릴 수 있고, 내지 삼천대천세계의

중생과 연각을 백천 겁 동안에 모두 함께 계산하여 그 수를 안다면,

정각을 취하지 않겠습니다.

⑮ 중생장수원(聲生長壽願)

만약 제가 부처가 될 때,

국토 안에 사는 인·천의 수명이 한량이 없고,

……그 본원(本願)으로 자재를 짧게 수행하는 것은 제외합니다.……

만약 그렇지 않다면,

정각을 취하지 않겠습니다.

⑯ 개획선명원(皆獲善名願)

만약 제가 부처가 될 때,

국토에 사는 인·천 내지 불선(不善)의 이름을 들으면,

정각을 취하지 않겠습니다.

⑰ 제불칭찬원(諸佛稱讚願)

만약 제가 부처가 될 때,

시방세계의 무량한 모든 부처님이 애석하게 저의 이름을 부르지 않으면,

정각을 취하지 않겠습니다.

⑱ 십념왕생원(十念往生願)

만약 제가 부처가 될 때,

시방의 중생이 지극한 마음으로 믿고 좋아하여[信樂] 저의 국토에 태어나고자 하여 내지 10념(十念)을 하였음에도, 만약 태어나지 못한다면,

정각을 취하지 않겠습니다.

다만 5역죄와 정법을 비방하는 것은 제외합니다.

⑲ 임종현전원(臨終現前願)

만약 제가 부처가 될 때,

시방의 중생이 보리심을 발하여 모든 공덕을 닦고, 지극한 마음으로 원(願)을 발하여 저의 국토에 태어나고자 하는데, 임종하려 할 때 가령 대중이 둘러싸여 그 사람 앞에 나타나지 못한다면,

정각을 취하지 않겠습니다.

⑳ 회향개생원(迴向皆生願)

만약 제가 부처가 될 때,

시방의 중생이 저의 이름을 듣고, 저의 국토를 올곧게 생각

하여, 모든 공덕의 근본을 심고서, 지극한 마음으로 회향하여 저의 국토에 태어나고자 하는데, 통달함을 이루지 못하면,

정각을 취하지 않겠습니다.

㉑ 구족묘상원(具足妙相願)

만약 제가 부처가 될 때,

국토 안에 사는 인·천이 32 대인상(大人相)을 모두 만족하게 성취하지 못하면,

정각을 취하지 않겠습니다.

㉒ 함계보처원(咸階補處願)

만약 제가 부처가 될 때,

타방 불국토의 모든 보살과 중생이 저의 국토에 와서 태어난다면, 마침내 반드시 일생보처(一生補處)에 이르게 됩니다.

……다만, 그 본원(本願)이 화(化)하는 것을 자재하게 함이 중생을 위하기 때문에,

큰 서원의 갑옷을 입게 되어[弘誓鎧] 덕의 근본을 쌓아서 일체를 제도하고,

또 모든 불국토에 노닐며 보살의 행을 닦아, 시방의 모든 불여래에게 공양하고,

또 항하의 무량한 중생을 교화하여, 위없는 바르고 참된 부

처님의 도를 세우게 하고,

또 모든 지행[地之行]을 항상 무리지어 하는 것을 뛰어넘어, 현전[現前]하여 보현(普賢)의 덕을 닦아 익히는 것을 제외합니다.……만약 그렇지 않으면,

정각을 취하지 않겠습니다.

㉓ 신공타방원(晨供他方願)

만약 제가 부처가 될 때,

국토 안에 있는 보살이 부처님의 위신력을 받들어서 모든 부처님을 공양하고, 아주 짧은 사이에 무량 무수한 억 나유타의 모든 불국토에 두루 이를 수가 없다면,

정각을 취하지 않겠습니다.

㉔ 소수만족원(所須滿足願)

만약 제가 부처가 될 때,

국토 안에 있는 보살이 모든 부처님 앞에서 그 공덕의 근본을 드러내어서, 모든 구하는 것으로 공양의 갖춤을 하고자 하는데, 만약에 뜻과 같지 못하면,

정각을 취하지 않겠습니다.

㉕ 선입본지원(善入本智願)

만약 제가 부처가 될 때,

국토 안에 있는 보살이 일체지(一切智)를 연설할 수 없다면,

정각을 취하지 않겠습니다.

㉖ 나라연력원(那羅延力願)

만약 제가 부처가 될 때,

국토 안에 있는 보살이 금강과 같이 단단한 나라연(那羅延, nārāyaṇa, 불·보살)의 몸[身]을 얻지 못한다면,

정각을 취하지 않겠습니다.

㉗ 장엄무량원(莊嚴無量願)

만약 제가 부처가 될 때,

국토 안에 있는 인·천과 모든 만물이 빛의 어우러짐을 장엄하고 청정하게 하고, 모양과 색깔은 뛰어나고, 궁극의 미묘함은 지극히 묘하여 양을 헤아릴 수 없다. 그 모든 중생이 이에 천안(天眼)을 얻은 후에 뒤따름이 그 이름과 수를 세는 것을 헤아릴 수 있다면,

정각을 취하지 않겠습니다.

㉘ 보수실지원(寶樹悉知願)

만약 제가 부처가 될 때,

국토 안에 있는 보살들 내지 적은 공덕이라도 있는 자가 그 도량에 있는 나무의 무량한 빛과 색깔이 높이가 4백만 리인 것을 알아보지 못하면,

정각을 취하지 않겠습니다.

㉙ 획승변재원(獲勝辯才願)

만약 제가 부처가 될 때,

국토 안의 보살이, 만약에 경전을 읽는 법을 받고 풍송하고 설법하여서, 변재(辯才)와 지혜를 얻지 못한다면,

정각을 취하지 않겠습니다.

㉚ 대변무변원(大辯無邊願)

만약 제가 부처가 될 때,

국토에 있는 보살의 지혜와 변재에 한계가 만약에 한량이 있다면,

정각을 취하지 않겠습니다.

㉛ 국정보조원(國淨普照願)

만약 제가 부처가 될 때,

국토가 청정하여 모두 다 시방의 일체 무량 무수의 불가사의한 불 세계를 비추어 보는 것이 마치 맑은 거울로 얼굴을 비춰 보는 것과 같으나, 만약 그렇지 않으면,

정각을 취하지 않겠습니다.

㉜ 무량승음원(無量勝音願)

만약 제가 부처가 될 때,

땅으로부터 허공에 이르기까지 궁전, 누각, 흐르는 연못물, 화초와 나무 등

……국토에 있는 일체 만물은……

모두 무량한 여러 가지 보배와 백천 가지의 향으로 함께 합하여 이루어져서, 장엄하게 장식되어 기묘하여 모든 인·천을 뛰어넘었으며, 그 향기는 시방세계를 널리 들이고, 보살이 향기를 맡으면 모두 부처님의 행을 닦습니다. 만약 그렇지 않으면,

정각을 취하지 않겠습니다.

㉝ 몽광안락원(蒙光安樂願)

만약 제가 부처가 될 때,

시방의 무량한 불가사의한 모든 불국토의 중생류가 저의 광명을 덮어쓰고, 그 몸[體]에 닿으면, 몸과 마음은 부드럽고 경쾌해져 인·천을 뛰어넘습니다. 만약 그렇지 않으면,

정각을 취하지 않겠습니다.

㉞ 성취총지원(成就總持願)

만약 제가 부처가 될 때,

시방의 무량하고 불가사의한 모든 불세계의 중생류가 저의 이름자[名字]를 듣고서 보살의 무생법인(無生法忍)과 모든 깊은 다라니[總持]를 얻지 못한다면,

정각을 취하지 않겠습니다.

㉟ 영리여신원(永離女身願)

만약 제가 부처가 될 때,

시방의 무량하고 불가사의한 모든 불세계에서 여인이 저의 이름자[名字]를 들음이 있어, 환희하여 즐거움을 믿고 보리심을 일으켜서, 여자의 몸[身]을 싫어하고 추하게 여기는데, 목숨이 끝난 후에 다시 여인의 모습을 받게 된다면,

정각을 취하지 않겠습니다.

㊱ 문명지과원(聞名至果願)

만약 제가 부처가 될 때,

시방의 무량하고 불가사의한 모든 불세계에 모든 보살의 무리가 저의 이름을 듣고서, 목숨이 끝난 후에 범행(梵行)을 항상 수행하여 불도를 이루는데 이른다. 만약 그렇지 않다면,

정각을 취하지 않겠습니다.

㊲ 천인경례원(天人敬禮願)

　만약 제가 부처가 될 때,

　시방의 무량하고 불가사의한 모든 불세계의 모든 천·인과 백성이 저의 이름을 듣고, 오체투지하고 머리를 조아려 예를 짓고, 환희심으로 즐거움을 믿고 보살행을 닦으면, 모든 천·인과 백성이 공경하지 않음이 없는데, 만약 그렇지 않다면,

　정각을 취하지 않겠습니다.

㊳ 수의수념원(須衣隨念願)

　만약 제가 부처가 될 때,

　국토 안에 사는 인·천이 의복을 얻고자 하여 생각[念]을 따르면 바로 이르는데, 마치 부처님이 칭찬한 것이 법에 응하여 미묘한 옷이 저절로 몸에 입혀진 것과 같다. 만약 재단과 바느질을 하거나, 물들이거나 빨래해야 한다면,

　정각을 취하지 않겠습니다.

㊴ 재생심정원(纔生心淨願)

　만약 제가 부처가 될 때,

　국토 안에 있는 인·천이 받는 유쾌하고 즐거움이 번뇌를 여읜 비구와 같지 않다면,

　정각을 취하지 않겠습니다.

⑳ 수현불찰원(樹現佛刹願)

만약 제가 부처가 될 때,

국토 안에 있는 보살이 뜻을 따라서 시방의 무량한 장엄하고 청정한 불토를 보고자 한다면, 때에 응해서 원(願)과 같이 보배 나무[寶樹] 가운데에서 모두 다 비추어 본다. 마치 맑은 거울이 그 얼굴의 모습을 보는 것과 같다. 만약 그렇지 않다면,

정각을 취하지 않겠습니다.

㊶ 무제근결원(無諸根缺願)

만약 제가 부처가 될 때,

타방 국토의 모든 보살들이 저의 이름자[名字]를 듣고서 성불에 이르기까지, 모든 근[根]이 부족하고 추하여 구족하지 않다면,

정각을 취하지 않겠습니다.

㊷ 현증등지원(現證等持願)

만약 제가 부처가 될 때,

타방 국토의 모든 보살들이 저의 이름자[名字]를 들으면, 모두 빠짐없이 청정한 해탈삼매를 얻고, 그 삼매에 머물러 한 생각 동안에 무량하고 불가사의한 모든 불·세존에게 공양하여 삼매의 뜻을 잃지 않습니다. 만약 그렇지 않다면,

정각을 취하지 않겠습니다.

㊹ 문생호귀원(聞生豪貴願)

만약 제가 부처가 될 때,

타방 국토에 있는 모든 보살들이 저의 이름자[名字]를 들으면, 목숨이 다한 후에 존귀한 가문에 태어납니다. 만약 그렇지 않다면,

정각을 취하지 않겠습니다.

㊸ 구족선근원(具足善根願)

만약 제가 부처가 될 때,

타방 국토에 있는 모든 보살들이 저의 이름자[名字]를 들으면, 환희하고 뛸 듯이 기뻐하여 보살행을 닦고, 공덕의 근본을 구족합니다. 만약 그렇지 않다면,

정각을 취하지 않겠습니다.

㊺ 공불견고원(供佛堅固願)

만일 제가 부처가 될 때,

타방 국토에 있는 보살들이 저의 이름자[名字]를 들으면, 모두 다 보등삼매(普等三昧)를 속히 얻고, 이 삼매에 주(住)하여 성불에 이르면, 무량하고 불가사의한 모든 여래를 항상 봅니다.

만약 그렇지 않으면,

정각을 취하지 않겠습니다.

⑯ 욕문자문원(欲聞自聞願)

만약 제가 부처가 될 때,

국토 안에 있는 보살이 뜻하는 원(願)을 따라서, 듣고자 하는 법을 자연히 들을 수 있습니다. 만약 그렇지 못하다면,

정각을 취하지 않겠습니다.

⑰ 보제무퇴원(菩提無退願)

만약 제가 부처가 될 때,

타방 국토에 있는 모든 보살들이 저의 이름자[名字]을 듣고, 불퇴전(不退轉)에 곧바로 이르지 못한다면,

정각을 취하지 않겠습니다.

⑱ 현획인지원(現獲忍地願)

만약 제가 부처가 될 때,

타방 국토에 있는 모든 보살들이 저의 이름자[名字]를 듣고 제일 음향인(音響忍), 제이 유순인(柔順忍), 제삼 무생법인(無生法忍)에 바로 이르지 못하여, 모든 불법에서 불퇴전을 바로 얻을 수 없다면,

정각을 취하지 않겠습니다.'"

부처님이 아난에게 말씀하신다.
"이때, 법장비구는 자신의 원(願)을 모두 말하고서는 게송으로 설하였느니라."

[설명]

48원의 제목은 주석가에 따라 조금씩 다르다. 여기에서는 한국불교의 례서에 자주 등장하는 장엄의 내용으로 정리한 것이다. 법장비구가 서원하는 48원은 '設我得佛~~~不取正覺'의 정형구로서 이루어져 있다. '만약 제가 부처가 될 때, ~(서원 내용)~정각을 취하지 않겠습니다.'라는 뜻이다. 『무량수경』을 읽을 때, 이 구조를 염두에 두고 이해하면 원의 내용이 쉬워진다.

48개의 원을 이해하려면, 두 가지 점에 유의해야 한다.

하나는 48원은 의미있는 순서로 수행체계를 가지고 있다는 점이다. 중생을 제일 먼저 삼악도에서 구하고, 육신통을 얻고, 성문에서 보살로 확장되고 있다. 결국에는 삼법인(三法忍)의 성취로 불퇴전의 지위를 얻는 것이다. 다른 세계의 보살들이 아미타불이란 이름을 듣기만 해도 곧바로, 설법을 듣고 깨닫는 음향인, 진리에 수순하는 유순인, 남[生]이 없는 법을 아는 무생법인의 성취로 나아간다.

다른 하나는 자주 언급되는 중요한 몇몇 원은 반드시 알아야 한다. 그래야 관상염불을 바르게 이해할 수 있다. 악취무명원, 결정정각원, 제불칭찬원, 십념왕생원, 임종현전원, 성취총지원, 영리여신원, 수현불찰원, 구족묘상원 등은 대부분 관상염불하는 수행자들이 중요하게 여기는 원이다.

첫 번째는 '①악취무명원'이다. 법장비구가 성불하는 국토에 지옥·아귀·축생이 있다면 성불하지 않겠다는 서원이다.

악도라는 세계가 존재하지 않는 국토를 이루겠다는 뜻이다. 육도에 떨어지는 모든 중생을 구제하기 전까지 성불하지 않는 것이다. 서원의 범위는 중생계 뿐 만 아니라 육도 중생 모두에게 해당된다. 왕랑반혼전에서 염라대왕의 명을 행하는 명관과 귀사들은 모두 지옥을 관리하는 존재들인데, 과보를 받아서 지옥에 떨어지게 되었다고 한다. 그러나 귀사들은 왕랑의 아미타불 수행을 보게 된다. 그 결과 왕랑이 왕생하게 되면 같이 왕생할 수 있게 해달라고 당부한다.

두 번째는 '⑪결정정각원'이다. 중생이 정정취(正定聚)에 머물지 못하면 성불할 수 없으므로 모두 정정취에 머물도록 하겠다는 서원이다.

중생의 종류를 3가지로 분류하는데, 정정취·사정취·부정취이다. 정정취(正定聚, samyaktva-niyata-rāśi)는 견혹을 끊어서 열반에 드는 것이 정해진 중생이다. 즉 이치[理]에 대해 번뇌를 끊은 선취(善趣)를 말한다. 사정취(邪定聚, mithyātva-niyāta-rāśi)는 오역죄를 짓거나 하여 지옥에 떨어질 것이 정해진 중생이다. 부정취(不定聚, aniyata-rāśi)는 열반이나 지옥이 결정되지 않은 중생이다.

세 번째는 '⑰제불칭찬원'이다. 시방세계의 모든 부처님이 법장비구가 서원한 정토의 아미타불을 칭찬하지 않는다면 성불하지 않겠다는 서원이다.

법장비구가 서원한 무량수의 세상은 아미타불의 세계이므로 다른 모든 세계의 부처님들이 칭찬한다.『화엄경』보현행원품의 보현십원의 칭찬원과 같은 의미로 해석할 수 있다. 보현행원품의 정토원, 칭찬원 등은 의상·원효·균여의 화엄사상을 관통하는 근거가 되기도 한다.

네 번째는 '⑱십념왕생원'이다. 시방세계의 중생들이 정토에 태어나고자 하여, 아미타불을 믿고 진심으로 10번만을 불러도 정토에 태어날 수 있다는 서원이다.

여기에서 제외되는 중생이 있다. 오무간업의 죄를 지어 정법을 비방하고 성인을 해친 자는 해당되지 않는다. 왜냐하면『무량수경』에서 설법을 하는 목적은 불법을 간직하고, 불종자를 끊이지 않게 하고, 대비심으로 중생을 가르치고, 삼악도에 떨어지지 않게 하여 삼선도의 길에 나아가게 하는 것이다. 48원 중에서도 가장 중요한 원으로 이해되고, 정토왕생하는 관상염불수행법으로 제시한다.

다섯 번째는 '⑲임종현전원'이다. 임종하려고 할 때 정토세계에 사는 불보살과 천신들이 눈앞에 나타나는 모습을 보이는 원이다.

허응당 보우스님은『권념요록』서문에서 이를 '왕생의 조짐[徵]'이라고 하였다. 왕랑반혼전 이야기를 조짐으로 이해한 이유이다. 왕랑은 송씨부인의 말을 믿고, 염불수행하는 자를 비방한 죄를 참회하고 아미타불의 그림을 걸고 아미타불을 염불하고 관상한 공덕으로 정토에 왕생하게 된다. 아미타불을 염송한 노숙인, 왕랑을 잡으러 와서 아미타불에게 절한 명관과 귀사, 왕랑이 환혼한 사실을 믿고 따른 모든 이들이 정토에 함께 왕생하게 됨을 보여준다. 『권념요록』 왕생전의 마지막 선화이야기에서도 임종하려고 할 때 지옥상이 나타나지만 십념으로 왕생을 보인다.

『무량수경』에서는 임종시에 앞에 나타나는 인행(因行)의 모습에 상·중·하 삼배(三輩)가 있다고 한다.

상배자(上輩者)는 욕심을 버리고 출가한 사문으로 보리심을 일으키고, 한결같이 아미타불을 염(念)하고, 선근공덕을 쌓는 이들이다. 임종할 때 무량수불이 대중과 함께 임종하는 이의 앞에 나타나며 부처님을 따라서 극락세계에 왕생한다. 칠보연꽃 속에 자연히 화생(化生)한다.

중배자(中輩者)는 극락세계에 태어나고자 원을 세운 자이다.

하배자(下輩者)는 출가하였으나 공덕을 쌓지 못한 자, 조금 착한 일을 하고 탑과 불상을 조성하고 스님에게 공양을 올린 자, 부처님 앞에 공양을 올리고 등을 올린 자 등이다. 이때는 아미타불의 화신이 나타나 극락세계에 왕생하도록 이끈다.

이 삼배자는 『관무량수경』 제14~16관에서 구품(九品)으로 나누어 구체적이며 자세하게 설명한다. 염불에서 삼매를 얻어야 한다는 강조보다는 중생의 근기에 알맞은 실제적인 수행법을 제시하고 있다.

여섯 번째는 '㉑구족묘상원'이다. 부처님의 공덕상인 32상 80종호를 갖추기 원하는 서원이다.

32상은 대사상(大士相) 또는 대장부상(大丈夫相)이라고 하며, 80종호는 80수형호(隨形好)라고 한다. 전륜성왕이나 불의 응화신에 갖추는 구족상으로 불상이나 불화를 조성할 때, 이 내용의 모습을 참조한다. 반드시 갖추어야 하는 상은 32상이며, 손·손톱·골 등에 나타나는 좋은 상은 80종호에 속한다.

『관무량수경』에서는 32상을 보다 구체적인 관법의 대상을 설명한다. 제9 법신상관의 내용이다. 한국불교에서는 이 상을 미타십상(彌陀十相)이라고 부르며, 염불작법류의 불교의례에서는 반드시 염송하고 칭념해야 하는 절차 중에 하나로 정착되어 있다.

'⑬수량무궁원', '㉞성취총지원', '㉟영리여신원', '㊵수현불찰원'도 매우 중요하다.

수량무궁원은 서방극락세계의 국토와 불의 광명 양은 제한하지 못한다는 것이다.

성취총지원은 『아미타경』이 진언과 습합하는 과정에서 여성의 다라니 성취 현상으로 나타나는 것을 설명할 수 있을 것이다. 특히 영리여신원은 여인성불과 관련이 있는 원이다. 성취총지원과 영리여신원의 관련은 새로운 연구가 필요하다고 하겠다.

수현불찰원은 극락국토를 장엄한 나무에서 나는 바람 소리와 보살행이 서로 부합하는가를 아는 원이다. 극락국토에서 바람이 나무에 불면 소리가 나는데, 이 소리는 부처님의 설법이라고 비유한다. 『아미타경』에 보이는 이 비유는 불교의례의 형성과 관련성이 있다. 여인성불과 보수(寶樹)에 대해서는 앞으로 연구해야 할 과제로 남겨놓는다.

법장비구는 성불하여 아미타불이 된다. 그러므로 아미타불의 수명이 정해져 있다면, 서원에 부합하지 않게 된다. 48원은 불교의 현실과 다양하게 적응하며, 발전과 변용을 일으켜왔다. 한국불교의 수행과 의례에 관심이 있다면 매우 흥미로운 주제라고 생각한다.

3) 극락세계를 장엄하는 10가지

아미타사상을 배경으로 하고 있는 '염불'이나 '염불작법'에서는 '법장서원 수인장엄' 또는 '사십팔원 원력장엄'이라는 정형구의 표현이 자주 등장한다. 조선시대에 들어서 다양한 의례집이 간행되며, 의례집에서 상투적으로 쓰이는 수인장엄이나 원력장엄은 10가지 장엄의 이름 가운데 하나이다.

한국불교의례에 보이는 '법장서원 수인장엄'이나 '사십팔원 원력장엄'은 『예념미타도량참법』 '제5 극락장엄'에서 가지고 온 것이다. 극락세계에 나아가고자 하는 마음을 일으켜서 왕생하기를 구하고, 극락에 태어나면 그 기쁨과 즐거움은 생각할 수 없고 수명이 무량하여 극락세계를 장엄한다고 한 내용이다. 이 내용을 10가지 모습으로 정리한 것이다. 하나하나의 장엄은 여러 경전을 인용하여 근거를 보여준다. 그리고 장엄이 헛된 말이 아니므로 중생은 국토에 왕생하여 장엄을 수용하고 즐거움 얻기를 원하고, 영원히 청정함을 얻고자 수행해야 한다고 강조한다.

① 법장서원 수인장엄(法藏誓願 修因莊嚴)

『무량수경』에서 법장비구는 왕위를 버리고 출가하여 세자재왕여래의 법문을 듣고 5겁을 수행하여 서원을 세운다. 5겁 수행을 수인(修因)이라고 하고, 장엄이라고 한 것이다. 법장비구가 서원을 세워서 수행한 인(因)을 강조한다.

② 사십팔원 원력장엄(四十八願 願力莊嚴)

법장비구가 원력으로 세운 48원을 말한다.

원력으로 장엄하였다는 뜻으로 십호를 구족한 세자재왕여래에게 법장비구가 설법을 청하는 내용을 가리킨다. 한국불교의 의례집에서는 '사십팔원 원력장엄'이라고 하여 48원을 독송하도록 하고 있다. 특히 염불작법류에는 이 문구가 있는 경우가 대부분이다.

③ 미타명호 수광장엄(彌陀名號 壽光莊嚴)

『아미타경』에서 설법을 시작하는 부분의 이야기이다.

서쪽 10만억 불국토를 지나면, 한 세계가 있고, 그 세계의 이름은 극락이며, 그곳에 계시는 부처님은 아미타불이라고 한다는 서방정토세계를 정의한 내용이다. 왜 나라 이름이 극락이며, 왜 부처님의 명호가 아미타불인가를 설명한다. 극락인 이유는 그 국토에 사는 중생들은 모든 고통이 없고 즐거움을 받기 때문이며, 아미타불인 이유는 부처님의 광명이 한량없어서 시방세계를 두루 비추는 데 걸림이 없기 때문이다. 국토의 수명[壽]이 무량하고, 아미타불의 광명[光]이 무량한 것으로 장엄한다. 곧 아미타불을 부르는 것이 곧 국토의 수명과 불의 광명으로 장엄한다는 뜻이다.

④ 삼대사관 보상장엄(三大士觀 寶像莊嚴)

『관무량수경』 제8관인 상상관에 해당하는 내용이다.

아미타불을 생각하는 사람은 제일 먼저 부처님의 형상으로 연화좌 위에 앉아 계시는 보배상을 관해야 한다. 또 극락세계의 모습인 칠보, 보수, 망 등을 분명하게 관한다. 연꽃 위에 앉아 있는 아미타불과 좌우 큰 연화 위에 있는 관세음보살과 대세지보살을 관하고 나서, 아미타불과 관음·대세지 상에서 나오는 빛과 빛이 비추는 보수를 관한다. 그러면 빛[光明]은 물처럼 흐르고, 기러기·오리 등은 이 법문을 듣게 된다. 아미타불과 관음·대세지보살을 삼대사라고 하였다. 극락세계의 모습을 보(寶)라고 하고, 삼대사의 모습을 상(像)이라고 하였다. 이를 보(寶)와 상

(像)의 장엄이라고 한 것이다.

⑤ 미타국토 안락장엄(彌陀國土 極樂莊嚴)

『대아미타경』을 축약하고 있는데, 지루가참(支婁迦讖, Lokaṣema)이 번역한 『불설무량청정평등각경』을 가리킨다. 그 이유는 『대지도경』을 언급하고 있기 때문이다.

아미타부처님이 성불하고 10소겁이 지나서, 거처하는 국토의 이름은 수마제(須摩提)이고, 이 수마제의 염부제 서쪽에 칠보로 이루어진 수미산불국이 있다. 팔방과 상하방에 보배가 모여 화생(化生)한다. 이 국토에서는 모든 것이 생각대로 이루어진다. 이러한 국토에서 아미타불이 경을 설하는데, 이 경전이 『대지도경』이다. 이 경전의 설법을 듣고 마음이 열리는 자가 있으면, 사방에서 바람이 불어 칠보수에서 오음성(五音聲)을 일으키고, 칠보수의 꽃으로 국토를 뒤덮는다. 꽃비 내리는 것을 4번 한다고 한다. 저절로 바람이 일고 꽃비가 내리는 모습을 미타국토의 극락장엄이라고 한 것이다.

『무량수경』이나 『관무량수경』을 인용하지 않고, 『아미타경』 이역경으로 알려진 『불설무량청정평등각경』을 든 이유는 다른 경전보다 극락세계의 장엄을 보다 자세하게 설명하고 있기 때문이다.

⑥ 보하청정 덕수장엄(寶河清淨 德水莊嚴)

『대보적경』에서 팔공덕수의 모습을 인용하였다.

공덕수가 흐르는 소리, 강 옆의 전단수 열매, 새들을 묘사한다. 강의 깊이, 모래 등은 모두 공덕수가 있어서 존재하는 장엄 내용이 된다. 생각하면 생각대로 다 이루어지는 세상이다.

⑦ 보전여의 누각장엄(寶殿如意 樓閣莊嚴)

극락국토가 누각으로 장엄된 모습을 설명한다.

국락국토의 유정들이 궁전과 누각이 필요하다면, 좋아하는 대로 높낮이, 장단, 넓고 좁음, 모지고 둥근 것 등이 마음대로 이루어진다. 의복과 음식까지도 중생 앞에 저절로 나타난다고 한다.

⑧ 주야장원 시분장엄(晝夜長遠 時分莊嚴)

『불설교량일체불찰공덕경』에서 부사의광왕(不思議光王)보살이 말하는 극락세계의 시간을 말한다. 사바세계의 일대 겁은 서방극락세계 무량수불 국토의 시간에 비교하면, 하루 밤낮의 길이에 불과하다고 한다.

⑨ 이십사락 정토장엄(二十四樂 淨土莊嚴)

『안국초(安國鈔)』에서 극락에는 24가지 즐거움이 있다고 한다.

한국에 일찍부터 유입되어 유행하던 『만선동귀집』에도 인용되고 있는 것으로 송(宋)에서는 꽤나 유행하던 저술인 것 같다. 극락세계의 즐거움[樂]은 난순으로 둘러져 있어 보호해주고, 허공에는 보배 그물이 있고, 나무가 우거져 있어 아래로 길이 뚫려 있어서 즐겁다는 내용이다.

마지막 24번째 즐거움은 성문이 발심하는 것이라고 한다.

⑩ 삼십종익 공덕장엄(三十種益 功德莊嚴)

『군의론』에서 서방정토의 30가지 이익을 설명한다. 청정한 국토를 수용하는 이익이 있고, 대법락을 누리는 이익 등이 있다.

8. 정토왕생이 정해진 삼배

서방정토에 왕생하기 위해서는 정정취에 머물러야 가능하다. 48원 중에 '⑪결정정각원'의 내용이다. 정정취에 머물더라도 임종할 때 모두 같은 정토에 나는 것이 아니다. 수행의 정도에 따라 나누어지는데, 이것을 삼배자라고 한다. 왕생하기 위해서는 사정취나 부정취인 경우는 성불할 수 없으며, 오역죄와 정법을 비방한 자는 제외된다. 그래서 모두 정정취에 머물도록 서원을 세운 것이다.

○ 인(因)에 따라 결정되는 삼배자

[경전]

부처님이 아난에게 말씀하셨다.

"아난아, 그 어떤 중생이 저 국토에 왕생하는 것은 모두 다 정정취(正定聚)에 머물러서이다. 이유는 무엇인가?

저 불국토 안에는 사정취(邪定聚)나 부정취(不定聚)가 없기 때문이다. 시방 항하사 모든 불여래는 무량수불의 위신력과 공덕의 불가사의함을 모두 함께 찬탄하시느니라.

모든 어떤 중생이 그 명호를 듣고서, 신심으로 환희하여 내지 한 생각[一念]이라도, 지극한 마음으로 회향하여 원(願)으로 저 국토에 태어나고자 하면, 곧 왕생하여 불퇴전의 지위에 머물게 된다.

오직 5역죄(逆罪)와 정법을 비방하는 자는 제외한다.”

부처님이 아난에게 말씀하셨다.

“시방세계의 모든 천·인·중생이 그 지극한 마음의 원(願)으로 저 국토에 태어나고자 하는데, 무릇 세 가지 무리가 있느니라.

그 상배자(上輩者)는 출가하여 욕심을 버리고서 사문이 되고 보리심을 일으켜서, 한결같이 무량수불을 온전히 염(念)하며 모든 공덕을 닦고 원으로 저 국토에 태어나는 무리이다.

이들 중생이 임종할 때, 무량수불과 모든 대중은 그 앞에 현전한다. 곧바로 저 부처님을 따라서 그 국토에 왕생하여, 7보로 된 꽃 가운데 자연히 화생(化生)하게 되고, 불퇴전의 지위에 머물러서 지혜를 갖추고 용맹하게 되고 신통력이 자재하느니라.

그렇기 때문에, 아난아!

그 어떤 중생이 지금 세상에서 무량수불을 보고자 하면, 응당히 위없는 보리[無上菩提]의 마음을 일으켜서, 공덕을 수행하고 원으로 저 국토에 태어나고자 해야한다."

부처님이 아난에게 말씀하셨다.

"그 중배자(中輩者)는 시방세계의 모든 천·인·중생이 그 어떤 지극한 마음이 있는 원으로 저 국토에 태어나는 무리이다.

비록 출가행은 하지 못했으나, 근원인 손으로 사문이 공덕을 크게 닦을 수 있도록 만들고, 마땅히 위없는 보리심을 일으키고, 한결같이 무량수불을 온전히 염(念)하는 자이다.

조금이라도 선(善)을 닦고, 재계(齋戒, 팔재계)를 받들어 지키며, 탑과 불상을 세우고 조성하며, 반(飯, 밥과 음식)으로 사문을 먹이고, 그림[繪, 불화]을 걸고 등불을 밝히고, 꽃을 흩고 향을 사른다.

이와 같이 회향하면 원으로 저 국토에 태어난다. 그 사람이 임종할 때, 무량수불은 그 몸에 화현한다.

……광명과 상호가 갖추어져서 진(眞)과 같다.……

부처님과 모든 대중이 그 사람의 앞에 나타나느니라. 곧바로 화현한 불(佛)을 따라서 그 나라에 왕생하여, 불퇴전의 지위에 머문다.

공덕과 지혜는 상배자와 같은 뒤를 잇는다."

부처님이 아난에게 말씀하셨다.

"그 하배자(下輩者)는 시방세계에 있는 여러 천·인·중생이 그 지극한 마음으로 저 나라에 태어나는 무리이다.

비록 모든 공덕을 짓지 못하였지만 마땅히 위없는 보리심을 일으키고 한결같이 뜻[意]을 온전하게 하여 내지 10념(念)만이라도 무량수불을 염하면서 그 국토에 태어나기를 원하는 자이다. 만약 깊은 법을 듣고서 환희심으로 믿고 즐거워하여 의혹을 일으키지 않고 내지 한 생[一念]으로 저 불을 염(念)하고, 마음을 지극하게 정성스럽게 하면 원으로 그 국토에 태어난다.

이 사람이 임종할 때, 꿈결에서 부처님을 뵙고, 또한 왕생한다.

공덕과 지혜는 중배자와 같은 뒤를 잇는다."

부처님이 아난에게 말씀하셨다.

"무량수불의 위신력은 다함이 없어서, 시방세계의 무량하고 무변하며, 불가사의한 모든 불여래가 칭찬하고 찬탄하지 않음이 없다.

저 동방에 있는 항하의 모래알처럼 많은 불국토에 무량하고 무변한 모든 보살들이 모두 다 무량수불께서 계신 곳에 가서 뵙고, 공경하고 공양한다. 그리고 모든 보살들과 성문 대중들은 경전의 법을 듣고 받아서, 가르침을 교화하여 널리 편다.

남방, 서방, 북방과 그 간방인 4유(維)와 상하도 역시 그와 같으니라."

[설명]

왕생이 결정되기 위해서는 정정취에 머물러야 하고, 오역죄를 짓거나 정법을 비방해서는 안 된다. 상배자는 출가하여 보리심을 일으키는 자이다. 중배자는 출가하지는 않았지만, 사문이 공덕을 닦을 수 있도록 도와주는 자이다. 불사에 참여하는 자가 이에 해당한다. 하배자는 바로 공덕을 짓지는 못했으나, 온전한 마음으로 무량수불을 10번 만이라도 외우는 자이다.

이렇게 삼배자를 설정한 이유는 모든 중생이 조그만 인연이라도 있다면, 극락정토에 왕생을 할 수 있다는 가능성을 열어놓기 위함이다. 『무량수경』의 삼배자는 『관무량수경』에서는 14·15·16관의 9품으로 자세하게 설명한다. 허응당 보우스님은 왕랑반혼전을 중배자에 놓은 것으로 보인다. 이는 『권념요록』 서문에서도 9품의 수행을 활용하고 있기 때문이다.

9. 미륵보살이 닦는 삼독(三毒)과 오선(五善)

『무량수경』에서 가장 중요한 것은, 법장비구가 48원을 서원한 후에, 부처님은 중생이 경계해야 할 것을 미륵보살에게 설하는 내용이다. 수행해야 할 것들이기 때문이다. 중생들이 선을 닦지 않고, 큰 가르침에 순응하여 평등한 자유로움을 얻지 못하는 안타까운 마음이 있어, 경계할 윤리관을 말한 것이다. 삼독(三毒)을 멀리하고 오선(五善)을 실천하는 윤리이다. 탐진치의 경계와 오계의 실천은 불교에서 가장 기본적인 윤리관이며 실천행이기 때문이다. 선(善)을 행하면 공덕으로 정토를 관(觀)하기가 쉬워진다는 뜻이다.

○ 탐진치 삼독
[경전]

　　부처님이 미륵보살과 모든 천·인 등에게 말씀하셨다.

　　"무량수국의 성문·보살의 공덕과 지혜는 이루 다 말할 수 없다. 또, 그 국토가 미묘하고 안락하며 청정함도 이와 같다.

　　어찌하여 선(善)을 하여, 힘쓰지 않는가? 가르침[道]을 염(念)함이 자연스러운데. 위와 아래가 없음을 드러내면, 끝이 막힘 없음을 통달한다.

　　널리 각각 정진에 힘쓰면, 노력하여 스스로 구한다.

　　반드시 끊어버림을 얻고, 안양국(安養國)에 왕생하면, 단번에 5악취(惡趣)를 끊고, 악도는 저절로 닫힌다.

　　가르침[道]이 끊없는 지극함에 오르면 쉬운 왕생인데, 사람은 없으니 그 나라가 거역하거나 어기지 않았으며, 자연히 이끌리는 것이다.

　　어찌 세간의 일을 버리고, 행을 힘써서 가르침[道]의 공덕[德]을 구하지 않는가?

　　극락을 얻어서 왕생을 얻을 수 있으면, 수명의 즐거움은 끝이 없느니라.

　탐…(생략)

　진…(생략)

　치…(생략)

[설명]

　탐·진·치의 경전 내용은 생략하였다.

　탐(貪)은 세속의 일에 골몰하여 서로 다투는 것이다. 논과 밭 때문에 걱정하고, 수재나 화재를 만나서 재물이 흩어지는 것을 걱정하고, 한 가지가 있으면 다른 것이 부족하고, 근심과 괴로움이 끊이지 않고 불[火]을 품고 있는 것과 같은 것 등이다.

　진(瞋)은 서로 공경하고 사랑하지 않는 것이다. 다투어서 분한 마음이 남게 되는 것이다.

　치(痴)는 선을 닦으면 불도를 성취한다는 도리를 믿지 않는 것이다. 그릇된 생각으로 서로 옳다고 하며, 도덕을 모르기 때문에 깨달을 기회가 없게 된다.

　일상생활에서는 항상 시비를 일으킨다. 이것이 3가지 독이 된다는 것이다.

　○ 오계의 실천

　[경전]

부처님이 미륵보살에게 말씀하셨다.

"그대들은 이 세상에서 마음을 단정히 하고 생각을 바로 할 수 있어서, 여러 악을 짓지 않고 지극한 공덕을 지음으로, 시방세계에서 가장 뛰어나 비교할 것이 없다.

그 까닭은 무엇인가?

모든 불국토 천·인들은 스스로 선한 일을 짓고, 악한 일을 하지 않으니, 교화하기가 아주 쉽기 때문이다.

이제 내가 이 세간에서 부처를 이루어서, 5악(惡)·5통(痛)·5소(燒)의 가운데에 거처하여 최고 극한 고통을 받겠다.

중생들을 교화하여 5악을 버리게 하고, 5통을 제거하게 하고, 5소를 여의게 한다.

그 뜻을 항복받고 교화하여 5선(善 : 5戒)을 지니게 하여, 그 복덕으로 세상을 제도하고 목숨을 늘려서 열반의 도를 얻게 하리라."

부처님이 말씀하셨다.

"어떤 것이 5악(惡)이고, 어떤 것이 5통(痛)이고, 어떤 것이 5소(燒)이며, 어떤 것으로 5악을 없애서 5선(善)을 지니게 하여서, 그 복덕으로 세상을 제도하고 목숨을 늘려서 열반의 도를 얻을 수 있는가."

살생…(생략)

도둑질…(생략)

음행…(생략)

망어…(생략)

음주…(생략)

[설명]

오계의 경전 내용은 생략하였다.

오악은 오계를 범하는 것이다. 곧 살생, 도둑질, 음행, 망어, 음주로 오선을 어기는 것이다. 오계를 범하면 과거의 악(惡)이고, 현재의 통(痛)이고, 미래의 소(燒)가 된다. 소는 불구덩이 속에서 지내는 것을 말한다.

5계를 실천하는 것이 곧 5선이 된다는 것이다. 그러면 5선으로 악과 고통과 불구덩이에 떨어지는 것에서 벗어나는 것이 된다.

III

구념·심사의
수행과 십육관법

10. 허응당 보우스님이 제시한 관법 구념(口念)과 심사(心思)

조선 중기 이후 관상염불이 단순한 칭념염불로 변화하는 과정에서 『권념요록』과 『염불작법』 두 문헌이 서로 관련이 있다는 점에 주목하였다. 허응당 보우스님이 저술한 『권념요록』은 서문 후에 왕랑반혼전을 제시하고, 중국의 10가지 왕생하는 이야기를 보인 후, '관법(觀法)'과 '인증(引證)' 항목을 두고, '발원'으로 이야기를 맺는 구성이다. Ⅰ장에서 서문의 구성과 내용을 살펴보았고, 왕랑반혼전은 전문을 제시하여 허응당 보우스님이 의도하는 바를 드러냈으며, 10가지 왕생전록 이야기의 개략을 논하였다.

이제 구체적으로 허응당 보우스님의 관법인 수행법에 대해서 알아보자.

1) 구품의 '관법(觀法)' 구념과 심사

『권념요록』 '관법'의 내용은 『십육관경수지법문(十六觀經修持法門)』과 『칭찬소(稱讚疏)』를 들어서 설명한다. 두 인용문은 모두 『예념미타도량참법』의 제9문 구생행문(求生行門)과 제2문 결의생신(決疑生信)을 참조한 것이다. 서문의 저술목적에서 구생의 뜻을 가지고 온 곳은 결의생신의 뜻을 설명한 부분에서 인용한 것이다.

'십육관경수지법문'에서 간략하게 하였다고 하는 내용은 아미타불, 관음보살과 대세지보살 그리고 자신의 몸을 관상하는 순서로 되어 있다. 아미타불의 내용은 『관무량수경』의 제8 상상관과 제9 법신상관이다. 관음보살은 제10 관음상관에서, 대세지보살은 제11 세지상관에서, 자기의 몸을 보는 것은 제12 보법지관에서 축약한 것이다. 왕일휴(王日休, ?~1173년)의 『용서증광정토문』 수지법문 15편의 내용을 간략하게 축약한 결과인데, 정례(頂禮)나 경례(敬禮)하고 아미타불을 염(念)하는 법을 설명하고 있다. 삼대사인 아미타불과 관음·대세지보살이 연꽃 위에 앉아 있는 모습을 관하고 내가 극락세계 연꽃 가운데 결가부좌하고 왕생하는 것을 관하는 구성이다. 후에 설명하겠지만, 이는 무량불의 광명 세계이다.

'칭찬소'는 입으로 염[口念]하고 마음으로 생각[心思]하는 실제적인 관상염불하는 수행방법을 보여준다.

[요록]

○ 관법(觀法)

관법

『십육관경수지법문』을 다음과 같이 간략하게 말한다.

"재계(齋戒)로 몸을 깨끗이 하고 청정한 마음으로 고요히 생각하며, 얼굴을 서쪽으로 하여 편안히 앉아서, 눈을 감고 고요하게 하여, 아미타불의 진금색의 몸이 서방 칠보의 못 가운데 큰 연꽃 위에 앉아 있으며, 그 몸의 길이는 장육(丈六)이고, 양 눈썹사이 위에는 백호(白毫)가 있는데 오른쪽으로 돌아 퍼져 구르며, 광명이 자금색의 몸을 밝게 비추는 것을 관상(觀想)한다.

마음을 머무르게 하여 백호에 부어 헤아려서[想, 모습을 그려내어], 다시 제멋대로 터럭이 다른 생각[念, 일념으로 생각]에 있음을 잊지 않도록 하여, 눈을 감거나 눈을 뜰 때도 모두 그것을 보도록 하게 하여, 생각 생각 잊지 않고자 한다.

이와 같이 오래하여 심(心)을 염(念)하여 이루어져 익으면 자연히 감응하여 부처님의 전신을 본다. 이 법이 최상이니, 심(心)이 불(佛)을 상(想)할 때 즉 이것이 불(佛)이며, 구념(口念)을 넘는 것이다.

다음은 관음보살의 몸은 자금색이며, 손바닥은 흰 연꽃이며, 그 천관(天冠)에는 화불이 하나 서 있음을 관상한다.

다음은 대세지보살의 몸은 자금색이며, 천관(天冠)의 육계 위에는 하나 보배병이 있음을 관상한다.

다음은 자기의 몸이 서방극락세계에 태어나며, 연꽃 가운데에 결가부좌하고 연꽃을 지어서 상(想)에 합하고 상(想)을 여니 불보살이 허공 중에 가득함을 보는 것을 관상한다."

묻기를 『칭찬소』에서 "어떻게 입으로 염[口念]하고 마음으로 생각[心思]해야 서방정토에 왕생을 바로 얻을 수 있습니까 "라고 한다.

답하여 말한다. "심(心)은 불경계에 바로 연(緣)하여 생각하여 유지시켜야 하며, 구(口)는 불명호를 바로 칭(稱)하여 분명하고 어지럽지 않아야 한다. 이와 같이 심(心)과 구(口) 안과 밖이 상응하여, 만약 1구(句) 아미타불을 염(念)하면, 80억겁의 생사의 죄를 멸할 수 있고 80억 수승한 공덕을 성취할 수 있다. 1구도 그러한데 하물며 10구, 100구, 1,000구, 10,000구도 그러하지 않겠는가. 이와 같이 하루, 한 달, 일 년, 일생을 행주좌와 아침 저녁으로 정근하면, 어떤 죄의 허물이 쇠하여 잊을 수 없으며 어떤 공덕이 길러지지 않으며, 어떤 인(因)으로 극락국에 태어나지 않으며, 어떤 연(緣)으로 아미타불을 보지 않겠는가."

[설명]

먼저 인용 출처인 '구생행문'과 '결의생신'이 『예념미타도량참법』에서 어떠한 의미로 쓰이는지를 알아보자.

'구생행문'에서는 '십육관경수지법문'을 인용하여 정토에 태어날 수 있도록 구하여 왕생시키는 문을 설명하고 있다. 제9 구생행문을 시작하며 다음과 같이 설명한다.

'구생행문'은 서방정토에 나기 위해서 수행하는 방법이 있는데, 염(念)에는 5문(門)이 있고 수(修)에는 4방(方)이 있다고 한다. 이쪽에서 백업(白業, 善)이 장차 숙성하려면, 저쪽에서 홍련(紅蓮)이 이미 생겨난다. 그래서 이(利)와 둔(鈍)의 근기에 따라 관(觀)하고, 돈(頓)과 점(漸)의 가르침에 따라 널리 설한다,

처음에는 자기의 능력에 따라서 닦아 나아가고,

때[時]를 따르고,

장소[處]를 택하여

9품의 정해진 순서[軌]나 삼배(三輩)의 규범을 의지하거나

좋은 이들과 함께 결사(結社)를 해야 한다.
그리고 세상일의 쓸데없는 이야기를 하지 말고,
옷과 소박한 음식을 먹고,
계를 지니고 재(齋)를 지녀야 한다.
행과 원으로 서방에 회향하여 정토를 온전히 닦는다.
이 법으로 왕생하게 되며, 이것이 정토에 남[生]을 구하는 문이다.

구생행문을 시설한 이유에 대하여 설명하고, 정토에 태어남을 수행을 하는데 염불에 5가지 방법이 있고 수행에 4가지 방법이 있다고 한다. 이들은 모두 『천친론』의 설명이다. 이 5염과 4방을 간략하게 보자.

'구생행문'에서 제시한 염의 5문(門)은 다음과 같다.

염(念)의 5문은 『천친론』의 오염문(五念門)이다.

온전히 아미타불에게 예배하는 신업예배문,

광명과 장엄한 보배를 찬탄하는 구업찬탄문,

오직 염관(念觀)에 만 뜻을 두는 의업억념관찰문,

신구의 삼업으로 오직 서방정토에 태어나기를 발원하는 작원문,

자기가 지은 선근을 모두 저 국토에 회향하는 회향문이다.

수(修)의 4방은 『천친론』의 관행사수법(觀行四修法)으로 삼심오념(三心五念)의 행을 채찍질하여 닦는 것을 말한다. 삼심은 『관무량수경』 제1 일몰관에서 강조하는 삼종심을 가리킬 것이며, 오념은 위의 5문이다. 염불행

자가 왕생예찬을 어떻게 닦을 것인가 하는 방법을 제시한 것이다.

성스러운 무리 즉 부처님을 공경하여 예배하는 공경수(恭敬修),

부처님의 명호만을 칭하여 상(想)으로 예찬하는 무여수(無餘修),

예배하고, 예찬하는 것이 끊이지 않도록 하는 무간수(無間修),

선법으로 스스로는 구했으니 중생을 이롭게 하기 위해 회향하는 회향수(廻向修)이다.

그런데 이 네 가지 수행은 한 번으로 하는 것이 아니라 목숨이 다할 때까지 닦는 것을 맹세하고 중지하지 않아야 한다. 이것을 상시수(常時修)라고 한다. 공경수를 상시수하고, 무여수를 상시수하고, 무간수를 상시수하고, 회향수를 상시수해야 한다. 이는 항시 수행해야 한다는 뜻이다.

5염은 염불하는 방법이며, 4방은 관행을 어떻게 닦을 것인가를 설명한다. 쉬지 않고 예찬 예불하며 수행해야 한다. 이렇게 5염과 4방의 수행 방법을 알려주고, 이러한 방법이 설명되어 있는 경전을 게송으로 경증을 든다. 해당 경전이 『문수반야경』, 『십육관경』이다. 그리고 이어서 삼배구생문(三輩求生門), 구품구생문(九品求生門)을 두어 삼배와 구품에 태어나는 인(因)을 설명하고 있다.

구품구생문은 상품의 3가지 생을 『관무량수경』 제14관이라고 하여 상배에, 중품의 3가지 생을 제15관이라고 하여 중배에, 하품의 3가지 생을 제16관이라고 하여 하배에 배당하고 있다. 이 9가지를 '권수구품 구생행문(勸修九品 求生行門)'이라고 부른다. 9품 닦기를 권하여 왕생을 구하는

행문이라고 부르는 것이다. 그러니 대자비인 부처님께 귀의해야 한다. 『예념미타도량참법』 제9 구생행문에 제시한 5염과 4방은 결국 구품에 왕생하기 위한 예찬문의 행법 제시라고 할 수 있다. 그러나 허응당 보우는 구품왕생을 예찬문보다는 관법으로 이해하여 강조한다.

5염과 4방의 수행을 경증으로 든 『십육관경』에 대한 게송은 다음과 같다.

제계관상미타불(齊戒觀想彌陀佛) 재계하고 아미타불과
관음세지이대사(觀音勢至二大士) 관음·세지 2대사를 관상하면,
신생정토좌연화(身生淨土坐蓮華) 몸은 정토에 태어나 연화에 앉으니,
십육관경여시설(十六觀經如是說) 십육관경에서 이와 같이 설하네.

이 게송을 설명하기 위해서 『예념미타도량참법』 구생행문에서는 『용서증광정토문』의 수지법문을 축약하여 인용하고 '심육관경수지법문'이라고 한 것이다. 그리고 허응당 보우스님은 구생행문의 내용을 '관법'에서 다시 인용하고 있다.

축약한 허응당 보우스님의 '관법' 내용은 다음과 같다. 먼저 재계하여 몸을 깨끗이 하고 청정히 하여 서쪽을 향해 앉는다. 그리고 아미타불의 모습을 관하고, 다음 관음보살의 모습을 관하고, 다음 대세지보살의 모습을 차례로 관한다.

구체적으로는 아미타불은 진금색의 몸, 장육의 몸, 백호가 돌아가는 모습, 광명이 자금색을 비추는 모습 등을 관한다. 그런데 이 모습은 아미타불의 10가지 모습인 미타십상(彌陀十相)에 해당한다고 할 수 있다. 아미타불이 마음에 감응하여 상(想)이 있게 되면, 다음에 관음보살 자금색의 몸, 손바닥에 있는 흰 연꽃, 천관의 화불을 차례로 관상한다. 다음에 대세지보살 자금색의 몸, 천관(天冠)의 보배병을 관상한다.

마지막으로 자기 몸이 서방극락세계에 결가부좌하고 연꽃 가운데 태어나는 것을 관상한다. 이렇게 하여 불보살이 허공에 가득한 것을 관상한다. 심(心)을 염(念)하여 익어서 서로 감응하여 부처님의 전신을 볼 수 있을 때까지 관상한다. 그러면 나의 몸도 정토의 연꽃에 태어난다.

재계하여 몸을 정갈하게 하는 것은 제8 수지법문의 신구의 삼업 내용과 일치하며, 아미타불부터 관상하는 것은 『관무량수경』의 내용과 동일하다. 허응당 보우는 신구의 삼업을 정갈하게 하고, 9품 연지에 태어나는 것을 자신의 수행법으로 제시하고 있다.

다음은 '결의생신'의 설명이다.
『예념미타도량참법』 제2 결의생신의 뜻은 의심을 끊고 믿음을 내는 방법인데, 방편으로 주빈(主賓)을 통한 문답(問答)으로 보여준다. 구품의 왕생을 의심하지 말고 믿으라는 것이다. 구품의 원생(願生)을 바라고 믿어서 십념을 하면 찰라에 왕생한다고 강조한다.

문답의 형식을 취하여 의심을 끊고 믿음을 내는 방법을 설명한다. 주빈은 총 20개의 의심을 질문하고 답한다. 이 가운데 처음 2개의 질문에 대해서는 자세한 내용으로 답하고, 나머지 18개의 질문은 게송 형식으로 답한다. 즉 4구 1게송은 앞 2구는 질문이며, 뒤 2구는 답의 형식이다. 처음 2개의 문답을 주(主)라고 하고 뒤 18개의 문답을 빈(賓)이라고 하여, 방편으로 의심을 결단하고 있다. 이 부분은 허응당 보우스님의 정토관상염불 실천을 설명하며 자세하게 언급할 것이다.

결의생신의 문답 중에 첫 번째 질문과 답하는 내용의 원문은 '問曰稱讚疏云'이라고 하고 있다. '칭찬소'의 질문과 답의 내용은 다음과 같다.

『칭찬소』에서 '어떻게 입으로 염[口念]하고 마음으로 생각[心思]해야 서방정토에 왕생을 바로 얻을 수 있습니까?'라는 질문한다.

그리고 이에 대한 답이다. 심(心)은 불경계에 바로 연(緣)하여 생각하여 유지시켜야 하며, 구(口)는 불명호를 바로 칭(稱)하여 분명하고 어지럽지 않아야 한다. 이와 같이 심(心)과 구(口) 안과 밖이 상응하여, 만약 1구(句)라도 아미타불을 염(念)하면, 수승한 공덕을 성취할 수 있다. 오래도록 일생을 행주좌와 아침 저녁으로 정근하면, 어떤 죄의 허물도 없으니, 아미타불을 보지 않겠는가라는 것이다. 반드시 극락세계에 왕생한다는 것이다.

심(心)은 불경계에 연(緣)하여 생각하며 유지시켜야 하며, 구(口)는 불명호를 바로 칭(稱)하여 어지럽지 않게 한다는 뜻을 바르게 이해해야 한다.

마음에 연하는 상(想)도 입으로 칭하는 상(想)도 모두 하나가 되어야 한다는 뜻이다. 구념(口念)과 심사(心思)가 서로 상응하여 감응해야 한다. 념(念)과 사(思)의 상(想)이 서로 다르지 않은 염불삼매인 것이다. 이것이 관상염불의 중요한 행법이다.

　허응당 보우스님의 '관법'은 다음과 같이 정리할 수 있다.

　구생행문은 관상염불하는 대상과 차례를 보여주고, 결의생신은 실천하는 방법과 믿음을 보여준다. 진금색인 아미타불, 관음보살과 대세지보살이 연꽃 위에 앉아 있는 모습을 차례로 관하고, 자신도 연꽃 위에 태어나는 모습을 관상한다. 그리고 칭념과 관상은 쉼없이 이어지는 수행을 해야 한다.

　아마타불의 공덕상인 몸의 길이는 장육이고, 양 눈썹사이 위에는 백호는 오른쪽으로 돌아 펴져 구르고, 광명이 자금색의 몸을 밝게 비추는 것을 관상한다. 아미타불의 구체적인 모습은 관상의 대상이 되며, 이를 미타십상이라고 부른다.

　허응당 보우스님의 수행은 구념과 심사를 통해서 서로 상응하여 감응해야 하는데, 이와 같아야 관상염불수행이라고 할 만하다는 것이다.

　이러한 허응당 보우스님이 주장하는 관상염불수행은 이후 조선불교의 수행법에 그대로 드러나고 있어 주목된다. '십육관경수지법문'의 내용은 『삼문직지』에서 삼밀을 닦아서 염불삼매문을 증득하는 염불문[三密證念佛

三昧門]에 나타난다. 나무아미타불이 삼매를 증득하는 관상법의 수행이며 구밀(口密)로 밀교화되어 가고 있음을 알 수 있다.

또 '칭찬소'의 내용은 『선가귀감』에서 아미타불육자법문으로 정[定, 삼매]은 윤회를 벗어나는 지름길이라고 하고 있다. 그리고 심(心)은 불경계를 연(緣, 일으키는)하는 것이며, 구(口)는 불명호를 칭(稱, 부르는)하는 것이라고 하여, 동일한 문장을 사용한다.

『권념요록』 '관법'의 정의인 심(心)과 구(口)의 상(想)이 상응하는 것이 염불이라는 의미가 전승되고 있음을 확인할 수 있다. 하지만, 미타십상을 중요하게 여기는 한국 염불작법류에서 칭념염불은 입으로 불호의 이름을 부르는 단순한 칭념의 뜻으로 이해되어 현재까지 전승되고 있다.

이와 같이 『예념미타도량참법』 구생행문에서 인용한 '십육관경수지법문'의 관상법과 결의생신에서 인용한 '칭찬소'의 문답은 허응당 보우스님이 『권념요록』에서 자신의 관법을 설명하는데 중요한 역할을 한다. 왕자성은 『예념미타도량참법』 구생행문에서 『관무량수경』 제14~16관인 9품을 심(深)과 천(淺)으로 이해한다. 허응당 보우스님도 크게 다른 경계를 보이지는 않는다. 그러나 48원을 통해서, 십육관을 통해서, 구품을 통해서 미타참법보다는 관법을 강조하는 것이 다를 뿐이다. 비록 참법을 주제로 한 문헌을 인용하고 있지만, 그의 서문과 관법에서는 참법이 아닌 관상염불을 먼저 제시하는 특징을 드러낸 것이다. 수행자다운 면모를 보이고 있다는 뜻이다. 또 『권념요록』 서문에서 제시한 구생은 '인증'에서 다라니법으로 전환하는 변화를 보인다.

2) 정업의 '인증(引證)'

허응당 보우스님은 자신의 수행법을 '관법'에서 보여주었다. 그리고 관법의 방법이 옮음을 『예념미타도량참법』 제3문 비교인증(引敎比證)에서 '석가교주 편찬법문(釋迦敎主 偏讚法門)'을 인용하여 증거로 삼는다. 석가모니 부처님이 설하신 법문이며 찬탄하는 내용이라는 것이다. '비교인증'에서는 『다라니경』과 『약사경』으로 되어 있지만, 보우스님은 이 순서를 『약사경』과 『다라니경』으로 순서로 바꾸고 있다. 편집에 의도가 있어 보인다.

[요록]

○ 인증(引證)

　　인증

　　『약사유리광여래본원공덕경』에서 "만약에 깨끗한 믿음이 있는 남자와 여자가 팔재계를 받을 수 있다면, 혹은 일 년이나 혹은 석 달이 지나도 이 선근으로 서방극락세계에 원으로 태어날 수 있다. 아직 정해지지 않은 자가 만약 아(我)인 약사유리광여래의 명호를 듣는다면, 임종 할 때에 [여덟] 어떤 보살이 신통을 타고 와서, 그 길을 보이고, 즉시 사방극락세계의 보련화 속에 자연히 화생(化生)하리라."라고 하였다.

『유가집요구아난다라니염구궤의경』에서 "모든 불자들이 만약 아미타불의 명호를 들으면, 너희들은 사방극락정토에 왕생하여 연꽃에 화생하고 불퇴전지를 얻을 수 있게 되리라."라고 하였다.

[설명]

이 인증은 『미타도량참법』 제3 인교비증의 첫 번째 내용인 『현호경』·『다라니집경』·『다라니집경』·『구아난염구다라니경』·『약사경』의 경증에서 온 것이다. 이중 마지막 2경전의 내용을 인용한 것이다. 본래 순서는 『다라니경』·『약사경』인데 이 순서를 바꾼 것이다. 이 변화는 팔재계와 다라니 염불의궤로 바뀌는 변화를 보인다. 『다라니경』의 원문은 불공이 번역한 『유가집요구아난다라니염구궤의경』의 문장임에 주목해야 한다. 이 경전은 완전하지는 않지만 밀교의 관상의궤가 어느 정도 이루어진 경전에 속하기 때문이다.

허응당 보우스님은 나무아미타불을 칭념하는 칭념염불에서 관상염불하는 수행으로 한발 더 나아가고 있다. 아직 왕생이 정해지지 않은 부정취인이라도 약사유리광여래의 명호를 듣거나, 다른 사람이 칭명하는 아미타불의 명호를 듣기만 해도 그 공덕으로 서방극락정토에 왕생하여 연꽃에 화생한다는 것을 강조한다.

그래서 마지막에 『유가집요구아난다라니염구궤의경』이 놓인 것이다. 허응당 보우스님의 저술로 알려진 문헌 중에 『수월도량공화불사여환빈주몽중문답』은 밀교 색체가 짙다. 이 저술은 관법과 인계(印契)를 문답으로 설명한다. 구념과 심사는 구밀과 의밀에 해당하기 때문에, 인계인 신밀이 갖추어지면 삼밀을 완성할 수 있는 좋은 구성이다. 또 밀교의궤에서는 반드시 삼매야계를 갖추어야 하듯이, 팔재계에서 시작하고 있음에 주목해야 한다. 『관무량수경』에서 위제희부인의 부탁으로 목건련이 빈비사라왕에게 8재계를 주는 것도 같은 맥락으로 해석할 수 있다.

마지막에 의궤 경전을 놓은 의도는 신구의 삼밀의 밀교의궤를 강조하고 있는 것으로 생각된다. 구생행문과 결의생신에서는 의밀과 구밀을 강조하고, 『유가집요구아난다라니염구궤의경』에서는 신밀 즉 인계를 강조하게 되어, 삼밀이 완성되는 구조이다.

3) 보우스님의 '발원(發願)'

허응당 보우스님은 수행법을 '관법'에서 관상염불로 제시하고, 구체적으로 아미타불과 관음·세지 양대보살을 차례대로 관상하도록 하였다. 염불수행자도 서방정토 연꽃 위에 왕생하는 것을 관상하며, 허공에 불보살이 가득한 것을 볼 수 있다. 또 염불소리를 듣기만 해도 왕생할 수 있다. 마지막 허응당 보우는 다음과 같이 발원한다.

[요록]
○ 발원(發願)
　　　발원

이로써, 아미타불을 함께 염(念)하여 즐거움의 언덕을 갖추어 오르고,

선인(善因)을 함께 심어 불도를 함께 이루리라.

원하오니,

만만천천 결사(結社)를 함께하여 불(佛)의 정인(正因)을 이룬다고 하니 무슨 까닭인가?

만만천천 사람 중에 어찌 한 사람도 불도(佛道)를 처음으로 이루었다고 함이 없는가?

그러니, 한 사람이라도 만약에 먼저 도(道)를 이루면,

만만천천 말을 하자마자 증(證)을 얻고

만만천천 이미 각각 증(證)을 얻으면 또한 교화(教化)하며

만만천천 모두 도(道)를 이루게 되면 또한 펼쳐 굴리어,

널리 법계가 다하도록 무상불과보리를 함께 이루리라. (끝)

[설명]

이 발원의 내용은 전거를 찾기가 어렵다. 아마도 허응당 보우스님이 염불결사를 발원하는 것으로 보아야 할 것 같다. 이 발원의 내용은 좋은 인을 닦아서 불이 되는 바른 과를 이룬다는 것이다. 염불결사를 통해서 이루리라는 발원이다. 한 사람이라도 성불하면 참여한 모든 이들이 함께 성불한다는 것이다. 혜원스님이 백련결사에서 발원한 내용과 동일하다.

11. 정토를 설법하는 인연과 정토에 나는 정업

1) 설법하는 7가지 인연

허응당 보우스님은 염불관법수행으로 가장 중요하게 제시하였던 것은 『관무량수경』에서 보여주는 제8 상상관과 제9 진신관이라고 할 수 있다. 상상관은 아미타불·관세음보살·대세지보살을 함께 전체적으로 관상하는 것이고, 전신관은 미타십상을 구체적으로 관상하는 것이다. 그리고 9품에 해당하는 제14·15·16관은 중생이 수행해야 할 관상법이 된다. 모든 각각의 관은 특징을 가지고 있다.

이러한 관법에 대한 관심은 이미 고려시대부터 나타난다.

고려불화 십육관변상도에는 화기에 십육관상찬의 쓰임이 보인다. 또 조성자도 정업원과 비구니스님들이 등장한다. 고려는 1170년(명종 원년) 정중부에 의해 일어난 무신정변으로 국가 체계가 흔들리기 시작한다. 이어지는 충렬왕부터 충정왕(1274년~1351년)까지 원간섭기의 불안한 국내 정세는 왕실 여성에게 매우 힘든 시기였다. 고려왕실의 이러한 흐름은 조선불교에도 많은 영향을 끼친다. 특히 왕실 여성이 가지고 있던 미래에 대한 불안은 아미타신앙에 더욱 적극적이었을 것이다. 『관무량수경』을 설하게 된 동기는 려말선초의 유사한 정치상황과 크게 다르지 않다. 빈비사라왕과 위제희부인의 아들인 태자 아사세는 정치적 갈등의 중심에 있다. 경전은 여기에서부터 시작한다. 왕비는 이러한 오탁악세를 벗어나서 극락정토에 태어날 수 있는 법을 알려고 법을 청한다.

『관무량수경』은 설법하게 된 동기를 7가지로 이야기한다. 발기서(發起序)는 경을 설하게 되는 연기를 밝히는 부분인데, 일반적으로 하나의 경전에는 하나의 연기문이 있다. 그런데 이 『관무량수경』은 7가지의 인연으로 설법을 하게 되었다고 한다. 선도(善導, 613~~681)가 『관경서분의』에서 말한 화전서, 금부연, 금모연, 염고연, 흔정연, 산선현행연, 정선시관연이다.

설법을 듣기 위해 모인 대중을 가리킬 때, 이를 화전서(化前序)라고 한다. 화전서는 나머지 6가지 인연의 총 서문에 해당한다.
금부연(禁父緣)은 태자인 아사세가 부왕인 빈비사라를 가둔 인연이며,
금모연(禁母緣)은 아사세가 왕비인 위제희를 가둔 인연이다.
염고연(厭苦緣)은 감옥에 갇힌 위제희가 이 고통을 싫어하는 인연이며,
흔정연(欣淨緣)은 위제희가 정토를 흠모하는 인연이다.
산선현행연(散善顯行緣)은 삼복(三福)인 산선으로 9품의 서방정토에 왕생할 수 있다는 인연이다. 한국불교에서는 특히 이 인연을 중요하게 여겨서, 수행의 한 방편으로 발전시켰으며 불화의 한 종류인 구품연지도라는 도상을 만든다. 제14~16관에 해당한다.
정선시관연(定善示觀緣)은 산선인 9품을 제외한 나머지 총 13개의 관을 가리킨다. 제1~7관은 극락국토의 장엄을 말하고, 제8~13관은 과보로

나타나는 불보살의 광명 장엄을 말한다. 이 정선시관연이 『관무량수경』의 본래의 뜻이라고 할 수 있다.

○ 아난이 들은 부처님의 설법

[경전]

이와 같이 나는 들었다.

[설명]

대승경전은 정형구로 되어 있는 이 문장으로 시작한다.

○ 화전서(化前序) - 설법하기 전 여섯 인연의 서문

[경전]

어느 때, 부처님은 왕사성 기사굴산에서 큰 비구 1,250명과 더불어 보살 3만 2천을 온전하게 하고 계셨다. 문수사리 법왕자가 상수였다.

[설명]

모인 대중을 보여주고 있다.

○ 금부연(禁父緣) - 아사세태자가 아버지 빈비사라왕을 가두다

[경전]

이때, 왕사성에 한 태자가 있는데. 이름이 아사세(阿闍世)였다. 조달(調達, 제바달다 Devadatta)이라는 나쁜 친구의 꼬임에 빠져서, 부왕 빈바사라왕(頻婆娑羅王)을 잡아서, 아주 깊은 일곱 겹으로 된 감옥에 넣고서, 모든 신하를 억눌러서 한 사람도 갈 수 없도록 했다.

나라의 큰 부인은 위제희(韋提希)였으며, 대왕을 공경하였다. 깨끗이 목욕하고 청정하게 하여서 좋은 꿀을 밀가루에 반죽하여 그 몸에 바르고, 모든 영락 구슬 속에는 포도즙을 채우고, 비밀스럽게 왕에게 올렸다.

그러자 대왕은 꿀 반죽을 먹고 포도즙을 마시고, 물을 구하여 입을 씻었다. 입을 씻은 후에 합장하고 공경하며 기사굴산을 향하여 세존께 멀리서 예를 올리면서, 이렇게 말하였다.

"대목건련은 나의 친구입니다. 원하오니 자비를 일으켜서 저에게 8계(戒)를 주십시오."

곧 목건련은 독수리가 나는 것처럼 왕이 있는 곳에 재빨리 이르렀다. 날마다 이와 같이 왕에게 8계를 주었다.

세존은 또한 부루나존자를 보내어 왕을 위하여 설법하게 하셨다.

이와 같은 시간이 지나 21일이 지났다. 왕은 꿀 반죽을 먹고서 법을 들었기 때문에 안색은 즐거우며 기쁘게 되었다.

[설명]

위제희부인이 감옥에 갇힌 빈비사라왕을 만난다. 빈비사라왕의 청으로 부처님은 목건련과 부루나존자를 보낸다. 목건련은 빈비사라왕에게 8재계를 주고, 부루니존자는 설법을 한다. 8재계의 수계는 매우 중요한 의미를 지닌다. 수계의 인연은 중품삼생의 정인이 되어 정토에 왕생하는 인이 되기 때문이다.

○ 금모연(禁母緣) ‒ 아사세태자가 어머니 위제희를 가두다

[경전]

이때 아사세가 문지기에게 물었다.

"부왕이 아직도 살아 있느냐?"

문지기가 대답했다.

"대왕이시여, 위제희부인께서 몸에 꿀 반죽을 바르고, 영락 안에 포도즙을 넣어 왕께 드리고, 사문인 목건련과 부루나가 공중에서 날아와 왕을 위해서 설법하니, 저는 막을 수가 없었습니다."

아사세가 이 말을 듣고 나서 어머니에게 화를 내며 말하였다.

"나의 어머니는 역적이며, 적과 어울렸습니다. 사문은 나쁜 사람이며, 주술(呪術)로 현혹하여 이 악한 왕을 여러 날 죽지 않게 하였습니다."

곧 날카로운 검(劍)을 들어서 어머니를 죽이려고 하였다.

이때 한 신하가 있었는데, 이름은 월광(月光)이라 불렀다. 총명하고 지혜가 많았다. 기바(耆婆)와 함께 왕에게 예를 올리고 말하였다.

"대왕이시여, 신들이 듣건대 위타(毘陀論經, catur-veda, 4베다)에서 설함을 들었는데. 세상이 생긴 이래로 어떤 악한 왕이 국위(國位)를 탐내서 그 아버지 1만 8천 명을 죽였다고 합니다. 그러나 어머니를 죽일 만큼 무도함은 듣지 못하였습니다. 왕께서 지금 살해하여 역행하는 일을 하게 되면 찰리종(刹利種, 사성계급 중 가장 높은 Khattiya)을 욕되게 합니다. 신은 이러한 천한 전다라(旃陀羅, caṇḍāla, 악인 또는 살인자)라는 소리를 듣는 것을 참을 수 없습니다. 저희는 더 이상 이곳에 머물지 않겠습니다."

이때 두 대신은 이 말을 마치자. 손으로 검을 만지면서 물러섰다.

이때 아사세가 놀라고 두려워하며 어쩔 줄 모르며, 기바에게 물었다.

"너는 나를 위하지 않는가?"

기바가 대답했다.

"대왕이시여, 부디 어머니를 해치지 마십시오."

왕은 이 말을 듣자, 참회하고 도움을 구하였다. 곧 검을 버리고, 멈추며 어머니를 해하지 않았다.

칙령으로 내관(內官)에게 명하였다.

"깊은 감옥에 가두고, 다시는 나오지 못하게 하라."

[설명]

위제희부인이 감옥에 갇힌 부왕을 만나 포도주와 밀가루 꿀반죽을 먹이고 법문을 듣게 하자, 아사세태자가 어머니인 위제희부인을 죽이려고 한다. 신하 기바가 이를 말리고, 위제희부인을 감옥에 가두는 이야기이다.

○ 염고연(厭苦緣) - 위제희부인은 고해를 싫어한다

[경전]

이때 위제희는 어두운 곳에 갇히게 되자, 근심과 걱정으로 초췌해졌다. 멀리 기사굴산을 향하여 부처님께 예를 올리고, 다음과 같이 말하였다.

"여래 세존께서는 예전에는 항상 아난을 보내시어 저를 위로하셨습니다. 저는 지금 근심에 싸여서, 세존의 위의를 뵐 수가 없습니다. 원하옵건대 목련존자와 아난을 보내시어 제가 모습을 뵐 수 있도록 하여 주십시요."

이러한 말을 마치자, 슬프게 비 오듯 눈물을 흘리며, 멀리 부처님을 향해 예를 올렸다. 머리를 들기도 전에, 이때 세존은 기사굴산에 계시면서 위제희가 마음으로 생각하는 것을 아시고, 곧바로 대목건련과 아난에게 명령하시어, 허공으로 가게 하였다. 부처님은 기사굴산에서 사라지고 왕궁에 나타나셨다.

이때 위제희가 예를 마치고 머리를 들자, 세존 석가모니부처님을 보았다. 몸은 자금색(紫金色)으로 백 가지 보배로 장식한 연꽃에 앉으시고, 목련은 왼쪽에서 서고 아난은 오른쪽에 자리하였으며, 석범(釋梵)과 호세(護世)와 제천(諸天)은 허공에 머물며, 하늘 꽃을 널리 비 내리듯 뿌리며 공양을 하였다.

이때 위제희는 불세존을 보며 영락을 스스로 끊어 버리고, 온몸을 땅에 던지며, 소리내어 울면서 부처님께 아뢰었다.

"세존이시여. 제가 숙세에 무슨 죄를 지었기에 이러한 악한 자식을 낳았습니까?

세존이시어. 또 무슨 인연으로 제바달다와 함께 친척[眷屬]이 되었습니까?

[설명]

극락정토의 왕생을 설하는 원인을 제공하게 된 인연이다. 빈비사라왕이 갇히고, 그 일로 위제희부인도 갇히게 된다. 위제희부인은 부처님이 계신 기사굴산을 바라보며 아난존자를 보내 위로해 주기를 청한다. 위제희의 마음을 알고, 부처님은 목련존자와 아난을 위제희부인이 있는 곳으로 보낸다. 그리고 부처님은 설법하기 위해 기사굴산에서 왕궁으로 나투신다.

설법을 마치면, 오백 시녀가 왕생하고, 부처님은 가사굴산으로 되돌아오고, 아난은 대중에게 설법하는 것으로 『관무량수경』은 끝을 맺게 된다.

○ 흔정연(欣淨緣) - 위제희부인은 정토를 흠모한다

[경전]

오직 원하오니, 세존께서는 저를 위하여 근심과 고뇌가 없는 곳을 자세히 말씀하여 주십시오.

저는 그곳에 왕생하고자 하며, 염부제의 악하고 탁한 세상을 싫어합니다. 이 탁하고 악한 곳인 지옥, 아귀, 축생은 많은 불선(不善)의 덩어리로 가득 차 있습니다.

원하오니, 저는 미래에 악한 소리를 듣지 않고, 악인을 보지 않고자 합니다.

지금 세존을 향해서 오체투지하여, 참회를 슬프게 구합니다.

오직 원하오니, 부처님 광명의 자비로 저를 깨우치게 하여, 청정한 업의 곳을 살필 수 있게 하소서."

이때 세존께서 미간의 광명을 내니, 그 광명의 금색은 시방의 무량한 세계를 두루 비추고, 돌아와 부처님 정수리에 머무르고, 변화하여 금색의 좌대[金臺]가 되니, 마치 수미산과 같았다. 시방세계 모든 부처님은 국토를 청정하고 묘하게 하니, 모두 그 가운데 나타났다.

혹 어떤 국토는 7보가 합하여 이루어졌고, 또 어떤 국토는 순수한 연꽃이었으며, 또 어떤 국토는 마치 자재천궁(自在天宮)과 같았으며, 혹 어떤 국토는 유리 거울과 같았다. 시방의 국토는 모두 그 가운데 나타났다.

　이와 같은 무량한 모든 국토는 분명하게 나타나 볼 수 있게 되니, 위제희가 볼 수 있게 되었다.

　이때 위제희가 부처님께 말하였다.
　"세존이시여, 이 모든 불국토가 청정하게 되고, 모두 광명이 있더라도, 저는 지금 극락세계 아미타불이 계시는 곳에 극락왕생하기를 바랍니다.
　오직 원하오니, 세존이시여, 저에게 사유(思惟)하는 법을 가르치고, 저에게 바른 수행법[正受]을 가르쳐 주십시오."

[설명]
　위제희부인이 참회하며 청정한 업의 곳을 볼 수 있기를 발원한다. 이때 세존의 미간에서 나온 광명이 다시 정수리로 돌아와 금으로 된 대좌가 된다. 『관무량수경』에 보이는 여러 종류의 대좌는 부처님의 정수리를 뜻하는 상징이다.
　위제희부인은 부처님께서 보여주신 정토를 보자, 사유하는 법과 바른 수행법을 가르쳐주기를 청한다. 『관무량수경』의 청법 장면이다.

○ 산선현행연(散善顯行緣)-산선(散善)이 왕생의 행임을 드러내는 인연
[경전]

이 때 세존께서 곧 미소를 지으시니, 오색 광명이 부처님의 입에서 나와서, 낱낱의 광명이 빈바사라왕의 정수리를 비추었다.

이때 대왕은 비록 유폐되어 있었더라도, 마음의 눈은 장애가 없었기 때문에, 세존을 멀리서 보고, 머리와 얼굴로 세존에게 예를 하였다. 자연히 증진(增進)하여. 아나함과(阿那含果)를 이루었다.

이때 세존은 위제희에게 말씀하셨다.

"너는 지금 그렇지 않음을 알았는가? 아미타불은 이곳에서 멀지 않은 곳에 계신다. 너는 생각을 한곳에 집중하여, 저 나라가 청정한 업[淨業]으로 이루어짐을 분명하게 관하라.

나는 지금 너를 위하여, 많은 비유를 널리 말하고, 또한 미래세상 모든 범부가 정업을 닦고자 하면 서방극락 국토를 얻어서 태어나게 할 것이다.

저 국토에 태어나고자 하는 자는 세 가지 복(福)을 마땅히 닦아야 한다.

첫째는 부모를 효도하여 봉양하고, 스승과 어른을 받들어 모시며, 자비로운 마음으로 살생하지 않으며, 10선업(善業)을 닦는 것이다.

둘째는 삼보에 귀의함을 수지하며, 여러 가지 계(戒)를 다 갖추어서, 위의(威儀)를 범하지 않는 것이다.

셋째는 보리심을 내고, 인과(因果)를 깊이 믿고, 대승경전을 독송하여, 행에 나아갈 수 있도록 권하는 것이다.

이와 같은 세 가지 일[三事]을 정업(淨業)이라고 이름한다."

부처님이 위제희에게 말씀하셨다.

"너는 지금 알겠느냐? 이 세 가지 업[三種業]이 바로 과거·미래·현재 3세 모든 부처님의 정업과 정인(正因)이니라."

[설명]

빈비사라왕은 팔재계를 수지하였기에 아나함과를 얻고, 위제희부인에게는 좋은 정업인 정인(正因)으로 서방극락정토에 태어날 수 있게 된다. 수행은 삼종정업(三種淨業) 또는 삼종복업을 실천하는 것이다. 십선업을 행하는 효행은 계행과 같은 복이다. 그래서 복으로 산선이라고 하였다. 정업은 효를 행하는 십선업, 삼보 귀의의 위의, 대승경전의 독송이다.

이 정업이 『관무량수경』을 소의경전으로 삼는 이유이다. 이 삼종정업은 제14~16관 9품의 실천행이다.

○ 정선시관연(定善示觀緣)－정선(定善)이 왕생하는 관임을 보이는 인연

[경전]

부처님은 아난과 위제희에게 말씀하셨다.

"잘 듣고 깊이 생각하여라.

여래는 지금, 미래 일체 중생을 위하고, 번뇌의 적이 해한 것을 위하여, 청정한 업을 말한다.

좋구나, 위제희야. 이 일을 물은 것은 참으로 즐겁구나.

아난아, 너는 마땅히 잘 듣고 수지(受持)하여, 많은 중생들을 위하여, 부처님의 말씀을 널리 설하여라.

여래는 지금, 위제희 및 미래세 일체 중생이 서방의 극락세계를 관하는 법을 가르친다.

부처님의 힘이기 때문에 저 청정한 국토를 마땅히 얻어 볼 것이다. 마치 맑은 거울을 집으면 스스로 얼굴 모습을 보는 것과 같다.

저 국토의 아주 미묘하고 즐거운 일을 보면, 마음이 환희롭다. 때문에, 응하게 되면, 곧 무생법인(無生法忍)을 얻는다.”

부처님은 위제희에게 말씀하셨다.

“그대는 범부(凡夫)이니, 마음의 생각[心想]이 약하고 열등하여 아직 천안통(天眼通)을 얻지 못하고, 깊이 관(觀)할 수 없다. 모든 부처님과 여래는 특이한 방편이 있으니, 네가 볼 수 있도록 하겠다.”

이때 위제희가 부처님께 말하였다.

“세존이시여. 저는 지금 부처님의 힘[佛力]으로 저 국토를 볼 수 있습니다. 만약 부처님이 입멸하신 후에, 모든 중생들이 혼탁하고 악하고 착하지 못하여, 다섯 가지 고통으로 핍박받으면, 어떻게 아미타불의 극락세계를 볼 수 있다고 하겠습니까?"

[설명]

산선으로는 정인이 되고, 정선으로는 무생법인을 얻는다. 위제희부인은 아직 천안통을 얻지 못한 범부이기 때문에 깊은 관을 할 수 없다. 그러니 삼종정업을 닦아야 한다고 하는 것이다. 모두 왕생은 하지만, 수계한 내용과 수행한 인연의 질에 차이가 있음을 보여준다.

2) 위제희는 고(苦)를 싫어하여 벗어나는 법을 청함

선도는 『관경서분의』에서 화전서와 6가지 인연으로 『관무량수경』을 설하게 된 인연을 설명하고 있다. 7가지 인연으로 경을 설하게 되었다는 이야기이다.

왕사성에 태자 아사세가 있었다. 제바달다라는 나쁜 친구의 꼬임에 빠져 부왕 빈비사라왕을 7겹으로 된 감옥에 감금했다. 왕비 위제희는 깨끗이 목욕하고, 밀가루 꿀반죽과 영락 구슬 속의 포도주로 부왕의 몸을 유지시킨다. 그리고 빈비사라왕은 목건련에게 팔재계를 받고, 부루나존자에게 설법을 듣는다.

아사세태자는 부왕이 살아 있는 것을 보고, 위제희부인을 죽이려 한다. 기바라는 신하의 도움으로 목숨을 구하지만, 위제희부인도 감옥에 갇힌다. 이때 위제희부인은 혼탁한 세상이 아닌 부처님의 청정한 업으로 이루어진 곳을 보기 청한다. 부처님은 미간에서 방광하여 한량없는 세계를 비추고 불정(佛頂)으로 돌아와 변해서 금대가 된다. 여기에서 극락정토를 보여주신다. 이때 위제희부인은 극락세계 아미타불 국토에 태어나기를 원하며, 수행하는 법을 구한다.

제5 흔정연에서 위제희부인이 부처님에게 '청정한 업의 곳을 살필 수 있게 하소서!'라고 하고, 또 '저에게 사유하는 법을 가르치고, 저에게 바른 수행법을 가르쳐 주십시오'라고 법을 청한다. 이것은 초관부터 제13관까지의 관법을 위한 청법이라고 할 수 있다.

제6 산선현행연의 삼종복업은 부처님이 위제희의 청을 기다리지 않고 근기가 열등하고 마음이 산란한 범부를 위해 9품을 설한 것이다. 특히 제16관 하품하생에서는 아미타불을 십념만 부르더라도 극락세계에 왕생할 수 있다고 주장한다. 『무량수경』 제18원과 삼배(三輩)와 매우 관련이 깊다. 칭념염불만을 강조하는 것처럼 보이지만, 선을 실천하는 마음으로 염불을 해도 극락왕생하는 인연이 된다고 보는 것이다.

고려 관경서분변상도에서는 위제희부인이 법을 청하는 7가지 내용으로 도상을 구성한다. 대은사(大恩寺, 1312년)본과 서복사(西福寺)본 관경서분변상도는 이 7가지 인연을 이시동도법으로 간결한 모티프를 사용하여 내용을 전개한다. 그리고 별도로 16관을 주제로 한 폭의 그림이 그려진다.

반면에 조선 후기에 이르면, 십육관변상도는 이 7가지 인연들을 낱낱이 모두 보여주려고 하지 않는다. 청법하는 장면을 중심으로 매우 간략하게 도식화한다. 경전 전체를 나타내는 변상도는 정토를 보고 수행법을 청하는 내용이 한 장면으로 그려지고, 16가지 관법은 각각 하나의 도상으로 독립한다. 고려 불화에서 한 화폭 양쪽을 중심으로 16관을 그리던 것이 13관과 9품으로 독립되어 22면으로 늘어나고, 아미타내영도가 함께 첨부된다. 『관무량수경』의 도상은 총 23장으로 된다.

이러한 변화는 한국학 중앙연구원 한국학아카이브 『불설관무량수불경』(내원암본, 1853년)에 서 확인할 수 있다. 제목[畵題]이 '靈山衆會 韋提請法'인 것은 『관무량수경』 서분변상도에 해당한다. 변상도에는 게송도 함께 쓰여 있는데, 원조(元照, 1048년~1116년)의 십육관송이다. 원조는 대각국사 의천(義天, 1055년~1101년)과 많은 교류가 있었기 때문에 눈여겨 볼만하다. 그리고 이 도상은 『중국불교판화전집』 제38권의 무진법사 『불설관무량수불경도송』(1661년~1644년 각본)에 원형이 나타나고 있다.

○ 내원암본 『불설관무량수불경』 영산중회 위제청법

이 그림은 『관무량수경』 전체를 보여주는 변상도이다. 경의 내용을 충실하게 반영하여 단순하고 분명하게 뜻을 전달하고 있다.
부처님이 기사굴산에서 왕궁으로 나투신 모습이다. 부처님의 몸은 자금색이고, 100가지 보배로 장식한 연꽃 위에 앉아 있으며, 왼쪽은 목건련 오른쪽은 아난이 있다. 왼쪽에 무릎을 꿇고 앉아 있는 사람은 위제희부인 이다. 그리고 위에는 사천왕이 있다. 부처님이 왕궁으로 나투시기 전에 빈 비사라왕에게 목건련은 팔재계를 주고, 부르나존자는 설법을 하도록 하였 다. 그러니 위제희부인 위에 서있는 이는 관을 쓴 모습으로 보아 빈비사라 왕으로 생각된다.

『고려시대의 불화』(시공사)에서 관경서분변상도는 여러 설법 인연의 7 장면을 이시동도법으로 한 폭에 표현하고, 조선시대의 영산중회는 위제희 부인의 청법만을 주제로 단순해지는 변화가 있다.

3) 중생이 닦아야 할 삼종정업

삼종정업은 삼복(三福)이라고도 한다. 산선현행연은 삼복인 산선(散善) 으로 중생 누구라도 9품의 서방정토에 왕생할 수 있다는 인연이다. 이에 반하여 정선시관연은 극락국토에 해당하는 1~7관과 과보로 나타나는 불 보살의 모습인 8~13관으로 왕생할 수 있는 인연이다. 9품은 중생을 위한 것이니, 정선시관연이 『관무량수경』의 본래의 뜻이라고 할 수 있다.

제6 인연에서 삼복은 아래와 같이 묘사한다.

부처님의 오색광명이 입으로부터 나와 각각의 광명은 빈비사라왕의 이마를 비춘다. 이때 왕은 비록 감옥에 갇혀있으나 아나함과를 이룬다. 그 리고 부처님은 위제희부인에게 범부도 청정한 업을 닦게 하여 서방극락국

靈山衆會　韋提請法
耆闍山沒　王宮　禁門澄宮發起
中出事畢還歸　大事濁惡衆生
阿難重述　于今受賜

○ 원조의 십육관송

• 영산중회(靈山眾會)-영산에 대중이 모임

　기사산몰 왕궁중출(耆闍山沒 王宮中出)
　　　　　　기사굴산에서 사라지니 왕궁에 나타나고
　사필환귀 아난중술(事畢還歸 阿難重述)
　　　　　　일을 마치고 다시 돌아오니 아난이 거듭 설하네

○ 내원암본 『불설관무량수불경』 영산중회 위제청법

•위제청법(韋提請法)-위제희부인이 법을 청함

금폐심궁 발기대사(禁閉深宮 發起大事)

　　　　　　깊은 궁 감옥에 금하여 가두니 큰일을 발하여 일으키네

탁악중생 우금수사(濁惡眾生 于今受賜)

　　　　　　탁하고 악한 중생은 지금에 수기를 받네

토에 태어날 수 있도록 한다. 이것이 삼복이다. 이 삼복에 대하여 『관무량수경』을 주석하는 주석가들은 예부터 많은 언급이 있었다. 지의(智顗), 선도, 원조 등이 대표적인 인물이다.

삼복은 극락정토에 왕생하고자하는 이가 닦아야 하는 3가지 정업정인(淨業正因)이다.

첫째, 세복(世福)은 세상의 선을 짓는 것이다. 세속에 본래부터 효(孝)와 충(忠) 등의 선업을 가리킨다. 십선업을 닦는 것이다.

둘째, 계복(戒福)은 계율의 선을 짓는 것이다. 부처님에게 출가하여 정한 계법을 위한 것이다. 모든 이들이 기본적으로 수지해야 할 삼귀의는 물론 오계, 구족계 등의 수지이며, 위의를 범하지 않는 것이다.

셋째, 행복(行福)은 복을 행하여 선을 짓는 것이다. 대승의 마음을 일으켜서 자리이타의 선근을 구족해야 하며, 보리심을 내는 것이다. 인과를 믿고 대승경전을 독송해야 하며, 왕생정토를 발원한다.

특히 원조의 『관무량수불경의소(觀無量壽佛經義疏)』에서는 산선현행연의 삼복과 관련된 9품을 3가지로 나눈다. 상(上)의 삼품(三品)은 보살중(菩薩衆)이고, 중(中)의 삼품은 성문중(聲聞衆)이라 하고, 하(下)의 삼품은 인민중(人民衆)이라고 한다. 이는 9품연지 정토에 왕생하는 보살·성문·일반 백성인 것이다. 9품에 왕생한 이들은 일정한 기간이 지나서 아미타불을 보게 된다. 산선으로 왕생하면, 일정한 기간이 지나야 정선(定善)의 정토를 보게 된다는 것이다.

이러한 삼복의 왕생정토는 왕실 여성들이 정업원으로 출가하며 비구니승가의 불교수행법을 드러내는 역할을 하게 된다. 정업원에서는 삼종정업을 중심으로 신행활동을 하며, 『관무량수경』을 소의경전으로 하는 『관념요록』과 같은 수행체계를 만들어 내게 된다.

여성에게 효와 충을 강조하는 삼복의 정업은 9품에 왕생하기를 염원하는 수행을 쉽게 이해할 수 있었을 것이다. 계행은 삼귀의와 팔재계를 중요한 덕목으로 받아들이며 염불작법류와 같은 의례를 발전시킨다. 십념왕생은 여성은 물론 불자들에게 매우 매력적인 수행방법으로 다가왔다고 생각된다. 『관무량수경』에서 추구하는 관상염불과 염불작법류의 염불에 대한 이해가 비록 서로 동일하지는 못하더라도, 염불을 통해서 정토왕생의 인연을 맺어야 한다는 것은 충분히 알 수 있었기 때문이다. 인연을 맺은 후에, 아미타불과 관세음보살과 대세지보살의 모습을 볼 수 있는 것이다. 『관무량수경』 제8 상상관부터 법신상관, 관음상관, 세지상관, 제13 잡상관이다. 대부분 정보관(正報觀)에 해당한다.

허응당 보우스님의 『권념요록』은 왕랑반혼전을 통해서 여성 출가자 또는 여성 불자들에게 효를 중시한 삼복의 관상염불수행을 제시하는 한 방편이었다고 할 수 있다. 정업원은 고려부터 조선시대까지 여성출가의 중심지였다. 그리고 정업은 『관무량수경』을 소의경전으로 하는 개념이다. 왕

실의 정업원에서는 정치 사회적 혼란을 효를 기반으로 하는 수행법과 의
례 설행으로 타개하려고 노력하였던 것이다.

12. 정토극락세계의 16가지 모습과 십육관상찬

1) 십육관의 구성과 관(觀)·상(想)·념(念)의 뜻

앞의 내용에서 『관무량수경』을 설법하는 7가지 인연 중에 산선현행연
은 중생을 위한 9품왕생이 목적이었다면, 십육관법의 핵심인 정선시관연
은 염불삼매의 정토왕생을 목적으로 한다. 그리고 일몰관(日沒觀)에서 시
작한다.

『관무량수경』 십육관은 매우 이른 시기부터 그림이나 찬(讚) 등으로 다
양하게 표현하였다.

종효(宗曉, 1151년~1214년)가 지은 『낙방문류』에는 자운준식(慈雲遵
式, 964년~1032년)을 비롯하여 사암유엄(槎菴有嚴, 1021년~1101년), 대
지원조(大智元照. 1048년~1116년)의 십육관송(十六觀頌)을 남기고 있다.
모두 북송(960년~1127년)시기에 활동한 인물이며, 그 기간은 고려 전반
기에 해당한다. 특히 원조는 대각국사 의천(1055년~1101년)과 교류하며,
고려 불교에 많은 영향을 주었던 인물이다.

이들의 찬문은 한국문헌 기록에서 모두 확인할 수 없다. 그러나 당시

고려와 송의 해상무역 관계를 감안한다면, 다양한 교류가 있었을 것으로 판단할 수 있다. 고려의 수도 개경과 송의 수도 개봉은 그리 멀지 않은 곳으로 인식되었으며, 뱃길로 빠르면 한 달 정도면 오갈 수 있는 길이었다. 고려시대 도자기 유물을 발굴한 태안수중유물발굴조사에서도 잘 보여주고 있다.

『낙방문류』의 찬보다는 조금 늦은 것으로 생각되지만, 한국의 십육관상찬은 2계통의 문헌으로 나타난다. 하나는 『효성선생팔십송수 고려불적집일』(1985년, 503쪽)에 실려 있는 『염불작법』의 '心海茫茫水接天'로 시작하는 찬문이며, 다른 하나는 『고려시대의 불화』(시공사)에 기록된 2종류의 십육관상찬이다. 고려불화의 찬은 일몰관 처음 구(句)가 '欲往西方九品蓮'으로 시작하는 지은원·인송사본과 '向西諦觀於日處'로 시작하는 서복사본이 있다. 서로 같은 문장이 없는 것으로 보아, 다른 계통의 찬문을 사용한 것 같다.

한국불교의례집에는 대부분 '心海茫茫水接天'로 시작하는 『고려불적집일』 찬문이 현재까지도 유통되고 있다. 조선시대 덕진(德眞)이 쓴 『정토감주(淨土紺珠)』(1882년)와 필자가 불명인 『예념왕생문(禮念往生文)』에서도 쓰임을 확인할 수 있어 유통사실을 알 수 있다. 고려불화 화기에 쓰인 찬문의 모든 게송이 중국과 한국 문헌에서 아직 발견하지 못하였다. 다만 서복사본의 제1 일관(日觀), 지은원본의 제5 지상관(池想觀)과 제6 누상관은 조선 후기의 문헌에서 조각을 발견할 수 있다.

서복사본의 일관은 『청주집(淸珠集)』(치조, 1870년) '日觀'과 매우 유사하다. ②구와 ③구가 뒤바뀐듯하지만, 전체 내용에 의미 변화는 크게 없다. 『관무량수경』 초관의 문장을 활용하기 때문에 일어난 것일 수도 있다. 일몰관을 중요하게 여기는 것은 관상의 첫 관문이었기 때문이다. 단편의 내용은 다음과 같다.

○ 일관(日觀) 비교
　•서복사본 일관(日觀)
① 향서체관어일처(向西諦觀於日處)
　　　　　서쪽을 향해서 해있는 곳을 자세히 살피니,
② 기현장여현고이(旣見狀如懸鼓已)
　　　　　이미 마치 매달린 북과 같은 모양을 보네.
③ 령심견주전불이(令心堅住全不移)
　　　　　마음을 견고하게 머무르게 하여 온전히 움직임이 없으니,
④ 개목폐목개명료(開目閉目皆明了)
　　　　　눈을 뜨나 눈을 감으나 모두 명료하네.

　•『청주집』 일관(日觀)
　　須於靜處 屏絶外緣 ①正坐西向 諦觀於日 ③令心堅住 專想不移 ②日欲沒時 狀如懸鼓 ④旣見日已 開目閉目 皆令明了 現在目前 注心一境 凝然寂靜 如

對明鏡 自觀面像 心若馳散 制之令還 心息住定 即得三昧

　　반드시 조용한 곳에서 밖의 연(緣)을 완전히 끊고, ①바르게 앉아 서쪽을 향하고, 해를 자세히 관하라. ③마음을 단단히 머물게 하여, 마음에 떠오르는 모습[想]을 흐트러뜨리지 말라. ②해가 지려고 할 때, 모습은 마치 커다란 북이 매달린 것과 같다. ④이미 해를 보았다면, 눈을 감거나 눈을 뜨거나 모두 명료하게 하라. 현재 눈앞의 것을 마음의 한 경계에 쏟아부어라. 한 곳에 웅어리저 있듯이 하여 고요해지면, 마치 맑은 거울을 대하는 것 같아서 스스로 얼굴의 모습을 본다. 마음이 만약에 흐트러지면, 그것을 제어하여 되돌려서, 마음과 숨을 정(定)에 머물도록 하면, 바로 삼매를 얻는다.

　지은원본의 제5 지상관과 제6 누상관이 나타나는 문헌을 살펴보자.

　이 두 게송은 『효성선생팔십송수 고려불적집일』에 수록된 『염불작법』(만수암본, 1529년, 524쪽) 제5관과 제6관의 찬문과 동일하다. 지은원본은 제14·15·16관이 모두 9품의 찬으로 되어 있고, 사홍서원과 참회문, 그리고 발원문의 형식도 갖추고 있어 의례형식을 갖춘 특징을 보인다. 고려부터 조선시대에 걸쳐서 전반적으로 나타나는 십육관상찬은 관상수행에 대한 영향을 보여주는 증거라고 할 수 있다.

　그러나 고려와 조선시대에 십육관상찬에 대한 이해가 달라 보인다. 허응당 보우스님의 『권념요록』까지는 관상염불의 수행이 담겨 있는 모습을 보이나, 『염불작법』에 이르러서는 칭념염불화 하는 경향이 나타나기 때문이다. 이 변화 중심에 허응당 보우스님의 『권념요록』이 있다고 하겠다.

허응당 보우스님이 주장하는 수행법은 다음과 같은 2가지를 먼저 이해
해야 한다. 첫째는 16종류의 관상법이 배열되어 있는 순서를 이해하는 것
이고, 둘째는 경문이나 주석서에서 쓰이는 단어를 정확하게 이해하는 것
이다.

○ **첫째, 십육관 배열에 대해 살펴보자.**

주석가들은 여러 가지로 분류하여 다양한 명칭을 붙이고 있다. 고려불
화 서분변상도에 나타나는 선도의 설로 도표를 만들어 보았다.

	정선(定善) 13관			산선(散善) 9품
	가관(假觀)	진관(眞觀)		
의보 (國土) 무량수	①日想觀 ②水想觀			
		③地想觀 ④寶樹觀 ⑤寶池觀 ⑥寶樓觀	⑦華座觀	
정보 (佛光) 무량광	⑧像觀			
		⑨眞身觀 ⑩觀觀音 ⑪勢至觀 ⑫普觀	⑬雜想觀	
				⑭上輩觀(발심) ⑮中輩觀(복업) ⑯下輩觀(염불)

정선과 산선의 뜻에 대해서는 이미 대강 설명하였으니, 참조하면 된다.

십육관의 주요 내용은 정선관이다. 정선관은 크게 2가지로 나누어짐을
알 수 있다. 국토의 목숨[壽]이 무량함을 보여주는 의보, 불의 광명[光]이 무
량함을 보여주는 정보이다. 의보와 정보의 무량함을 장엄이라고 한다. 국
토의 목숨이 무량하며, 이 국토를 비추는 광명이 무량하여 장엄하는 것이

다. 관상의 순서는 의보의 가관에서 진관으로, 다음은 정보의 가관에서 진관으로 나아가며 진행된다.

국토(國土)의 일상관이 처음에 온 이유는 해가 지는 이치인 일몰을 아는 사람이라면, 서쪽을 바라보고 앉아서 누구나 행할 수 있는 관상법이라는 것이다. 수상관에서는 지는 해가 떨어질 때 가장 늦은 곳의 경계인 물을 관상하는 것이다. 나아가 얼음으로 되어서 유리로 변한 땅을 관한다. 불교 우주관의 일부로 이해할 수 있다. 그래서 일(日)과 수(水)관은 다음 극락정토의 공덕상인 지(地)·수(樹)·지(池)·누(樓)와는 차별되어 가관이라고 부르고 있다. 또 수관의 물과 보지관의 공덕수는 다른 뜻이므로 혼동하지 말아야 한다. ⑦화좌관에서 대(臺)는 법장비구의 원력으로 이루어진 것이다.

불광(佛光)의 상관(像觀)은 화좌의 연화대 위에 앉아 있는 아미타불과 관음·대세지보살의 형상을 보는 것에서 시작한다. 불(佛)의 형상[像]인 32상 80수형호를 본다. 이때 염불삼매를 얻는다. 그리고 아미타불과 관세음·대세지보살의 각 상호와 광명을 차례로 관한다. 수행자인 자기 자신도 정토 연화 중에 결가부좌하고 있는 모습을 관한다. 그리고 무량수불은 장육상의 모습으로 변화함을 관한다. 이것이 십육관의 순서이다.

○ 둘째, 용어에 대한 개념을 살펴보자.
경문에서 세계(世界), 국(國), 토(土), 불(佛), 관(觀), 념(念), 상(想) 등의 단어는 매우 자주 등장한다. 주석가나 사상가들은 이들의 용어를 적절히 사용하여 자신의 주장을 이야기한다. 때로는 관상(觀想), 염상(念想), 염불(念佛) 등과 같이 단어를 조합하기도 하고, 기존의 용어를 가져오기도 한다. 경문에서는 이들의 용어를 분명하게 구분하고 있으므로 번역하고 이해할 때 주의해야 본래의 뜻을 살릴 수 있다.

예를 들면, 『무량수경』에서 '여기로부터 서방으로 십만억 불토(佛土)를 지나면, 있는 세계의 이름이 극락이다. 그 땅[土]에 있는 불(佛)을 아미타라고 부른다.'라는 문장이다. 여기에서 극락, 불, 세계 등을 잘 알아야 하며, 잘 알아야 대상을 바르게 염하거나 관하는 것이다. 『무량수경』, 『관무량수경』, 『아미타경』에서 자주 등장하는 용어들은 다음과 같다.

극락(極樂): sukhāvatī. 번역하여 극락정토, 극락국토, 서방정토, 안양(安養)세계, 서방안양정토, 안락국 등의 뜻으로 쓰며, 모두 아미타불의 정토를 가리킨다.

불(佛): buddha. 설법을 하는 부처님을 가리키는 경우와 서방정토에 계시는 아미타불을 가리키는 경우가 있으므로 잘 구분하여 이해해야 한다.

불의 공덕을 칭찬하는 여러 가지 다른 이름이 있는데, 여래십호, 일체지자 등이 있다. 또 세존, 세웅, 세안, 세영, 천존, 대각세존, 불일 등이 있다.

세계(世界): loka-dhātu. 한 부처님이 널리 행하는 교화의 범위를 말한다.

국(國) : 서방에 있는 여러 불국토인 정토 중에서 극락국이 있고, 그 나라를 다스리는 부처님인 아미타불이 있다.

관(觀): vipaśyanā. 진리의 방법을 찾는 것으로 불교의 실천 법문이다. 지혜로 마음을 온전히 하여 불(佛) 또는 법 등을 특정 대상으로 하여, 그 상을 마음에 떠올리는 법이다. 일상(日想), 월륜(月輪), 12인연 등이 대상이 된다. 안의 심(心)을 사용하여 진리를 관찰하는 법이다.

상(想): saṁjñā. 마음이 작용하는 곳 즉 심소(心所, caitta)의 이름이라고 할 수 있다. saṁ은 모든 것을 연결하여 이룬다는 접두어이고, jñā는 안다(知)는 뜻의 동사이다. 경계를 대상으로 하는 상(像)을 마음 가운데 띄워 나타나게 하는 정신작용이다.

염(念): smṛti 혹은 smriti, sati(P). 기억하여 잃어버리지 않는 작용이다. 마음이 작용하는 곳 즉 심소(心所, caitta)의 이름이라고 할 수 있다. 5력(五力)과 5근(五根)에서 염력(念力)과 염근(念根)과도 같은 개념이다.

5력은 pañca-balāni이며, 이 중에 smṛti-balāni를 염력이라 한다. 사념처를 닦아서 정념(正念)을 얻는 것이다. 부지런히 닦아서 염(念)이 소연(所緣)의 경계에 주(住)하는 것을 말한다.

5근은 5무루근라고도 하며, pañcendriyāṇi이다. 이 중에 smṛtīndriya를 염근이라 한다. 정법을 잘 기억하여 잃어버리지 않는 정신작용을 말한다. 번뇌를 항복시키는 것을 상대할 수 있고, 성인의 도구를 끌어당겨서 증상의 작용이 있다. 모두 잘 생각하여 기억한다는 뜻이다.

염(念)의 가장 기본적인 뜻은 『증일아함경』 십념품·광연품의 내용에서 찾을 수 있다. 염(念)은 관념·구념·심념으로 섭념(攝念)하는 법문을 가리킨다. 염(念)을 끌어당겨 들어간다는 섭(攝)의 뜻이다.

관념(觀念)은 불체(佛體)나 불법(佛法) 등을 관상(觀想)하는 것이다.

구념(口念)은 입[口]으로 불의 명호를 구칭하는 것으로 칭명염불이라고 한다.

심념(心念)은 구념의 대칭되는 말이다. 심상(心想)으로 불·보살 등을 염불(念佛)하는 것이다. 그래서 관념(觀念)과 같은 뜻으로 쓰기도 한다.

염이란 구념으로는 입으로 불의 명호를 불러서 불로 들어가고, 심념으로는 마음의 상(想)으로 불보살을 염하여 마음에 띄워 올려 드러내는 것이다. 그래서 불체로 하나가 되는 관상이다.

허응당 보우스님은 이를 구념과 심사로 표현하고 있다. 허응당 보우 스님은 심념(心念)에서 '念'을 '思'로 바꾸었으나, 관념에서 불체를 관상한다는 수행 의미에는 크게 변화는 없다. 『관무량수경』에서는 6념을 강조하지만, 넓은 의미로 쓰이는 십념(十念)은 다음과 같다.

십념(十念)은 십종관상(十種觀想) 또는 십수념(十隨念)이라고 하여 수행의 방법으로 부른다. 염을 생각한다는 것은 사(思)로서 10개의 대상을 마음에 모습을 떠올려서[想], 망상을 쉬게 하여 마음이 움직여 어지럽지 않게 하는 작용이다. 열 개의 대상은 다음과 같다.

① 염불(念佛, buddhānusmṛti): 여래의 상호 공덕을 온전히 가지런하게 하여 그 모습을 마음에서 끊어지지 않게 한다.

② 염법(念法, dharmānusmṛti): 수행하는 궤칙 및 모든 불의 교법을 온전히 가지런하게 하여 그 모습을 마음에서 끊어지지 않게 한다.

③ 염중(念衆, saṅghānusmṛti): 또는 염승(念僧)이라고도 한다. 4쌍 8배의 성중을 온전히 가지런하게 하여 그 모습을 마음에서 끊어지지 않게 한다.

④ 염계(念戒, śīlānusmṛti): 지계를 온전히 가지런하게 하여 그 모습을 마음에서 끊어지지 않게 하면, 모든 악을 멈출 수 있다.

⑤ 염시(念施, tyāgānusmṛti): 염사(念捨)라고도 한다. 보시를 온전히 가지런하게 하여 그 모습을 마음에서 끊어지지 않게 하면, 아끼고 탐하는 것을 파하고 복(福)의 과(果)와 이익 모두를 기를 수 있다.

⑥ 염천(念天, devānusmṛti): 제천이 선업을 성취한다고 온전히 가지런하게 하여 그 모습을 마음에서 끊어지지 않게 하면, 감동하여 수승한 몸을 얻을 수 있다.

⑦ 염휴식(念休息, upasamānusmṛti): 적정하고 한가한 곳에 있게 하여, 온전히 가지런하게 하여 그 모습을 마음에서 끊어지지 않게 하면, 모든 인연에서 일어나는 것들을 가리게 된다. 성인의 도를

익힌다.

⑧ 염안반(念安般, ānāpānasmṛti): 염입출식(念入出息)이라고도 한다. 온전히 가지런하게 하여 그 모습을 마음에서 끊어지지 않게 하여, 마음을 정려로 끌어모아 입출식을 자주하면 장단점을 잘 알아서 망상을 쉬게 한다.

⑨ 염신비상(念身非常, kāyagatasmṛti): 염신(念身)이라고도 한다. 이 몸이 인연으로 화합된 거짓이라는 것을 온전히 가지런하게 하여 그 모습을 마음에서 끊어지지 않게 하면, 진실로 상주하는 것은 하나도 없게 된다.

⑩ 염사(念死, maraṇasmṛti): 사람의 생이 꿈의 환과 같다고 온전히 가지런하게 하여 그 모습을 마음에서 끊어지지 않게 하면, 오래지 않아서 흩어져 무너짐을 가져온다.

①~③을 3념이라고 한다. ①~⑥을 6념·6수념(六隨念) 또는 6념처라고 하고, ④~⑥만을 시계천(施戒天)사상이라고도 한다. ①~⑧은 8념이라고 하며, ①~⑩은 십수념(十隨念)이다.

이러한 기본 개념들 가운데서도 관(觀)·염(念)·상(想)이 서로 결합하여 2자의 용어를 만들 때, 해석에 매우 조심해야 한다. 관상(觀想), 염상(念想), 염불(念佛), 작상(作想), 작관(作觀) 등일 경우, 본래의 뜻을 살려서 이해하여 번역하고, 수행에 적용해야 한다.

예를 들며, 염불은 여래의 공덕 상호를 온전하게 하여 끊어지지 않게 하고, 마음을 연결하여 대상이 되는 상(像)을 마음에 띄워 올려[想] 그 모습을 바로 알아야 한다는 뜻이다. 구념의 칭념염불일지라도 불체를 마음에 띄워 올려야 한다. 구념이라도 칭념염불 만을 강조하지 않는다는 것이다.

2) 국토 모습[國土]인 기세간의 의보관

『관무량수경』의 이해를 돕기 위해서, 경문의 번역과 함께 다음과 같이 16관 도상과 찬(讚) 등의 자료도 함께 제시하려고 한다.

- 『관무량수경』은 강량야사(畺良耶舍, Kālayaśas, 383년~442년)의 번역을 저본으로 한 동국대학교 불교기록문화유산 아카이브(https://kabc.dongguk.edu)를 참조하였다. 전문을 번역하여, 이해하기 쉽도록 문단을 나누고 단락마다 제목을 붙였다.
- 십육관변상도는 한국학중앙연구원 한국학디지털 아카이브(https://yoksa.aks.ac.kr)의 『불설관무량수불경』(내원암본, 1853년)의 도상이다. 이 변상도에는 원조(元照. 1048년~1116년)의 십육관송도 함께 기록하고 있어, 이를 번역하였다.

  이 도상은 청(淸) 순치년간(順治 1644년~1661년)에 판각된 청나라 무진(無盡)법사의 『불설관무량수불경도송』을 참조할 필요가 있다(『중국불교판화전집』 제38권 56쪽).
- 찬명(讚名)과 찬문(讚文)은 『효성선생팔십송수 고려불적집일』에 실려 있는 『염불작법』(1529년, 524쪽) 서방정토십육관의경(西方淨

土十六觀依經)의 송(頌)을 참조하였다.

유의해야 할 점은 제14관은 상품왕생관, 제15관은 중품왕생관, 제16관은 하품왕생관이라고 하여, 9품을 갖추지 않았다. 부족한 내용은 고려불화 지은원본 십육관변상도 십육관상찬을 보충하여, 9품 찬을 모두 실었다.

• 찬명과 찬문의 내용이 다른 경우, 제시하는 문헌의 표기를 따랐다.

(1) 일몰관(日沒觀)
○ 내원암본 『불설관무량수불경』 제1 일관(日觀)

[경전]

부처님은 위제희에게 말씀하셨다.

"너와 중생은 마음을 온전하게 하여[專心], 한 곳에 집중하여 염(念)하여, 서방을 마음에 그려내도록[想] 하라.

어떻게 상(想)을 만들 것[作想]인가?

무릇 상을 만드는 것[作想]은 모든 중생은 스스로 장님이 아니어서, 눈동자가 있는 무리는 모두 해가 지는 것[日沒]을 볼 수 있다.

상을 마음에서 염하도록 하는 것[想念]을 일으키려면, 서쪽을 향하여 바르게 앉고, 해를 자세히 관(觀)하여, 마음[心]이 견고하게 머무르도록 하고, 마음에 상(想)을 온전하게 하여 움직이지 않도록

第一日觀

落日懸皷　十二時中
出生死路　繫念一處

觀圖

○ 내원암본 『불설관무량수불경』 제1 일관(日觀)

○ 십육관송

떨어지는 해가 북처럼 달려 있으니 생사의 길을 벗어나고
하루 종일 한 곳에 묶어두어 생각하네

한다.

　해가 넘어가려는 것을 보면, 형상은 마치 북[鼓]을 매달아 놓은 것과 같다.

　이미 해가 넘어 가버려도, 눈을 감거나 눈을 뜨거나 모두 명료하게 한다.

　이것이 해를 마음에 그려내는 모습[日想]이며, 초관(初觀)이라고 이름한다.

　이 관을 지으면 이름이 정관(正觀)이 되며, 만약 다른 관이면 이름이 사관(邪觀)이 된다.”

[설명]

　제1관은 초관, 일몰관, 일관, 일상관(日想觀) 등 다양한 이름을 가지고 있다. 모두 서쪽으로 지는 해를 바라보는 모습을 관한다는 의미를 표현한 것이다.

　서쪽을 향해서 정토의 세계를 관상하는 것은 누구나 할 수 있는 매우 쉬운 방법이라 것이다. 해가 지는 모습을 바라보고, 북이 허공에 매달려 있는 형상을 마음에 명료하게 그려내야 한다. 극락국의 국토와 극락국의 아미타불을 관할 수 있는 첫걸음이기 때문에, 왕생할 수 있는 인이 된다. 이것이 초관이다.

이 초관에서는 『관무량수경』의 관법을 설명한다. 염(念)은 한곳에 집중하는 것이고, 상(想)은 서방 국토의 장엄과 불의 형상을 마음에 그려내는 것이다. 그리고 이 상을 자세히 살펴보는 것이 관(觀)이다. 정토사상을 한마디로 말할 때, 무량수 무량광이라고 하는데, 이때 관의 대상이 되는 것이 무량수 무량광이다.

관상(觀想)을 할 때, '눈을 감거나 눈을 뜨거나[閉目開目] 항상 명료하고 분명해야 한다'고 하는 '皆令明了, 極令了了, 了了分明'이란 문장은 경에서 누누이 강조된다. 이들 문장은 특히 제1 일몰관, 제2 수상관, 제8 상상관에서 동일하게 사용하고 있는 것이 눈에 띈다. 이들은 선도가 말하는 가관(假觀)에 해당되는 공통점이 있다. 가관의 모습은 진관에서 구체화 되고 분명해진다. 진관에 나아가기 위한 조건이 되고 있다. 가관의 모습이 바른 모습으로 마음에 떠올려지면 바른 관이 되고, 다른 모습으로 마음에 떠올려지면 삿된 관이 되기 때문이다.

[찬]
• 제1 일몰관(第一 日沒觀)-제1 해가 지는 모습을 마음에 생각하는 관
　심해망망수접천(心海茫茫水接天)
　　　　　　　마음의 바다는 아득하니 물은 하늘에 닿아 있고
　백천삼매자연성(百千三昧自然成)
　　　　　　　백천 가지 삼매는 자연히 이루어지네
　청관낙일여현고(請觀落日如懸皷)

떨어지는 해를 청하여 관하니 매달린 북과 같아

일념방등안락성(一念方登安樂城)

일념(一念)으로 안락성에 마침내 오르네

(2) 수상관(水想觀)

○ 내원암본 『불설관무량수불경』 제2 수관(水觀)

[경전]

부처님이 아난과 위제희에게 말씀하셨다.

"초관을 이루었으면, 다음은 물을 마음에 그려내는 모습[水想]을 짓는다.

마음에 그려내는 모습[想]이 서방 일체 모두가 큰물[大水]임을 보고, 물이 맑고 맑아짐을 보고, 또 명료하게 하여 분산하는 뜻을 없도록 한다.

이미 물을 보았으면, 얼음을 마음에 그려내는 모습[冰想]을 일으키도록 한다.

얼음을 비추어 환함을 보면, 유리(琉璃)를 마음에 그려내는 모습을 짓는다.

이러한 마음에 그려내는 모습이 이루어지면, 유리로 된 땅이 안과 밖으로 비추어 환한 모습을 본다.

○ 내원암본 『불설관무량수불경』 제2 수관(水觀)

○ 십육관송

큰물이 점점 맑고 청정해져 엉켜서 물이 얼어버리네
유리로 된 땅이 나타나니 안과 밖이 서로 환히 비추네

아래는 금강 7보의 금으로 된 깃대[金幢]가 있고, 유리로 된 땅을 받치고 있다. 그 깃대는 8방(方)과 8각[八楞]을 다 갖추고 있다. 각각의 방면은 온갖 보배로 이루어져 있고, 낱낱의 보배 구슬은 천 가지의 광명을 내고, 8만 4천 개의 색은 유리땅을 비추니, 억천 개의 해와 같아서, 다 갖추어 볼 수가 없다.

유리땅 위는 황금 줄로 어지러이 사이 사이를 엮고, 7보 세계로 나누어 갖추고 나누어 밝히며, 낱낱의 보배 속에는 5백 가지 색의 빛이 있고, 그 빛은 마치 꽃과 같고, 또 별과 달을 닮아서 허공에 걸려서 광명대(光明臺)를 이룬다.

누각이 천 만개이며 온갖 보배로 합하여 이루어졌고, 광명대의 양쪽에는 백억 꽃송이의 당(幢)과 무량한 악기(樂器)가 각각 있다. 장엄을 위해서 여덟 가지 청량한 바람이 광명을 좇아서 나오고, 이 악기를 두드려서 고(苦)와 공(空)과 무상(無常)과 무아(無我)의 음(音)을 연설한다. 이것이 물을 마음에서 생각하는 모습[水想]이며, 제2관이라고 이름한다.

이 마음에 그려내는 모습[想]이 이루었을 때, 낱낱을 관하여 지극히 분명하게 한다.

눈을 감거나 뜨거나 흩어져서 잃지 않게 해야 하며, 오직 먹을 때를 제외하고는 항상 이 일을 기억하여야 한다.

이 관을 지으면 이름이 정관이 되며, 만약 다른 관이면 이름이 사관이 된다."

[설명]

일몰관이 끝나면 물을 관해야 한다. 여기서 물은 지는 해와 닿아 있는 바닷물을 가리킬 것이다. 극락국의 수명[壽]으로 상징되는 보지(寶池)인 연못의 공덕수와는 다르다는 것을 알아야 한다.

물은 얼음이고, 곧 유리이다. 유리 바닥은 금강 7보의 금으로 된 깃대가 있으며, 이 금당(金幢)에서 비추는 광명은 유리땅을 비춘다. 또 유리땅 위에 빛나는 광명과 꽃들의 색깔은 허공에 광명대를 만들고 있다. 그리고 누각도 여러 가지 꽃으로 이루어져 있다. 이때 당(幢) 등에서 나는 소리는 고(苦)·공·무상·무아를 연설하는 법문이다.

물이 마치 얼음과 같고 유리와 같아 안과 밖이 비추어 서로 사귀고, 그 안은 깃대와 광명대, 그리고 누각으로 이루어져 있는 것이다. 물로 이루어진 유리세계 위에 있는 공간을 묘사하고 있다.

[찬]

•제2 수상관(第二 水想觀)-제2 물의 모습을 마음에 생각하는 관

정수왕양사사명(定水汪洋似四溟)

고요한 물이 드넓게 넘치니 사방은 어두운 것 같고

미란불기수갱청(微瀾不起水更淸)

미미한 물결은 물을 일으키지 않으니 다시 맑아지네

수유편작유리지(須臾便作瑠璃池)

　　　　잠깐 사이에 유리 연못을 두루 만드니

궁전참차도사명(宮殿參差倒瀉明)

　　　　궁전의 들쭉날쭉함이 거꾸로 들어와서 밝아지네

(3) 지상관(地想觀)
○ 내원암본『불설관무량수불경』제3 지관(地觀)

[경전]

　　부처님이 아난과 위제희에게 말씀하셨다.

　　"물이 마음에서 그려지는 모습을 이루고 나면, 이름이 싹트는 듯한 극락세계를 보는 것이 된다[粗見]. 만약 삼매를 얻으면 저 나라의 땅[地]을 똑똑하고 분명하게 볼 수 있으니, 모두 갖추어 설명할 수 없다.

　　이것이 땅을 마음에 그려내는 모습[地想]이 되며, 제3관이라고 이름한다."

　　부처님께서 아난에게 말씀하셨다.

　　"너는 부처님의 말을 간직하여서 미래세의 모든 대중을 위하라. 만약 고(苦)를 벗어나고자 하는 자가 있으면, 이 지(地)를 관하는 법[觀地法]을 설하라.

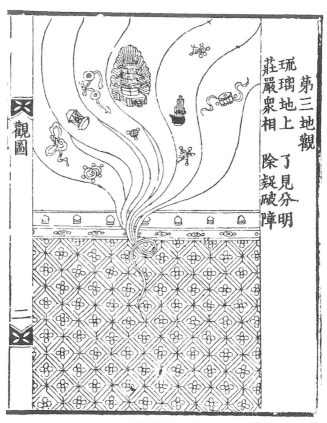

○ 내원암본 『불설관무량수불경』 제3 지관(地觀)

○ 십육관송

유리땅 위는 여러 가지 모양으로 장엄되었고

잘 보고 분별하면 의심을 제하고 장애를 부수네

이 땅을 관하고자 하는 자는 80억 겁 동안 생사의 죄를 제거한
다. 몸을 버려 다른 세상이며, 반드시 청정한 국토[淨國]에 태어날
것이니, 마음에는 의심함이 없음을 얻는다.

이 관을 지으면 이름이 정관이 되며, 만약 다른 관이면 이름이
사관이 된다."

[설명]

지상관은 유리땅 위의 있는 공간이 아니라, 땅의 조악한 모습을 본다는
것이다. '이름이 싹트는 듯한 극락세계를 보는 것이 된다[粗見]'는 것은 불
국토의 완전한 정토에 미치지 않음을 의미한다. '조견(粗見)'은 더 나아가야
할 정토 즉 안락의 세계가 존재한다는 뜻이다. 그래도 이 땅을 관하려고 하
면 80억 겁의 생사의 죄를 멸하게 된다. 안락국에 무량수와 무량광이 동시
에 존재할 때, 이상적인 서방정토 극락세계가 되기 때문이다. 이제 진실로
시작한다는 뜻도 된다.

[찬]
• 제3 지상관(第三 地想觀)-제3 땅의 모습을 마음에 생각하는 관
　　지평여장몰구릉(地平如掌沒丘陵)
　　　　　　땅이 평평하기가 손바닥과 같으나 구릉을 가라앉히고
　　대유금당자하승(大有金幢自下承)
　　　　　　큰 땅은 황금 깃발이 있으나 아래를 떠받치네

무한누대개칠보(無限樓臺皆七寶)

끝없는 누대는 모두 칠보니

부지타일여수등(不知他日與誰登)

알지 못하겠구나. 다른 날 누구와 함께 오를지

(4) 수상관(樹想觀)

○ 내원암본 『불설관무량수불경』 제4 수관(樹觀)

[경전]

부처님이 아난과 위제희에게 말씀하셨다.

"땅을 마음에 그려내는 모습이 이루어지고 나면, 다음은 보배 나무를 관(觀)한다. 보배 나무를 관하는 자는 하나하나 관하며, 일곱 겹으로 나무를 줄 세움과 같이 마음에서 생각하는 모습을 짓는다.

하나하나 나무는 높이가 8천 유순이며, 그 모든 보배 나무의 7보로 된 꽃과 잎은 갖추지 않음이 없으며, 하나하나의 꽃잎은 특이한 보배의 색을 만든다.

유리색에서는 금색 광명이 나오고, 파리색에서는 홍색 광명이 나오고, 마노색에서는 차거(車㵀, musāragalva) 광명이 나오고, 차거색에서는 녹색 진주 광명이 나오니, 산호·호박 그리고 모든 보배는 비추어서 장식한다.

珠網華宮　行樹七重　第四樹觀　清陰垂布　妙好無窮　觀圖　二

○ 내원암본 『불설관무량수불경』 제4 수관(樹觀)

○ 십육관송

행수(行樹)는 칠중이며 진주 구슬 망은 꽃의 궁전이며
맑은 음덕이 드리워 펴니 묘하고 좋기가 끝이 없네

묘한 진주 그물은 나무 위를 모두 덮고, 하나하나의 나무 위는 일곱 겹의 그물을 두르고 있고, 하나하나의 그물 사이는 5백억의 묘한 꽃 궁전이 있으니, 마치 범천왕궁(梵天王宮)과 같다.

모든 하늘 동자는 자연스럽게 그 가운데 있으며, 낱낱의 동자(童子)는 5백억의 석가비릉가마니(釋迦毘楞伽摩尼)의 보배로 영락을 삼았다. 그 마니의 광명은 백 유순을 비추니, 마치 백억 개의 달과 해를 합한 것과 같다.

모든 보배 사이에 섞여 있는 색깔 중에서 가장 좋은 것은 이 모든 보배 나무이며, 행과 행은 서로 짝하고 잎과 잎은 서로 앞서거니 뒤서거니 한다.

잎과 잎 사이에서는 모든 묘한 꽃을 내고, 꽃 위에는 7보의 열매가 자연스럽게 있다.

하나하나의 나뭇잎은 길이와 너비가 똑같은 25유순이며, 그 잎의 1천 가지 색은 1백 가지 그림으로 되어 있으니, 마치 하늘의 영락과도 같다.

저 많은 묘한 꽃은 염부단금의 금색을 띠니, 마치 불바퀴[火輪]가 도는 것 같고, 움푹 패인 잎 사이에서는 온갖 과일이 튀어 솟아 오르니, 마치 제석의 병[帝釋甁, kalaśa]과도 같다.

저 대광명은 당(幢)과 번(幡)을 변하게 하고, 일산을 무량하게 한다.

이 일산 속에는 삼천대천세계의 모든 부처님이 하는 일을 비추어 나타나게 하니, 시방 불국토 또한 그 가운데에 나타난다.

이 나무를 보고 나면, 또 다음 차례로 나아가, 하나하나 관한다. 나무줄기, 가지, 잎, 꽃, 열매를 관(觀)하여 보고, 모두 분명하게 한다.

이것이 나무를 마음에서 생각하는 모습[樹想]이며, 제4관이라고 이름한다.

이 관을 지으면 이름이 정관이 되며, 만약 다른 관이면 이름이 사관이 된다."

[설명]

앞의 지상관에서 땅의 모습이 조악했다고 한 것은 땅에 의지하고 있는 상징물을 보다 명료하고 바르게 나타내려는 의도이다. 칠보로 되어 있는 나무, 연못에서 흐르는 공덕수, 500개의 보배 누각 등은 땅을 의지하고 있다. 그리고 당의 광명은 번을 변화시켜서 일산을 한없이 만들어 낸다. 나무줄기, 가지, 잎, 꽃 등 나무에 곁들여지는 모든 변화를 관하는 것이다.

[찬]

• 제4 수상관(第四 樹想觀)-제4 나무의 모습을 마음에 생각하는 관

칠보행수향미풍(七寶行樹響微風)

　　　　칠보가 걸린 늘어선 나무는 부드러운 바람을 울려

설진무상여고공(說盡無常與苦空)

　　　　무상과 더불어 고·공을 설하여 다하네

약야일문등불퇴(若也一聞登不退)

　　　　만약 한번 듣고서 불퇴전위에 오르면

불수다겁갱수공(不須多劫更修功)

　　　　수많은 겁을 기다리지 않고 다시 공을 닦네

(5) 지상관(池想觀)

○ 내원암본 『불설관무량수불경』 제5 지관(池觀)

[경전]

　　부처님이 아난과 위제희에게 말씀하셨다.

　　"나무를 마음에 그려내는 모습을 이루고 나면, 다음은 물을 마음에 그려내는 모습을 하라.

　　물을 마음에 그려내는 모습을 하려는 자는 극락국토에는 여덟 가지 연못 물[水]이 있고, 낱낱의 연못 물은 7보로 이루어져 있으며, 그 보배는 부드럽고 연하며, 뜻대로 이루어지는 구슬 왕[如意珠王]이 좇아서 나오며, 나누어져 14줄기가 된다.

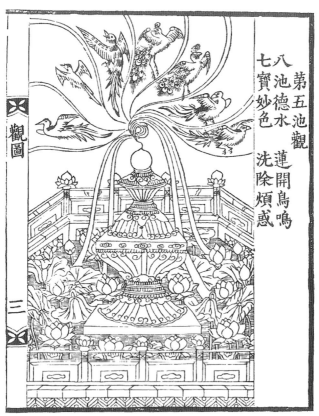

第五池觀

八池德水蓮開鳥鳴

七寶妙色洗除煩惑

觀圖

三

○ 내원암본 『불설관무량수불경』 제5 지관(池觀)

○ 십육관송

팔공덕의 물과 칠보의 묘한 색

연꽃이 펴니 새가 울어 번뇌와 의혹을 씻어 없애네

낱낱 줄기는 7보 색을 띠고, 황금은 도랑을 이루고, 그 개울 바닥은 모두 여러 가지 색의 금강으로 바닥 모래를 이루었다.

낱낱의 물속에는 60억 개의 7보 연꽃이 있다.

낱낱 연꽃은 둥글고 둥글며 반듯하고 고르며, 둘레가 12유순이다.

그 마니(摩尼, maṇi, 보배)의 물은 연꽃 사이를 흘러 들어가며, 나무를 따라 오르내림을 찾는다.

그 소리는 미묘하며, 고·공·무상·무아와 모든 바라밀을 연설하고, 또 모든 부처님의 훌륭하신 모습[相好]을 찬탄하고 있다.

여의주왕(如意珠王)을 좇아서 금색의 미묘한 광명이 튀어나오니, 그 빛의 변화는 백 가지 보배 빛깔인 새를 만들고, 조화로운 울음은 애틋하고 우아하여, 항상 염불·염법·염승을 찬탄한다.

이것이 팔공덕수를 마음에 생각하는 모습[八功德水想]이며, 제5관이라고 이름한다.

이 관을 지으면 이름이 정관이 되며, 만약 다른 관이면 이름이 사관이 된다."

[설명]

여덟 가지 연못 물이란 수관(水觀)에서 보았던 물과는 다른 팔공덕수의 물을 가리킨다. 불국정토에는 8가지 맛을 가진 물[八味水]이 있는데, 이 물이 연못을 가득 채우고 있다고 한다.

이 공덕수는 8가지 특징이 있다. 맑고[澄淨, 징정], 시원하고[淸冷, 청랭], 감미롭고[甘美, 감미], 부드럽고[輕軟, 경연], 윤택하고[潤澤, 윤택], 조화롭고[安和, 안화], 갈증을 없애주고[除饑渴, 제기갈], 모든 근을 길러준다[長養諸根, 장양제근]고 한다. 이를 쉽게 풀어서 말하면, 모든 근[根]을 잘 다스려서 수행에 도움을 준다는 뜻이다.

그래서 삼보에게 공양물을 올릴 때는 반드시 팔공덕수를 사용해야 한다. 불교음식 또는 사찰음식에서는 삼덕(三德)과 육미(六味)를 갖추어야 하는 이유이다. 담무참 『대반열반경』 서품에서 삼덕(三德)은 경연(輕軟), 정결(淨潔), 여법(如法)이라고 하고, 육미(六味)는 고(苦, 쓴맛), 초(醋, 신맛), 감(甘, 단맛), 신(辛, 매운 맛), 함(鹹, 짠맛), 담(淡, 담백한 맛)이라고 한다. 부처님께서 열반에 들려고 할 때, 모든 우바새가 부처님과 스님을 위하여 여러 가지 음식을 준비해야 한다. 이 음식의 감미(甘美)는 삼덕육미가 갖추어 있어야 한다고 하는 것에서 시작되었다.

이 공덕수에서 뜻대로 이루어지는 구슬왕[如意珠王]이 좇아서 나오며, 14줄기로 나누어져 흐른다. 물이 흐르는 미묘한 소리는 여러 종류 새들의 울음소리 같아서 염불·염법·염승을 찬탄하는 것이다.

여의주왕은 길장(吉藏, 549년~623년)의 『법화현론』에서 의미를 찾을 수 있다. 『법화경』 관세음보살보문품을 주석하며 '관음(觀音)'과 '보문(普

門)'의 관계를 이신일쌍(二身一雙)이라고 한다. 관음은 약수왕신이고 보문은 여의주왕신이라는 『십지경론』 환희지를 따라 해석하고 있다. 신구의 삼업 중에 심(心)을 강조한 내용으로, 보문의 형상은 여의주와 같이 관음이 뜻하는 대로 이루어진다는 뜻이다.

제2 수관에서는 고·공·무아·무상의 소리[音]를 듣지만, 이 제5 지관(池觀)에서는 바라밀의 실천을 연설하고, 불의 상호를 찬탄한다.

염불·염법·염승의 찬탄은 단순한 불의 명호를 부르는 칭념이나 입으로만 외우는 구념에 의한 찬탄이 아니다. 극락국토를 장엄한 공덕을 염(念)하는 관상이라는 것을 반드시 염두에 두어야 한다.

[찬]
• 제5 지상관(第五 池想觀)-제5 팔공덕수 연못의 모습을 마음에 생각하는 관

수출마니십사지(水出摩尼十四支)

　　　물은 마니주의 14가지를 내보내고

금거분주입화지(金渠分注入華池)

　　　황금 도랑으로 나뉘어 꽃의 연못으로 흘러 들어가네

화간연법성애아(花間演法聲哀雅)

　　　꽃 틈에서 법을 펴는 소리는 애잔하고 우아하며

생자주광채우기(生自珠光彩羽奇)

(6) 누상관(樓想觀)
○ 내원암본 『불설관무량수불경』 제6 총관(總觀)

[경전]

부처님께서 아난과 위제희에게 말씀하셨다.

"많은 보배 국토의 낱낱의 경계 위에는 5백억 개의 보배 누각이 있다.

그 누각 안에는 무량한 모든 하늘이 있고, 천인은 기예와 음악을 연주한다. 또 악기는 허공에 매달려 있으며, 마치 하늘 보배의 깃발[幢]과 같다.

두드리지 않아도 저절로 울리는데, 그 여러 소리 중에는 모두 염불·염법·염비구승(念比丘僧)을 설한다.

이러한 마음에 그려내는 모습을 이루고 나면, 이름이 극락세계의 보배 나무[寶樹]와 보배 땅[寶地]과 보배 연못[寶池]을 싹트는 듯한 것을 본 것[粗見]이 된다.

이것이 총체적으로 마음에 모습을 관함이 되며[總觀想], 제6관이라고 이름한다.

만약 이를 본 사람이라면, 무량 억겁 동안 지은 지극히 무거운

第六總觀
樓中天樂讚佛法僧
寶樹地池
一念圓成

觀圖

三

○ 내원암본 『불설관무량수불경』 제6 총관(總觀)

○ 십육관송

누각 속의 천상 음악이 불법승을 찬탄하니
보배의 나무와 땅과 연못이 한 생각으로 이루어지네

악업을 제거하여, 목숨을 마친 후에는 반드시 저 국토에 왕생한다.

　　이 관을 지으면 이름이 정관이 되며, 만약 다르게 관하면 이름이 사관이 된다."

[설명]

국토에 5백억 개의 누각이 있음을 관하는 것이다. 누각 안에는 천(天)이 있어 기락을 연주하며, 허공에는 악기가 보당(寶幢)과 같이 매달려 있다. 이 악기들은 저절로 소리를 낸다.

앞에서 관했던 보수, 보지(寶地), 보지(寶池)도 싹트는 듯한 것을 본 것[粗見]이라고 하였다. 제3 지상관에서도 같은 표현을 사용하였다. 보배 땅, 보배 나무, 보배 연못, 보배 누각은 온전하게 관했다고 해도 온전하지 않다는 의미이다. 다음에 관해야 할 대상이 또 있음을 드러낸다. 싹트는 모습은 불의 광명을 관했을 때 비로소 완성되기 때문이다.

[찬]

• 제6 누상관(第六 樓想觀)-제6 누대의 모습을 마음에 생각하는 관

　　백보누대백억중(百寶樓臺百億重)

　　　　　백 가지 보배로 만들어진 누대는 백억 층이며

　　제천기락만누중(諸天妓樂滿樓中)

　　　　　모든 하늘나라 음악이 누각에 가득하네

　　자명우유현공락(自鳴又有懸空樂)

스스로 울리며 또 공중에 걸려있는 악기들

개설삼귀염염공(皆說三歸念念功)

　　　모두 삼보에 귀의함을 설하니 생각 생각 힘쓰네

(7) 화좌관(華座觀)
○ 내원암본 『불설관무량수불경』 제7 좌관(坐觀)

[경전]

　　부처님께서 아난과 위제희에게 말씀하셨다.

　　"자세히 들어라. 자세히 들어라.

　　내가 너희를 위하여, 고뇌를 없애는 법을 분별하여 해설하려고 한다. 너희들은 잘 기억하여 널리 대중을 위해서 분별하여 해설하여라."

　　부처님이 이 말씀을 하실 때, 무량수불은 공중에 머물러 있었고, 관세음과 대세지 이 두 분의 보살은 좌우에 시립하였다.

　　광명이 눈부시게 빛나서 다 볼 수 없었으며, 백천의 염부단금색으로 비교할 수 없었다.

　　이때 위제희가 무량수불을 보고서, 두 손을 무량수불의 발에 대고 예를 올리고, 부처님께 말했다.

　　"세존이시여, 저는 지금 부처님의 힘으로 인하여 무량수불과

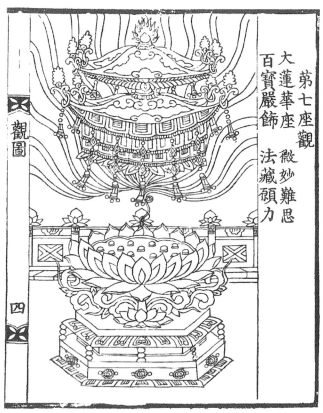

大蓮華座　微妙難思
第七座觀
百寶嚴飾　法藏願力
觀圖
四

○ 내원암본 『불설관무량수불경』 제7 좌관(坐觀)

○ 십육관송

큰 연화대는 백 가지 보물로 장식하고
미묘하여 생각하기 어려우나 법장비구의 48원력

두 보살님을 뵈었습니다. 미래 중생은 어떻게 해야 무량수불과 두 보살님을 관(觀)할 수 있습니까?"

부처님이 위제희에게 말씀하셨다.

"저 불(佛)을 관하고자 하는 사람들은 마땅히 상을 마음에서 염하도록 하는 것[想念]을 일으켜야 한다.

7보의 땅 위에는 연꽃이 마음에 생각하는 모습을 지어서 그 연꽃이 낱낱의 잎에 1백 가지 보배 색을 짓게 한다. 8만 4천 개의 줄기가 있으니, 마치 천상의 그림과도 같다.

낱낱의 줄기마다 8만 4천의 광명이 있어, 또렷하고 분명하게 하여 모두를 볼 수 있도록 한다.

꽃잎이 작은 것은 길이와 너비가 250유순이며, 이와 같은 연꽃이 8만 4천 개가 있다.

낱낱의 잎 사이는 백억 마니보주의 왕이 있어서 서로 비추어 장식한다.

낱낱의 마니보주가 천 가지의 광명을 내고, 그 광명은 일산[蓋]과 같은데, 7보와 합하여 땅 위를 뒤덮고 있다.

석가비릉가마니보로 대(臺)를 삼는다.

이 연화대는 8만의 금강견숙가보(金剛甄叔迦寶)와 범마니보(梵摩尼寶)와 미묘한 진주로 된 그물로 대 위를 서로 장식한다.

자연스럽게 네 개의 기둥인 보당(寶幢, 보배로 된 기)이 있다. 낱낱의 보당은 마치 백천 만억 수미산과 같다.

보당의 위의 보만(寶縵, 보배로 된 휘장)은 마치 야마천궁(夜摩天宮)과 같다.

다시 오백억 미묘한 보주(寶珠, 보배로 된 구슬)가 비추어 장식한다. 낱낱의 보주는 8만 4천 개의 빛이 있다.

낱낱의 빛은 8만 4천 개의 다른 종류의 금빛을 내며, 낱낱의 금색은 그 보배 국토를 두루 비추어 곳곳마다 변화시켜 각각 다른 모습을 만든다.

혹은 금강대(金剛臺)가 되고, 혹은 진주망(眞珠網)을 만들고, 혹은 갖가지 꽃구름을 만들기도 하여, 시방의 각 방면에서 뜻을 따라서 변하여 나타나 불사(佛事)를 베풀고 있다.

이것이 연화좌의 대를 마음에 생각하는 모습[花座想]이며, 제7관이라고 이름한다."

부처님이 아난에게 말씀하셨다.

"이와 같이 묘한 꽃은 본래 법장(法藏) 비구의 원력(願力)으로 이루어진 것이다.

만일 저 부처님을 염(念)하고자 한다면, 먼저 이 미묘한 꽃의 자리를 마음에 생각한다.

이러한 마음의 생각을 할 때는 번잡한 관(觀)을 하지 않는다. 모두 낱낱이 응해서 그것을 관한다. 낱낱의 잎, 낱낱의 구슬, 낱낱의 빛, 낱낱의 연화대, 낱낱의 당번이 모두 분명하게 하여, 마치 거울 속에서 스스로가 얼굴의 상을 보게 한다.

이 마음에서 생각하는 모습[想]을 이룬 자는 5만억 겁 생사의 죄를 멸하여 제거하여, 극락세계에 태어남을 정하게 된다.

이 관을 지으면 이름이 정관이 되며, 만약 다른 관이며 이름이 사관이 된다."

[설명]

국토의 무량수를 관하는 마지막 관이다. 보배 땅, 보배 나무, 보배 연못, 보배 누각을 관하였으나, 새싹이 트는 정도의 수행이라고 말하였다. 그래도 위제희부인은 공중에 머물러 있는 무량수불과 양쪽에 서있는 관음·대세지 보살을 볼 수 있었다. 광명이 눈부시고 빛나서 확실히는 볼 수 없다고 하면서도, 중생에게 보여주기를 원한다. 위제희부인이 중생을 위하여 설법하기를 다시 청한다.

칠보 땅 위에 연꽃을 관하고, 줄기를 관하고, 꽃잎을 관하고, 그 사이사이 마니보주가 미치는 광명을 관하고, 연화대·보당·보만 등을 관한다. 이 모두를 각각 얼굴이 거울에 비치는 것과 같이 관해야 한다. 그런데 이 연화대의 장엄은 법장비구의 48원으로 이루어졌다고 한다. 연화대는 금강대라고도 한다.

이 관을 지나야 비로소 부처님 광명인 아미타부처님의 모습을 보다 더 정확하게 볼 수 있게 된다.

[찬]
• 제7 화좌관(第七 花座觀)-제7 연화대를 마음속에 생각하는 관

　　　대보련화특지개(大寶蓮花特地開)

　　　　　　　큰 보배 연꽃은 특별한 땅에 피었고

　　　백천영락괘금대(百千瓔珞掛金臺)

　　　　　　　백천 가지 영락은 황금대에 걸렸네

　　　인인자유등반분(人人自有登攀分)

　　　　　　　사람마다 스스로 붙잡고 오를 자격이 있건만

　　　종불회두의가애(終不廻頭意可哀)

　　　　　　　끝내 고개 돌리지 않으니 그 뜻이 가련하구나

제1 일몰관에서 제7 화좌관까지는 국토 수명[壽]에 관한 내용이다.

국토의 무량함에 대한 시작은 눈이 있는 중생이라면 누구나 보고 알 수 있는 해가 넘어가는 모습을 바라보는 것이다. 해는 허공에 걸려있는 북과 같이 관상한다. 그리고 물을 관상한다. 물은 물과 얼음으로 되어 있고 마침내 유리로 되어 있는 것을 관상한다. 유리땅을 받치는 당번이 있고, 사이사이에서는 광명이 비치고, 악기로 장엄되어 있다. 그리고 구체적인 장엄인 땅, 나무, 연못, 누각을 차례로 관상한다. 마지막에 이 모두를 한 번에 화좌

대로 관상한다. 화좌대의 허공에 무량수불과 관음·대세지보살이 머무르고 있다. 이것이 무량수인 국토를 관하는 차제(次第)였다.

○ 이 관상의 과정은 조선시대에 한국불교의례의 특징으로 살아난다.

나무아미타불이라는 진언의 칭념염불은 '입아아입(入我我入)'으로 대별되는 밀교의 관법수행으로 설명할 수 있기 때문이다. 본존불의 가지력으로 인하여 여래와 내가 일체가 되는 경계를 말한다. 즉 여래의 신구의 작용인 삼밀(三密)이 나의 신구의 작용인 삼업(三業)으로 들어오는 것이다. 제불(諸佛)을 이끌어서 나의 몸으로 들어오는 것이 먼저다. 즉 수행자가 동쪽에 앉고 서쪽을 바라보고, 지는 해를 바라보며 큰 북과 같은 관상을 먼저 하는 것이다. 국락정토 왕생은 여기에서 시작한다고 보아야 하기 때문이다. 그러나 실제 수행에서는 입아와 아입의 순서는 정하지 않는 것이 좋으며, 삼밀 또는 삼업이 상응(相應)하여 상입(相入)하는 것이다. 중생과 불의 자성 이치에 차별이 없으며 평등하기 때문이다.

허응당 보우스님은 이를 구념과 심사로 표현하고 있으며, 실제 수행법에서도 크게 다르지 않다. 한국불교의 수행법에서는 비록 칭념염불이라고 하더라도 진언을 칭념하고 불을 염하는 것이 됨으로 염(念)의 본래 개념이 강조되고 있다. 이것이 칭념염불관상이다.

3) 지혜 모습[佛光]인 지정각세간의 정보관

(8) 상상관(像想觀)
○ 내원암본『불설관무량수불경』제8 상관(像觀)

[경전]

부처님이 아난과 위제희에게 말씀하셨다.

"이 일을 보기를 마치면, 다음은 부처님을 마음에 그려내는 모습을 지어야 한다.

그 이유는 무엇인가?

모든 불여래는 이 법계신(法界身)이 모든 중생의 마음[心]을 마음에 그려내는 모습[想] 가운데 고루 들어가기 때문이다. 그러므로 너희들은 마음이 부처님을 마음에 그려내는 모습이다. 이 마음이 곧 32상(相)과 80수형호(隨形好)이며, 이 마음이 부처님을 만듬이며, 이 마음이 바로 부처님이다.

모든 부처님의 정변지(正遍知) 바다는 마음을 따라서 마음에 그려내는 모습이 생긴다. 그러므로 마땅히 한마음으로 생각을 집중하여 저 부처님인 여래, 응공, 정변지를 잘 살피고 관(觀)한다.

저 부처님을 마음에 그려내는 모습의 사람은 먼저 마땅히 불상을 마음에 그려내는 모습을 한다.

第八像觀 三聖炳然
託像疑真 尚名麗想
見真忘像

觀圖

四

○ 내원암본 『불설관무량수불경』 제8 상관(像觀)

○ 십육관송

연화대 위의 형상이 진리를 엄하게 하니 진리를 보면 형상을 잊네

삼성(三聖)이 빛나니 오히려 이름이 마음의 상을 추하게 하네

눈을 감거나 눈을 뜨거나, 하나의 보배 불상이 염부단의 금색과 같이 저 꽃 위에 앉아 있는 모습을 관(觀)한다.

불상이 이미 앉아 있으면, 마음의 눈[心眼]이 열려서, 똑똑하고 분명하게 극락국의 7보로 장엄한 보배 땅[寶地], 보배 연못[寶池], 줄지어 있는 보배 나무[寶樹], 모든 나무 위를 덮은 하늘의 휘장, 수많은 보배 그물이 허공을 가득 채움을 본다.

이와 같은 일을 보면, 끝까지 밝고 또렷하게 되는데, 마치 손바닥을 관(觀)하는 것과 같다.

이러한 일을 보고 나면, 다시 큰 연꽃이 부처님의 왼쪽 곁에 있는 것을 만드는데, 앞에서 말한 것과 같이 연꽃들이 조금도 다르지 않다. 다시 큰 연꽃이 부처님의 오른쪽 곁에 있는 것을 만든다.

한 분의 관세음보살상이 왼쪽 연화좌에 앉아 있음을 마음에 그려내어 모습을 짓는다. 또한 금색 광명을 놓으니, 앞에서 말한 것과 같이 다르지 않다.

한 분의 대세지보살상이 오른 쪽 연화좌에 앉아 있음을 마음에 그려내어 모습을 짓는다.

이 마음에 그려내는 모습이 이루어질 때면, 부처님과 보살의 상(像)이 미묘한 광명을 모두 놓는다.

그 빛의 금색이 모든 보배 나무[寶樹]를 비춘다.

낱낱의 나무 아래 또한 세 개의 연꽃이 있고, 모든 연꽃 위에는 각각 한 분의 부처님과 두 분의 보살상이 있고, 그 국토를 가득 채운다.

이 마음에 그려내는 모습이 이루어질 때면, 수행자는 마땅히 흐르는 물, 광명과 모든 보배 나무, 물오리와 기러기와 원앙(鴛鴦)이 모두 미묘한 법을 설하는 것을 듣는다. 선정에 들어갈 때나 선정에서 나올 때도 항상 미묘한 법을 듣는다.

수행자가 선정에서 나올 때, 기억하고 잘 지녀서 버리지 말고, 경전과 더불어 부합하게 해야 한다. 만약 부합하지 않으면, 이름이 망상(妄想)이 되며, 만약 부합하면 이름이 추상(麤想)이 된다.

극락세계를 보면, 이것이 불상을 마음에 그려내는 모습[像想]이 되며, 제8관이라고 이름한다.

이를 지어 관하는 자는 무량한 억겁의 생사 죄를 소멸하여 현재의 몸[現身] 중에서 염불삼매를 얻는다.

이 관을 지으면 이름이 정관이 되며, 만약 다른 관이면 이름이 사관이 된다."

[설명]

연꽃 위에 있는 부처님을 관하고, 또 좌우 연꽃 위에 있는 관음·대세지 보살을 관한다. 이 상상관에 이르러서 비로소 구체적인 아미타불의 32상과 80종호를 볼 수 있고, 두 보살의 모습을 볼 수 있게 된다. 화좌관에서 관한 공중에 떠 있는 무량수불과 두 보살의 형상은 보았지만, 구체적인 모습을 본 것은 아니었다. 불여래인 법계신이 중생의 마음에 들어가 그 모습을 그려내는 것을 보는 것이다. 불의 모습은 물론 극락 국토의 장엄인 보배 땅, 보배 연못, 줄지어 있는 보배 나무, 모든 나무 위를 덮은 하늘의 휘장, 수많은 보배 그물 등도 함께 그려내야 한다.

불상의 모습을 보는 것은 32상 80종호를 관한다는 의미이며, 불수념(佛隨念) 수행으로 불의 공덕상을 관하는 것이다. 수념(隨念)이란 마음을 한 곳에 집중하여 그것을 따라서 반야바라밀을 수행하는 것이며, 염(念)과 동일한 뜻이다. 어렵게 설명하자면, 초발심을 좇아서 일체지지(一切智智)로 상응하는 뜻을 지은 것[作意]이며, 일체법을 신해(信解)하여 무성(無性)으로 자성(自性)을 삼는 것이다. 상상관에서는 이를 생사의 죄를 제하고 염불삼매를 얻는다고 하였다.

[찬]
• 제8 상상관(第八 像想觀)-제8 아미타불과 세지·관음상의 모습을 마음
 속에 생각하는 관
　　지상연화차제개(池上蓮花次弟開)
　　　　　　　연못 위에 연꽃이 차례로 피어나니
　　자금광취입외외(紫金光聚立嵬嵬)

자금색 광명 덩어리 우뚝우뚝 서 있네

요수염염상관찰(要須念念常觀察)

　　　반드시 생각 생각에 항상 관찰해야지만

왕청여래찬선재(往聽如來讚善哉)

　　　왕생하여 여래로부터 훌륭하다 칭찬을 듣는다

(9) 법신상관(法身想觀)
○ 내원암본 『불설관무량수불경』 제9 불관(佛觀)

[경전]

　　부처님이 아난과 위제희에게 말씀하셨다.

　　"이러한 마음에 그려내는 모습이 이루어지면, 다음은 다시 무량수불 몸의 모습인 광명을 관(觀)한다.

　　아난아, 마땅히 알아라.

　　무량수불의 몸은 백천 만억 야마천의 염부단금색과 같고, 불(佛)의 몸 높이는 60만억 나유타 항하사 유순이다.

　　미간의 백호는 오른쪽으로 굽어 도니, 마치 다섯 개의 수미산과 같다.

　　불안(佛眼)은 청정하여, 네 개의 큰 바다[大海] 물과 같으니, 푸르고[靑] 흰[白] 것이 분명하고, 몸의 모든 털구멍에서는 광명을 흘

第九佛觀
觀佛相好　三昧現前
一經宗要　始知深妙

○ 내원암본 『불설관무량수불경』 제9 불관(佛觀)

○ 십육관송

불(佛)의 상호를 관하니 한 경전의 근본 이치네
삼매가 현전하니 비로소 깊은 묘지를 아네

러서 보내니, 마치 수미산과 같다.

저 부처님의 둥근 광명[圓光]은 마치 백억 삼천대천세계와 같고, 그 둥근 광명[圓光] 속에는 백만억 나유타 항하사 만큼의 화불(化佛)이 있다.

낱낱의 화불에는 또한 무리가 많이 있는데, 보살을 무수히 화현하여 모신다.

무량수불은 8만 4천의 상호[相]가 있고, 낱낱의 상호에는 8만 4천의 수형호(隨形好)가 각각 있다.

낱낱의 상호[好] 중에는 다시 8만 4천 광명이 있고, 낱낱의 광명은 시방세계를 두루 비추어, 염불하는 중생을 버리지 않고 거두어들인다.

그 빛의 상호와 더불어 화불(化佛)은 이루 다 말할 수 없다. 다만 마음에 그려내는 모습을 기억하여서, 마음이 밝게 보게 한다.

이와 같은 일을 보는 것이 곧 시방 모든 부처님을 보는 것이다. 모든 부처님을 보기 때문에 이름이 염불삼매이다.

이를 지어서 관하는 것이 모든 부처님의 몸을 관(觀)한다고 이름한다. 부처님의 몸을 관하기 때문에 또한 부처님의 마음을 보는 것이다.

모든 부처님의 마음이란 대자비이니, 무연자비로써 모든 중생을 거둔다.

이 관(觀)을 지으면, 몸을 다른 세상에 버리고 모든 부처님 앞에 태어나서 무생법인을 얻는다. 그러므로 지혜로운 사람은 마땅히 마음을 한 곳에 묶어서 무량수불을 자세히 관한다.

무량수불을 관하는 것은 한 가지 상호를 좇아서 들어간다. 단지 미간의 백호를 관하면 매우 명료하게 한다.

미간의 백호상(白毫相)을 보는 것은 8만 4천 상호를 자연히 보게 된다.

무량수불을 보는 것은 곧 시방세계 헤아릴 수 없이 많은 부처님을 보며, 무량한 모든 부처님을 볼 수 있으므로 모든 부처님이 현전하여 기별(記莂)을 준다.

이것이 모든 부처님의 색상(色想)을 두루 관함이며, 제9관이라고 이름한다.

이 관을 지으면 이름이 정관이 되며, 만약 다른 관이면 이름이 사관이 된다.”

[설명]
이 법신상관은 무량수불의 모습을 명료하게 관하는 법이다.
무량수불의 모습을 관하는데, 가장 중요한 것은 백호상을 보는 것이다.

백호상을 보게 되었을 때 불이 현전하는 기별을 주게 된다. 법신상관에서 보아야 하는 중요한 모습을 10가지로 하여 미타십상(彌陀十相)이라고 부른다. 아미타불의 공덕상을 관할 때는 반드시 백호상에서 시작하며, 그 중요성을 강조한다. 그래서 한국불교의례의 염불작법에서는 이 십상찬은 반드시 독송하며 찬탄한다.

미간의 백호가 오른쪽으로 굽어 돈다는 것은 양 눈썹 사이에서 광명이 나오는 것을 비유한 것으로 미간백호상(眉間白毫相)을 말한다. 백호상은 ūrṇa-lakṣaṇa로 더러움이 물들지 않은 백색의 빛으로, 진주와 닮았다는 뜻이다. 하루 중 가장 뜨거운 때 광명이 비추듯이 빛을 낼 수 있다고 한다. 그래서 여러 상 중에서도 빛을 내는 백호상이 가장 중요한 관상의 대상이 된다.

불(佛)의 눈은 청정하고 푸르고 희다는 것은 안목청정상(眼目淸淨相)을 말함이다. 무량수불을 관할 수 있는 사람은 눈썹 사이의 백호를 제일 먼저 관해서 명료하게 하여야 한다. 그러면 모든 상호가 저절로 나타나게 되고, 수기를 받게 된다.

무량수불의 몸은 야마천의 염부단금색과 같다는 것은 몸의 색이 진금색의 모습인 신색진금상(身色眞金相)을 가리킨다.

불(佛)의 몸 높이는 60만억 나유타 항하사 유순이란 부처님 몸의 불정(佛頂)의 높이가 매우 높아서 끝까지 볼 수 없다는 것을 뜻하는 무견정상상

(無見頂上相)이다. 그런데 제10 관음상관의 경문에서 관음보살의 정상육계(頂上肉髻)와 무견정상(無見頂相)은 무량수불의 정상육계와 무견정상에 미치지 못한다고 한다. 이는 아미타불의 정수리와 육계가 가장 수승하다는 뜻이다.

[찬]

• 제9 법신상관(第九 法身想觀)-제9 법신의 모습을 마음속에 생각하는 관

　　자마금상만허공(紫麼金像滿虛空)

　　　　　　자마금색의 상(像)은 허공을 가득 채우고

　　감목징청여해동(紺目澄淸與海同)

　　　　　　짙푸른 눈동자 맑고 깨끗하기가 바다와 같네

　　막아신운무한량(莫訝身雲無限量)

　　　　　　몸이 구름같은 무한한 양을 의심하지 말라

　　유래불출일심중(由來不出一心中)

　　　　　　본래부터 일심(一心)을 벗어나지 않는다

○ 미타십상찬(彌陀十相讚)

미타십상찬이란 극락세계 금색여래인 아미타불의 10가지 모습을 찬탄한다는 뜻이다. 아미타불의 10가지 모습은 불의 몸 중에서도 얼굴에 있는 상으로 머리 맨 위부터 아래로 구성되어 있다. 정수리[頂], 육계(肉髻), 머리카락[髮], 백호(白毫), 눈썹[眉]과 안·이·비·설·신에 관한 것이다. 이 10가

지는 32상 80종호에 보이는 내용이 대부분이며, 법신상관에서 무량수불을 상징하는 중요한 상징이 된다. 반드시 무량수불의 상(像)을 관할 때 이것을 관상해야 한다. 그리고 불상이나 불화를 조성할 때, 반드시 이 수호상을 표현한다.

본 책에서는 『고려불적집일』의 아미타찬(512쪽)을 참조하였다. 미타십상찬의 구성은 "一心頂禮~~~, 계송, 願我普共諸衆生~~~."이라는 정형구의 틀로 되어 있다. 따라서 해석도 이를을 지켜가며 번역하였다.

10가지 모습에 대한 예찬이 끝나면, 문수·보현보살과 관음·대세지보살에 대한 찬이 있다. 『관무량수경』에서 아미타불의 좌우에 관음·대세지보살이 있으므로 이 배치는 이해된다. 하지만, 아미타불과 문수·보현보살의 관계는 정토삼부경 어디에서도 찾아지지 않는다. 문수·보현보살에 대한 예찬문은 중국 오대산 정토염불법문과 관련지어 설명하여야 할 것 같다.

오대산은 본래 도교의 성지였다. 700년대 중반에 이르러서 오대산은 불공삼장의 영향으로 밀교가 성행하기 시작한다. 오대산에 있었던 정토종에서는 미타대(彌陀臺)를 설치하고 반주삼매를 닦고자 정토법문을 개설하는 사찰이 생겨나게 되었다. 이때 이적을 보이며 문수·보현보살이 보살주처에 나타났다고 한다. 이후부터 아미타불과 문수·보현보살의 배치가 일반화되었다고 한다.

미타십상은 다음과 같다.

① 무견정상상(無見頂上相)-정수리를 볼 수 없는 모습
　　일심으로 극락세계 우리들의 스승이신 금색여래이며, 정수리를 볼 수 없는 모습인

대자대비한 아미타부처님께 머리 조아려 예배합니다.

　　사람마다 정수리에 푸른 봉우리 있는데
　　어찌 다시 교만이 없는 마음을 권하여 닦게 하겠는가
　　아! 사람, 천신, 공계(公界)는 눈을 부릅뜨며
　　비록 연꽃 위에 오르더라도 찾을 수 있네

　　원하오니 저와 널리 함께한 모든 중생이 아미타불 큰 서원의 바다에 함께 들어가고자 합니다.

② 성상육계상(頂上肉髻相)-정수리가 육계 모습
　　일심으로 극락세계 우리들의 스승이신 금색여래이며, 정수리가 육계 모습인

대자대비한 아미타부처님께 머리 조아려 예배합니다.

　　정수리의 신비한 한 알의 구슬은 홍빛이며
　　마치 처음 해가 동쪽 산봉우리로 솟아오르는 듯하다
　　태양은 눈에 흘러넘치고 하늘과 땅은 동이 트니

이로부터 집집마다 바른 짙음을 드리우네

원하오니 저와 널리 함께한 모든 중생이 아미타불 큰 서원의 바다에 함께 들어가고자 합니다.

③ 발감유리상(髮紺瑠璃相)-머리카락이 검푸른 유리 모습
일심으로 극락세계 우리들의 스승이신 금색여래이며, 머리카락이 검푸른 유리 모습인
대자대비한 아미타부처님께 머리 조아려 예배합니다.

머리카락은 유리 색으로 검푸르게 물들이고
나발의 무늬는 가늘고 성함을 어지럽히지 않네
속세 티끌을 지나며 선함을 닦은 인(因)으로
과(果)는 단정하고 엄숙한 백복(百福)의 형상을 얻네

원하오니 저와 널리 함께한 모든 중생이 아미타불 큰 서원의 바다에 함께 들어가고자 합니다.

④ 미간백호상(眉間白毫相)-미간에 하얀 털의 모습
일심으로 극락세계 우리들의 스승이신 금색여래이며, 미간에 하얀 털의 모습인

대자대비한 아미타부처님께 머리 조아려 예배합니다.

미간에 굽어 돌아드는 백호는 새로우며
고요한 가을밤 텅빈 달은 하나의 큰 바퀴와 같네
원하오니, 청량한 빛이 나에게 닿도록 미쳐서
마음속 깊음을 두려워하니 어둠의 티끌을 파하게 하소서

원하오니 저와 널리 함께한 모든 중생이 아미타불 큰 서원의 바다에
함께 들어가고자 합니다.

⑤ 미수수양상(眉秀垂楊相)-눈썹이 수려하고 버들처럼 늘어진 모습
　일심으로 극락세계 우리들의 스승이신 금색여래이며, 눈썹이 수려
하고 버들처럼 늘어진 모습인
대자대비한 아미타부처님께 머리 조아려 예배합니다.

눈썹의 가늘기가 처음에는 버들잎의 푸르름인가 싶더니
또 놀랍게 새로운 달이 저녁 하늘에 살아나네
가령 오왕(吳王, 吳道玄과 王維)의 붓이 제아무리 솜씨를 부려도
그림은 또한 원래 그림일 뿐 이루어진 것은 아니네

원하오니 저와 널리 함께한 모든 중생이 아미타불 큰 서원의 바다에

함께 들어가고자 합니다.

⑥ 안목청정상(眼目淸淨相)-눈동자가 맑고 깨끗한 모습
　　일심으로 극락세계 우리들의 스승이신 금색여래이며, 눈동자가 맑
고 깨끗한 모습인
　　대자대비한 아미타부처님께 머리 조아려 예배합니다.

　　눈은 마치 가을 강바람이 지나간 듯하고
　　뜨건 감건 모두 다 모습은 마땅하네
　　갓난아기처럼 살피는 사랑이 아버지보다 더하건만
　　아버지를 버린 중생은 그분을 알지 못하네

　　원하오니 저와 널리 함께한 모든 중생이 아미타불 큰 서원의 바다에
함께 들어가고자 합니다.

⑦ 이문제성상(耳聞諸聲相)-귀가 모든 소리를 듣는 모습
　　일심으로 극락세계 우리들의 스승이신 금색여래이며, 귀가 모든 소
리를 듣는 모습인
　　대자대비한 아미타부처님께 머리 조아려 예배합니다.

　　귀는 모든 음성의 크고 작음을 좇아서 듣고

감통(感通)은 마치 골짜기 메아리와 같이 소리를 전하네
반주삼매를 매일 닦으라 함은 괜한 물음이니
오히려 임종에 십념만 있어도 이루어지네

원하오니 저와 널리 함께한 모든 중생이 아미타불 큰 서원의 바다에
함께 들어가고자 합니다.

⑧ 비고원직상(鼻高圓直相)-코는 오뚝하고 둥글며 곧은 모습
　일심으로 극락세계 우리들의 스승이신 금색여래이며, 코는 오뚝하
고 둥글며 곧은 모습인
대자대비한 아미타부처님께 머리 조아려 예배합니다.

코는 높고 반듯하여 두 개의 오이같이 드리워지니
만약 겉모습으로 구하면 바른 관법(觀法)을 배반하네
그저 깊은 마음으로 향을 한 자루를 잡기만 하면
형체가 그림자를 따르듯이 좇아서 자비의 얼굴을 받드네

원하오니 저와 널리 함께한 모든 중생이 아미타불 큰 서원의 바다에
함께 들어가고자 합니다.

⑨ 설대법라상(舌大法螺相)-혀는 큰 법라의 모습

일심으로 극락세계 우리들의 스승이신 금색여래이며, 혀는 큰 법라의 모습인

대자대비한 아미타부처님께 머리 조아려 예배합니다.

혀의 모습은 넓고 길어 얼굴을 뒤덮었으나
삼아승기 동안의 말은 헛된 거짓을 소멸하지 못했네
중생은 중생류를 좇아 부처님의 진리를 해석하나
붉고 하얀 가지마다 봄은 한가지 모양이네

원하오니 저와 널리 함께한 모든 중생이 아미타불 큰 서원의 바다에 함께 들어가고자 합니다.

⑩ 신색진금상(身色眞金相)-몸의 색은 황금색의 모습

일심으로 극락세계 우리들의 스승이신 금색여래이며, 몸의 색은 황금색의 모습인

대자대비한 아미타부처님께 머리 조아려 예배합니다.

모습은 단정하여 엄함을 갖추니 대웅이시고
염부단의 색인 자금색의 얼굴
빛을 내고 손을 뻗어 마정수기를 부르니
팔공덕수 연못에서 얼른 만나기를 원합니다

원하오니 저와 널리 함께한 모든 중생이 아미타불 큰 서원의 바다에 함께 들어가고자 합니다.

⑪ 문수보살·보현보살
일심으로 큰 자심의 큰 원력과 큰 성인의 큰 자심을 갖추신 문수사리보살마하살께 머리 조아려 예배합니다.
오직 원하오니, 자비심을 버리지 마시고, 저의 머리 조아리는 예를 받아 주시고, 저의 죄 뿌리를 뽑아 주시고, 저의 원하는 마음을 가득하게 하여 주소서.

일심으로 큰 비심의 큰 원력과 큰 성인의 큰 비심을 갖추신 보현보살마하살께 머리 조아려 예배합니다.
오직 원하오니, 자비심을 버리지 마시고, 저의 머리 조아리는 예를 받아 주시고, 저의 죄 뿌리를 뽑아 주시고, 저의 소원하는 마음을 가득하게 하여 주소서.

⑫ 관세음보살·대세지보살
일심으로 소리를 듣고서 고통에서 구제하시는 대자대비 관세음보살마하살께 머리 조아려 예배합니다.
오직 원하오니, 자비심을 버리지 마시고, 저의 머리 조아리는 예를 받아 주시고, 저의 죄 뿌리를 뽑아 주시고, 저의 소원하는 마음을 가득하게 하여 주소서.

일심으로 위신력이 있고 용맹하신 대자대비 대세지보살마하살께 머리 조아려 예배합니다.

오직 원하오니, 자비심을 버리지 마시고, 저의 머리 조아리는 예를 받아 주시고, 저의 죄 뿌리를 뽑아 주시고, 저의 소원하는 마음을 가득 하게 하여 주소서.

(10) 관음상관(觀音想觀)
○ 내원암본『불설관무량수불경』제10 관음상(觀音觀)

[경전]

부처님이 아난과 위제희에게 말씀하셨다.

"무량수불을 보고서 똑똑하고 분명하면, 다음은 관세음보살도 응당히 관한다.

이 보살 몸의 길이는 80억 나유타 항하사 유순이고, 몸은 자금 색이며, 정수리에는 육계가 있고, 목에는 둥근 광명[圓光]이 있고, 얼굴은 각각 백천 유순이다.

그 원광(圓光) 속에는 5백의 화불이 있고, 마치 석가모니 같다.

낱낱의 화불마다 5백 보살이 있으니, 무량한 모든 천인이 모시고 있다.

○ 내원암본 『불설관무량수불경』 제10 관음상(觀音觀)

○ 십육관송

광명이 오도에 임하고 불(佛)은 정수리 관에 서 있고

이름을 들어도 복을 잡는다고 하니 어찌 하물며 관상함이랴 몸의 광명[身光] 가운데는 5도(道) 중생을 들어 올리고, 온갖 색상(色相)은 모두 그 가운데 나타난다.

정수리 위는 비릉가마니의 묘한 보배로서 천관(天冠)을 이루고, 그 천관 속에는 한 분의 서 있는 화불이 있는데, 높이가 25유순이다.

관세음보살의 얼굴은 마치 염부단금색과 같다.

미간의 백호상은 7보색을 갖추고, 그곳에서 8만 4천 가지의 광명을 흘러 내보낸다.

낱낱의 광명은 무량한 무수의 백천 화불을 가지고 있고, 각각의 화불은 보살을 무수히 화하여서, 모시고 있다.

변하고 드러남이 자재하여 시방세계를 가득 채우는데, 비유하면 마치 붉은 연꽃의 색과 같다.

80억 미묘한 광명이 있어서 영락으로 되고, 그 영락 가운데에는 모든 장엄한 일들을 두루 드러낸다.

손바닥은 5백억이나 되는 여러 가지 연꽃의 색을 짓고, 손의 열 손가락이 뻗어 있다.

낱낱의 손가락이 뻗어 있는 곳에는 8만 4천 무늬가 있는데, 비유하면 마치 도장을 찍은 것과 같다.

낱낱의 무늬에는 8만 4천의 색깔이 있고, 낱낱의 색에는 8만 4

천의 빛이 있고, 그 광명은 유연하여 모든 것을 두루 비춘다. 이 보배의 손으로 중생을 잡아서 끌어당긴다[接引].

발을 들 때는 발바닥 아래는 천 폭의 바퀴살 무늬[千輻輪相]가 있고, 자연히 변화하여 5백억 개의 광명대(光明臺)를 이룬다.

발을 디딜 때는 금강마니 꽃이 있어서 모든 곳을 뿌려 흩트리니, 가득 차지 않는 곳이 없다.

그 나머지 몸의 모습은 모두 좋은 모습을 갖추니, 마치 부처님과 같고 다르지 않다.

오직 정수리 위의 육계와 정수리 모습을 볼 수 없는 상[無見頂相]은 세존에 미치지 못한다.

이것이 관세음보살의 진실한 색신의 모습[觀世音菩薩眞實色身相]을 관(觀)함이 되며, 제10관이라 이름한다."

부처님이 아난에게 말씀하셨다.

"만약 관세음보살을 관하고자 하면, 이 관(觀)을 지어야 한다.

이 관을 짓는 자는 모든 화(禍)를 만나지 않으며, 업장을 깨끗이 제거하며, 무수겁 동안 생사의 죄를 제거한다.

이와 같은 보살은 단지 이 이름을 들어도 무량한 복을 얻는다. 하물며 자세히 관하는 것이겠느냐?

만약 관세음보살을 관하고자 하는 자가 있으며, 먼저 정수리 위의 육계를 관한다.

다음에 천관(天冠)을 관한다. 나머지 모든 모습[相]은 역시 차례로 관하여 모두 명료하게 한다. 마치 손바닥을 안을 관하듯이 한다.

이 관을 지으면 이름이 정관이 되고, 만약 다르게 관하면 이름이 사관이 된다."

[설명]

이 관은 앞의 제9 법신상관과 비슷한 모습으로 묘사되어 있다. 다만 같은 모습을 설명해도 적은 숫자로 설명한다. 정수리 위의 육계와 정수리 모습을 볼 수 없는 상[無見頂相]은 세존에게 미치지 못한다고 하는 것과 같다. 그리고 순서는 육계상을 제일 먼저 관하고, 천관을 관하고, 나머지 상들을 관해야 한다.

관세음보살은 몸의 길이는 80억 나유타 항하사 유순이고, 몸은 자금색이며, 정수리에는 육계가 있고, 목에는 둥근 광명이 있다. 원광 속에는 5백의 화불이 있다. 정수리 위는 비릉가마니의 묘한 보배로서 천관을 이루고, 천관에는 화불이 한 분 서 있다.

『번범어(翻梵語)』보명(寶名)조에 의하면 '釋迦毘楞迦摩尼'에서 석가(釋迦)는 성이고, 비능가(毘楞伽)는 색을 좋아하지 않는다[不好色]는 뜻이며, 마니(摩尼)는 구슬[珠]의 뜻이다. 화불은 많은 구슬로 장식되어 있지만, 구슬에서 빛나는 색에 집착하지 않는다는 뜻이다.

또 몸의 광명[身光] 가운데는 5도 중생을 끌어 올리는 것을 접인(接引)이라고 한다. 이 상징은 수행자가 임종 시에 정토로 왕생하는 방법으로 전환하게 된다. 온갖 색상은 모두 그 가운데 나타난다.

반면에 대세지보살의 광명은 삼악도를 여의게 할 뿐이다. 아미타불, 관세음보살, 대세지보살의 이러한 관계는 매우 이른 시기인 12세기 서하(西夏, 1038년~1227년) '접인선자왕생아미타불정토(接引善者往生阿彌陀佛淨土)'로 그려지게 되고, 고려에 전래되어 고려불화에 많은 영향을 주었다.

[찬]

• 제10 관음상관(第十 觀音想觀)-제10 관음보살의 모습을 마음에 생각하는 관

　　최초비원구미신(最初悲願舊彌新)

　　　　　　최초 자비의 원력은 오래되면 더욱 새롭고

　　십계수형제고륜(十界垂形濟苦倫)

　　　　　　계에 모습을 드리워서 고통받는 중생을 제도하시네

　　역순도중심자약(逆順途中心自若)

　　　　　　거꾸로 또 바로 가는 길의 마음은 스스로 똑같으니

　　하방대과우행인(何防戴果又行因)

　　　　　　과(果)를 이거나 또 인(因)을 행하거나 무엇이 방해하리오

(11) 세지상관(勢至想觀)

○ 내원암본 『불설관무량수불경』 제11 세지관(勢至觀)

[경전]

부처님이 아난과 위제희에게 말씀하셨다.

"다음은 대세지보살을 관(觀)한다.

이 보살의 몸이 크고 작음을 헤아리면, 또한 관세음보살과 같으니라. 원광(圓光)의 면(面)은 각 125유순이며, 250유순을 비춘다.

몸의 광명을 들어서 시방국토를 비추어 자금색을 만든다. 인연이 있는 중생은 모두 볼 수 있다.

단지 보살의 한 털구멍에서 나오는 빛을 보아도, 즉 시방의 무량한 모든 부처님의 청정하고 미묘한 광명을 본다. 그러므로 이 보살을 불러 무변광(無邊光)이라고 한다.

지혜의 광명으로 모든 것을 비추어 3악도를 여의게 하여 위없는 힘을 얻게 한다. 그러므로 이 보살을 불러 대세지라고 이름한다.

이 보살의 천관(天冠)에는 5백의 보배 연꽃이 있다.

낱낱의 보배 연꽃에는 각각 5백의 보대 대(臺)가 있다.

낱낱의 보배 대(臺) 가운데 시방세계 모든 부처님의 청정하고

十一勢至觀

光通諸佛　頂鎖盛光
力救羣苦　普現佛土

〈觀圖〉

〈六〉

○ 내원암본 『불설관무량수불경』 제11 세지관(勢至觀)

○ 십육관송

광명은 모든 불(佛)에게 통하니 힘은 여러 고통을 구제하며
정수리 병은 광명을 성하게 하니 불국토를 널리 드러내네

미묘한 불국토의 광대한 긴 모습은 모두 가운데 나타난다.

정수리 위의 육계는 마치 발두마화 같고, 육계 위에는 보배 병[寶甁] 하나 있다. 온갖 광명을 담고 있고, 불사(佛事)를 두루 나타낸다.

그 밖의 모든 몸의 모습은 관세음보살과 같이 다름이 없이 똑같다.

이 보살이 걸을 때는 시방세계가 모두 진동하며, 땅이 움직이는 곳에는 각각 5백억의 보화(寶花)가 있다.

낱낱의 보화는 장엄이 높이 드러나니, 마치 극락세계와 같다.

이 보살이 앉을 때는 7보로 된 국토가 일시에 움직여 흔들린다.

아래쪽 금광불의 국토로부터 위쪽 광명왕불의 국토에 이르기까지, 그 중간에는 미진수의 분신(分身) 무량수불과 분신 관세음·대세지보살을 셀 수 없다.

모두 다 운집한 극락국토의 가장자리에서 조금 떨어진 공중에 연화좌에 앉아서, 묘법을 연설하여 고통받는 중생을 구제한다.

이 관을 짓는 자는 이름이 대세지보살을 보는 것을 관한다고 한다.

이것이 대세지 색신의 모습을 관함[觀大勢至色身想]이 되며, 이 보살을 관하는 것이 이름이 제11관이다.

무수 겁 동안 아승지 생사의 죄를 멸하는데, 이 관을 짓는 사람은 태중에 들지 않고, 항상 모든 부처님의 청정하고 미묘한 국토에 노닌다.

이 관이 이루어지면, 이름이 구족하여 관세음과 대세지를 갖추어 관했다가 된다.

이 관을 지으면 이름이 정관이 되고, 만약 다른 관이면 사관이 된다.”

[설명]

세지상관은 제10 관음상관과 같은 내용으로 대세지보살을 묘사하지만, 숫자나 크기가 조금씩 작은 것이 특징이다. 광명도 관세음보살은 5도를 들어 올려 접인하지만, 대세지보살은 땅을 움직여 삼악도를 여의게 한다. 대세지보살의 공능을 묘사하는 크기는 관세음보살의 공능에 포함되게 된다. 아마도 한국불교에서 대세지보살이 관세음보살보다 중요한 보살로 인식하지 못하는 이유였을 것이다.

제9, 제10, 제11관의 특징과 장엄을 묘사하는 항목을 비교하면, 좀 더 정확한 결과를 얻을 수 있다. 아미타불과 관음·대세지보살의 배치는 불화 도상의 근거가 되었다.

[찬]

•제11 세지상관(第十一 勢至想觀)-제11 대세지보살의 모습을 마음속

에 생각하는 관

정상화관대보병(頂上花冠戴寶瓶)

　　정수리 위 화관에는 보배 병을 이고

청련감목자금형(靑蓮紺目紫金形)

　　푸른 연꽃 짙푸른 눈동자는 자금색 형상

경행진동삼천계(經行震動三千界)

　　경행할 때는 삼천대천세계를 진동시키고

능사무명취객성(能使無明醉客醒)

　　무명에 취한 나그네를 깨울 수 있다네

(12) 보법지관(普法智觀)

○ 내원암본 『불설관무량수불경』 제12 보관(普觀)

[경전]

　　부처님이 아난과 위제희에게 말씀하셨다.

　　"이 일을 볼 때는 마음에 그려내는 모습[想]을 일으켜야 한다.

　　마음이 스스로 보는 것을 지어서 서방 극락세계에 태어나서, 연꽃 가운데 결가부좌하고 앉는다.

　　연꽃이 닫혀 있음을 마음에 그려내는 모습[蓮花合想]을 짓고, 연꽃이 피어 있음을 마음에 그려내 모습[蓮華開想]을 짓는다. 연꽃이 피어날 때는 5백 가지 색의 광명이 있다.

〈觀圖〉

六

十二普觀·依正莊嚴
跌坐蓮中
蓮華開合 一切俱攝

○ 내원암본 『불설관무량수불경』 제12 보관(普觀)

○ 십육관송

연꽃 속에 결가부좌하고 연꽃이 퍼고 닫히니
의보와 정보를 장엄하여 모두 갖추어 끌어안네

와서 몸을 비춘다고 마음에 그려내는 모습[想]을 짓고, 눈동자가 열린다고 마음에 그려내는 모습[想]을 지어서 불보살을 본다.

허공에 물과 새, 숲과 그 밖의 모든 부처님이 내는 소리를 가득 채워서 미묘한 법과 12부경을 합하여 연설한다.

만약 정(定)에서 나올 때, 마음에 잘 지녀서 잃지 않는다.

이 일을 보면, 이름이 무량수불의 극락세계를 보았다고 한다.

이것이 두루 관하여 마음에 그려내는 모습[普觀想]이며, 이름이 제12관이다.

무량수불의 화신(化身)은 무수하며, 관세음보살과 대세지보살이 함께 이곳에 항상 와서 이르며, 행하는 사람의 곳이다.

이 관을 지으면 이름이 정관이 되고, 만약 다른 관이면 이름이 사관이 된다.”

[설명]

이 보법지관에서는 수행자인 내가 서방극락세계에 태어나 연꽃 가운데 결가부좌하고 있는 모습을 관하는 것이다. 연꽃이 피는 것을 관하고 연꽃이 지는 것을 관한다. 연꽃 가운데 태어나 있는데, 연꽃이 열리고 닫치고 하는 것이다. 연꽃이 열리면 광명이 비치고, 그러면 수행자의 눈도 열린다. 이때 허공에 가득한 불보살을 볼 수 있고, 물·새·나무와 모든 부처님이 계시는 곳에서 음성이 나오는데, 12부경전에 맞는 법을 연설하는 것을 알 수 있다.

이때 수행자가 선정에서 나오면, 모든 것을 잘 기억하고 잊지 말아야 한다. 초관인 일몰관에서 해가 지는 모습을 따라가지 않고 허공에 붉은 북이 매달려 있는 듯이 관상한다고 했다. 그리고 물의 모습인 유리땅을 이루는 형상을 관하고, 극락 국토인 땅·나무·연못·누각·연화대 등을 구체적으로 관하였다. 다음은 불광(佛光)으로 장엄한 모습인 무량수불과 관음·대세지보살, 그리고 나 수행자는 극락국토세계에 있는 연꽃 속에 태어나는 것을 관한다. 이때 부처님의 설법이 마치 물·새·나무 등의 울음소리와 같음을 보게 된다는 것이다. 서방 극락세계인 국토와 불의 모습을 선정에서 나온다고 해서 잊으면 안 된다.

보법지관에서는 삼매를 수행자가 수행하는 법으로 이야기한다.

무량수불의 화신은 무수하고, 관세음보살과 대세지보살이 함께 이곳에 항상 와서 이르며, 행하는 사람의 곳에 있다는 것이다. 우리가 수없이 서방 징도에 왕생한다고 말하지만, 왕생이 아니라 지금 나의 마음이 곧 정토임을 가리킨다. 염(念)의 가장 기본적인 의미인 구념과 심념에서 심념은 판념과 동일함으로 입아아입(入我我入)이 먼저 수행으로 있어야 한다고 한 것이다. 이것이 보법지관의 '보법(普法)'이기도 하며, 보법이기에 가능한 것이다. 한국불교에서는 경전과 진언의 습합을 적극적으로 받아들이는 경향이 있는데, 이는 입아아입의 매개체를 진언으로 생각하는 경향이 강하기 때문이다. 위제희부인이 정토를 흠모하는 흔정연(欣淨緣)에서 부처님이 보여주는 정토의 세계이기도 하며, 중생을 위해 설법하기를 청하는 이유이기도 하다.

[찬]
• 제12 보법지관(第十二 普法知觀)-제12 보법을 아는 마음을 생각하는 관

주야상수정토연(晝夜常修淨土緣)

밤낮으로 항상 정토의 인연을 닦으면

홀연삼성입문전(忽然三聖立門前)

홀연히 세 성인이 문 앞에 서네

은근찬탄겸마정(慇懃讚歎兼摩頂)

은근히 찬탄하고 정수리를 쓰다듬으니

경각능령좌보련(頃刻能令坐寶蓮)

눈 깜빡할 사이 보배 연꽃에 앉아 있게 되리라

(13) 잡상관(雜想觀)

○ 내원암본『불설관무량수불경』제13 잡관(雜觀)

[경전]

부처님이 아난과 위제희에게 말씀하셨다.

"만일 지극한 마음으로 서방정토에 왕생하고자 한다면, 먼저 1
장 6척 되는 불상이 연못 물 위에 있음을 관해야 한다.

앞에서 말한 것처럼, 무량수불의 몸의 크기는 끝이 없으므로

十三雜觀

卓乎池上 變現大小

一丈六像 了無定相

○ 내원암본 『불설관무량수불경』 제13 잡관(雜觀)

○ 십육관송

우뚝 솟은 연못 위는 1장 6척의 모습[像]이며

크고 작게 변하여 화현하니 마침내 정해진 모양은 없네

범부 마음의 힘으로 미치는 것이 아니다. 그러나 저 여래의 과거 원력(願力)이기 때문에 마음에 그려내는 모습을 잘 간직하면, 반드시 성취를 얻는다.

단지 불상(佛像)을 마음에 그려내는 모습만을 하여도 무량한 복을 얻는다. 더구나 다시 부처님을 관하여 신상(身相)을 구족하는 데 말해 무엇하랴!

아미타불의 신통은 마음먹은 대로 이루어지고, 시방의 국토에 변해 나타나서 자재하다.

혹은 큰 몸으로 나타나 허공을 가득 채우고, 혹은 작은 몸으로 나타나 1장 6척이나 8척이 된다.

나타난 형상이 모두 진금색(眞金色)이며, 원광(圓光) 속의 화신 불과 보배 연꽃은 위에서 말한 것과 같다.

관세음보살과 대세지보살은 모든 처한 곳의 몸이 같다. 중생은 단지 머리의 모습만을 관해도 이것이 관세음보살인지를 알고, 대세지보살인지 안다. 이 두 보살이 아미타불을 돕고, 모두를 널리 교화 한다.

이것이 잡상관(雜想觀)이 되고, 이름이 제13관이다.

이 관을 지으면 이름이 정관이 되고, 만약 다른 관이면 이름이 사관이 된다.”

[설명]

아미타불께서 시방국토에 자유자재로 현현한다. 그리고 관세음보살과 대세지보살은 아미타불을 도와서 어느 곳에서나 같은 모양을 상징하는 형상의 몸으로 나타난다. 하지만, 머리 모양을 보고서 알 수 있다. 이 모습을 모두 함께 관하는 것을 잡상관이라고 한다.

잡상관에서는 여래의 과거 원력(願力)인 아미타불의 본원력에 의해서 생각만 있다면 반드시 극락세계에 왕생할 수 있다. 제7 화좌관에서 연화대를 꽃으로 장엄할 수 있는 것은 법장비구의 48원으로 이루어졌기 때문이다. 제12 보법지관에서 12부 경전의 설법을 듣고서, 선정에서 나와도 잊지 않는 수행자의 수행력이 있다. 아미타불의 본원력, 법장비구의 서원력, 수행자의 수행력으로 서방정토 극락세계에 왕생은 반드시 이루어진다고 하는 것이다.

[찬]
• 제13 잡상관(第十三 雜想觀)-제13 여러 가지 상을 마음속에 생각하는 관
　　분신화불기천천(分身化佛幾千千)
　　　　　　　　몸을 나누어 불(佛)로 화하니 그 몇천이며
　　대소금구좌엄연(大小金軀坐儼然)
　　　　　　　　크고 작은 황금빛 몸은 엄숙하게 앉아 있네
　　왕누경림병보전(王樓瓊林幷寶殿)
　　　　　　　　구슬의 누대와 옥의 숲은 보배 궁전을 아우르고

도두선락승제천(到頭仙樂勝諸天)

　　　머리에 도달한 신선의 음악은 모든 하늘보다 낫구나

　제8 상상관에서 제13 잡상관까지 불의 광명[佛光]에 관해서 살펴보았다.
내용은 아미타불의 장엄상, 관세음보살과 대세지보살의 장엄상은 어떤
것인가이고, 어떻게 관상해야 하는가의 수행법이었다. 모두 불의 광명으
로 나타나고 표현되는 여러 가지 형상이다. 그리고 수행자인 내가 태어나
는 곳은 서방 극락세계의 연꽃 속에 결가부좌하고 있는 모습이다.

　이 모든 왕생의 모습은 아미타불의 본원력, 법장비구의 서원력, 수행자
의 수행력으로 가능한 것이다. 그래서 허응당 보우스님도 그의 수행법을
제시한 '관법'에서 아미타불과 2존은 물론 수행하는 나 자신까지도 관하는
것을 말하는 것이다.

4) 중생세간의 삼배생과 9품 수행법

　구품왕생 법문은 위제희부인이 청해서 이루어진 것이 아니다.

　『무량수경』에서는 범부가 정토에 왕생하는 인연을 정정취의 이익으로
보고 있다. 극락세계는 사정취와 부정취가 없는 세상이기 때문이다. 다만
오역죄와 정법을 비난하는 자는 제외된다. 원을 세워 왕생하려고 하지만,
세 종류의 무리에 대한 차별이 있다고 한다. 염불삼매를 닦을 수 없는 경우
원을 세워 왕생하여야 하기 때문이다.

　상배자는 출가하여 보리심을 내는 자이고,

중배자는 출가는 못하였지만, 보리심을 내어 일념으로 무량수불을 염하는 사람이며,

하배자는 공덕을 짓지는 못하였지만, 십념이라도 무량수불을 염하는 자이다.

원생(願生)으로 모든 보살의 지위인 일생보처 지위에 이르게 되어 관세음보살과 대세지보살을 만나게 된다.

그런데 『관무량수경』에서는 국토의 무량수와 불의 광명인 무량불을 관상하는 법을 설하고, 중생을 위해서 9품을 설한다. 『고려불적집일』에 실려 있는 『염불작법』(1529년, 528쪽)에서는 제14관은 상품왕생관, 제15관은 중품왕생관, 제16관은 하품왕생관이라고 하여, 각 1개송씩의 송(頌)이 있을 뿐이다. 각 품의 중·하의 찬은 없다. 상품에 삼위가 있고, 중품에 삼위가 있고, 하품에 삼위가 있다는 설명을 붙이고 있을 뿐이다. 제14~16관을 각각 설명한 후에, 고려불화 십육관변상도 지은원본의 9품찬을 제시하기로 한다.

극락정토에 왕생하고자 하는 중생이 닦아야 하는 정인(正因)은 제5 산선현행연에서 제시된 3가지 정업이다. 과거·현재·미래 삼세에 부처님이 항상 닦는 업이다.

세상의 복으로 십선업을 닦는다. 효(孝)와 충(忠) 등이 가장 먼저 행할 선업이다.

부처님에게 출가하여 정한 계법을 닦는다. 삼귀의, 오계, 구족계 등으로 계율의 선을 짓는다.

행하는 대승의 마음을 일으키고 보리심을 내는 것이다. 인과를 믿고 대승경전을 독송해야 하며, 왕생정토를 발원한다. 행복(行福)의 선을 짓는다. 이 삼종정업 중에 가장 중요한 것을 삼종중생이라고 하는데, 자심으로 살생하지 않는 계행, 대승경전의 독송, 육념의 수행으로 회향·발원하는 것이다. 삼종정업과 삼종중생을 잘 연결하여 이해하면 제14~16관까지의 9품의 내용이 쉬워진다.

(14) 상배-상품왕생
● 상품상생
○ 내원암본 『불설관무량수불경』 제14 상품상생

[경전]
　　부처님께서 아난과 위제희에게 말씀하셨다.
　　"서방정토에 태어남은 9품(品)의 사람이 있다.

　　상품상생(上品上生)이란 다음과 같다.
　　만일 어떤 중생이 원(願)으로 저 나라에 태어난다고 한다면, 세 가지 마음을 내면 곧 왕생한다.
　　무엇이 세 가지인가?

觀圖

七

諦理淶明　即證無生

三心圓發　金臺隨往

十四上品上生

○ 내원암본 『불설관무량수불경』 제14 상품상생

○ 십육관송

삼심을 모두 발하여 이치를 살피니 깊게 밝아지고
금대는 왕생을 따르니 바로 무생을 증득하네

첫째는 지성스러운 마음[至誠心]이고,

둘째는 깊은 마음[深心]이며,

셋째는 회향하여 원을 발하는 마음이다[迴向發願心].

이 세 가지 마음을 갖추면 반드시 저 국토에 태어나느니라.

또 어떤 세 종류의 중생은 당연히 왕생을 얻는다.

무엇이 세 종류인가?

첫째는 자심(慈心)으로 살생하지 않아서, 모든 계행을 갖추고,

둘째는 대승방등경전(大乘方等經典)을 독송하고,

셋째는 6념(念)을 수행하고 회향하고 발원하면, 저 불국토에 태어난다.

이 공덕을 갖추면, 1일 내지 7일 동안이면 곧 왕생하게 된다. 저 국토에 태어날 때, 이 사람은 정진하여 용맹함으로 아미타여래는 관세음보살과 대세지보살, 무수한 화불, 백천 비구, 성문 대중, 무량한 모든 천인(天人), 칠보궁전과 함께 하는데, 관세음보살은 금강대(金剛臺)를 가지고 대세지보살과 함께하며 수행자 앞에 이른다. 아미타불은 큰 광명을 놓아서, 수행자의 몸을 비추시고, 모든 보살은 손을 내밀어 영접한다.

관세음보살과 대세지보살은 무수한 보살들과 함께 수행자를 찬탄하며, 그 마음을 권하여 힘쓰게 한다[勸進].

수행자가 보고, 뛸 듯이 기뻐한다.

그 몸을 보고 나서는 금강대에 올라서 부처님 뒤를 따르니, 마치 손가락 튀기듯 잠깐 사이에 저 극락국토에 왕생한다.

저 극락국토에 태어나서 부처님의 색신(色身)을 보면, 여러 모습[相]이 구족해진다.

모든 보살을 보면 색상(色相)이 구족해진다.

광명과 보배의 숲이 묘한 법을 연설한다.

들으면 곧 무생법인(無生法忍)을 깨닫고, 잠깐 사이에 모든 부처님을 찾아다니니, 시방세계가 모든 부처님 앞에 두루하며, 차례로 수기를 받는다.

본래의 나라[本國, 왕생한 곳]로 돌아와 무량한 백천 가지의 다라니문(陀羅尼門)을 얻는다.

이 이름이 상품상생이다.”

[설명]

중생이 서방극락국토에 원생으로 왕생하고자 하면 3가지 마음을 내야 하고, 3종류의 중생이어야 한다.

3가지 마음은 지성스러운 마음이고, 깊은 마음이며, 회향하여 원을 발하는 마음이다.

또 중생은 자비심으로 살생하지 않아서 모든 계행을 갖추고, 대승방등경전을 독송하고, 6념(念)을 수행하고 회향하고 발원해야 한다.

그래야 마음과 실천행이 하나가 되어 임종하려 할 때, 관세음보살은 금강대를 가지고 오며, 대세지보살은 대지를 진동하며 행자의 앞에 나타나며, 아미타불은 큰 광명을 행자의 몸에 놓으며, 모든 보살이 손을 내밀어 영접한다. 지극한 마음과 깊은 마음의 원심(願心)이 실천행인 계행과 경전을 독송하고 육념(六念)을 실천하는 것이다. 마침내 다라니문을 얻게 되어, 1~7일이면 아미타불의 국토에 태어난다.

[찬]

• 제14 상품왕생관(第十四 上品往生觀)-제14 상품에 왕생하는 모습을 생각하는 관

　　기년정진지회회(幾年精進智恢恢)

　　　　　　몇 년이나 정진하니 지혜는 넓고 넓으며

　　금일행회심쾌재(今日行懷甚快哉)

　　　　　　오늘 길 떠날 생각에 너무도 상쾌해라

　　불자래영천주락(佛自來迎天奏樂)

　　　　　　부처님이 와서 맞이하시니 천신이 음악을 연주하며

　　관음친집자금대(觀音親執紫金臺)

　　　　　　관음보살은 친히 자금대를 잡으셨네

• 상품상생찬(지은원본)

　　삼종심원정성개(三種心圓淨城開)

삼종심이 두루하여 깨끗한 성문이 열리니

임종무수불영래(臨終無數佛迎來)

임종에 무수한 부처님이 맞이하여 오네

금강대상재부좌(金剛臺上纔趺坐)

금강대 위에 방금 결가부좌하니

이력제방수기회(已歷諸方受記廻)

이미 사방을 지나 수기하고 돌아오네

● 상품중생

○ 내원암본 『불설관무량수불경』 상품중생

[경전]

　　"상품중생(上品中生)은 다음과 같다. 반드시 방등경전을 수지하고 독송하지 않는 경우이다.

　　뜻을 잘 풀어 밝혀서[解義] 근본 진리[第一義]에 나아가면, 마음은 놀라거나 동요하지 않으며, 인과를 깊이 믿고, 대승을 비방하지 않는다. 이 공덕을 회향하여 극락세계에 태어나기를 원으로 구한다. 이 행을 행하는 자는 목숨이 끝나려고 할 때, 아미타불은 관세음보살과 대세지보살, 무량한 대중, 권속들에 둘러싸여, 자금대를 가지고 수행자 앞에 이르러 찬탄하여 말한다.

達諸法空 了無驚動

上品中生 有願卽生 不必讀誦

觀圖

八

○ 내원암본 『불설관무량수불경』 상품중생

○ 십육관송

모든 법의 공함에 이르니 마침내 놀랄 일이 없네
원이 있으면 바로 왕생하니 반드시 독송하지는 않네

'법자(法子)여, 너희는 대승을 행하고, 그 근본 진리를 잘 풀어 헤친다. 그러므로 내가 지금 너를 영접하러 왔다.'

1천의 화불이 일시에 손을 내미니, 행자가 보자마자 자금대에 앉는다. 합장하고 차수(叉手)하여 모든 부처님을 찬탄하니, 잠깐 사이에 바로 극락세계의 칠보 연못 가운데에 태어난다.

이 자금색대는 큰 보배 꽃과 같으며 하룻밤 지나면 바로 피어난다. 수행자의 몸은 자금색으로 변하고, 발 아래는 또한 칠보 연꽃이 있다.

부처님과 보살은 광명을 갖추어 놓아 수행자의 몸을 비추자, 눈[目]은 바로 열려 밝아지고, 바로 앞 숙세에 익힌 것으로 인하여 여러 가지 소리를 널리 듣는다.

순수한 연설이 제일의제를 깊고 깊게 하자, 바로 금대에서 내려와 부처님께 예배하며 합장하고 세존을 찬탄한다.

7일이 지나 때가 되자, 곧 아뇩다라삼먁삼보리에서 불퇴전의 경지를 얻는다. 때가 되자, 바로 시방세계로 날아서 모든 부처님을 차례로 섬기고, 모든 부처님 처소에서 온갖 삼매를 닦는다.

1소겁(小劫)을 지나고, 무생법인을 얻고 현전하여 수기를 받는다.

이 이름이 상품중생이다."

[설명]

대승방등경전을 독송하지 않는다고 해도, 뜻을 잘 풀어 밝혀서 근본 진리에 나아가면, 인과를 믿게 되고, 대승을 비방하지 않게 되는 경우이다. 공덕을 회향하여 극락세계에 태어나기를 원으로 구할 수 있다는 것이다.

수행자 스스로 자금대에 앉아서 칠보 연못에 태어나고, 하룻밤이 지나면 광명을 받게 된다. 연꽃 속에 태어나 1~7일이 지나 꽃이 피면 불퇴전지를 얻게 된다고 한다.

[찬]

• 상품중생찬(지은원본)

　제일의중심불경(第一義中心不驚)

　　　　　　모든 것이 공한 가운데 마음은 놀라지 않고

　역어인과견지명(亦於因果見知明)

　　　　　　또한 인과에서 깨달음의 밝음을 보네

　급당천불내앙일(及當千佛來仰日)

　　　　　　이에 마땅히 천불이 와서 날을 맞이하니

　승자금대아상생(乘紫金臺亞上生)

　　　　　　자금대를 타고 다음 상품에 나네

● 상품하생

○ 내원암본 『관무량수경』 상품하생

[경전]

"상품하생(上品下生)은 다음과 같다.

역시 인과를 믿고 대승법을 비방하지 않으며, 다만 위없는 도를 구하는 마음을 일으킨다.

이 공덕으로 회향하여 극락세계에 태어나기를 원으로 구한다.

이 행을 하는 자가 목숨이 끝나려 할 때, 아마타불 및 관세음보살과 더불어 대세지보살이 모든 권속과 함께 금으로 된 연꽃[金蓮華]을 가지고, 5백의 화불을 화하여서 이 사람을 가서 맞이한다.

5백의 화불이 일시에 손을 내밀어 찬탄하여 말한다.

'법자(法子)여, 너희는 지금 청정하여 위없는 도를 구하는 마음을 일으키니, 내가 니희를 가서 맞이한다'

이 일을 보았을 때, 바로 몸을 보자마자 금련화(金蓮華)에 앉는다.

앉자마자 꽃잎이 닫히고, 세존의 뒤를 따라서, 곧 칠보 연못 가운데 왕생한다.

하루 밤낮이면 연꽃이 피어나게 되고, 7일 안에는 부처님을 볼 수 있다.

비록 부처님 몸을 여러 상호에서 보았으나, 마음이 명료하지

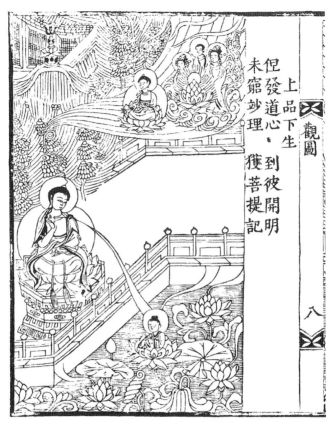

○ 내원암본 『관무량수경』 상품하생

○ 십육관송

다만 도심을 발했는데 아직 묘리에 이르지 못하고

저곳에 이르러 광명을 여니 보리를 얻어 수기하네

못하다가 21일 후에는 분명하게 보게 된다.

여러 음성을 들으면 모두 미묘한 법을 연설하며, 시방세계를 두루 다니며 모든 부처님에게 공양한다. 모든 부처님 앞에서 깊고 깊은 법문을 듣고서, 3소겁을 지나면 백법명문(百法明門)을 얻고 환희지(歡喜地)에 머문다.

이 이름이 상품하생이다.

이 이름이 상배가 마음에 그려내는 모습을 생한다[上輩生想]이며, 이름이 제14관이다.

이 관을 지으면 이름이 정관이 되고, 만약 다르게 관하면 이름이 사관이 된다."

[설명]

인과를 믿고 대승법을 비방하시 않고 진리를 구하는 마음을 일으키고, 이 공덕으로 회향하여 극락세계에 태어나기를 원하는 경우에 태어나는 곳이다. 하룻밤 하룻낮이 지나면 꽃이 피고, 7일이 지나면 아미타불을 볼 수 있게 된다.

『고려불적집일』의 염불작법에 의하면, 상품삼생을 참선(參禪)으로 비유하고 있어 주목되는 부분이다.

[찬]

• 상품하생찬(지은원본)

　단신수인과보명(但信隨因果報明)

　　　　다만 믿음으로 인과의 보를 따라 밝히며

　어무상도발심계(於無上道發深誡)

　　　　무상의 도를 발하여 깊게 경계하네

　서행필치금련좌(西行必致金蓮坐)

　　　　사방정토 가는 길은 반드시 금련대를 보내니

　오백여래수수영(五百如來授手迎)

　　　　오백 여래가 손을 내밀어 맞이하네

○『고려불적집일』의 내용

　제14관 상품(上品)의 상중하에 대하여 다음과 같이 적고 있다. 계행과 참선과 육념을 강조한다. 육념 중에서 가장 중요한 것은 '염불'이며, 불수념의 수행법을 가리킨다. 불의 32상 80종호를 관상해야 한다. 그러면 극락세계에 왕생한다. 그리고 하루를 지나면 연꽃이 피고, 아미타불을 자연스럽게 볼 수 있다.『관무량수경』제14관 상품 전체의 수행법을 압축하여 놓았다고 해도 좋을 것 같다.

　여기에서 계행은 집을 버리고 욕심을 버리고 출가하여 보리심을 발하는 것이다.

　세존께서『십육관경』에서 말씀하셨다.

"상품의 3위는 다음과 같다. 8만 가지 계행을 지키고 참선(參禪)하여 견성한 후에 육념(六念)을 수행하면 극락세계 연꽃에 왕생한다.

하루가 지난 후에는 연못에서 연꽃이 피며, 몸의 피부색은 순수한 황금색이다. 또 아미타불을 마음으로 생각하지 않더라도 단지 인간세계의 과보를 받을 뿐이다."

(15) 중배-중품왕생
● 중품상생
○ 내원암본 『불설관무량수불경』 제15 중품상생

[경전]

부처님이 아난과 위제희에게 말씀하셨다.

"중품상생(中品上生)이라는 것은 다음과 같다.

만약 어떤 중생이 5계(戒)를 수지하고 8재계를 지녀서 모든 계를 수행하면, 오역을 만들지 않아서 여러 가지 과실과 죄악이 없다.

이 선근으로 회향하여 서방의 극락세계에 태어나기를 원으로 구하는 경우다.

수행자가 목숨이 다하려 할 때, 아미타불은 모든 비구와 권속들에게 에워싸여 금색 광명을 놓고, 그 사람이 있는 곳에 이르러, 고·공·무상·무아를 연설한다. 출가를 찬탄하자 여러 괴로움을 여

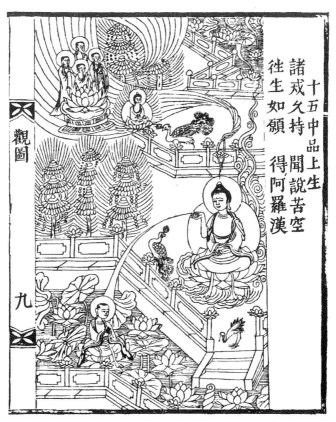

十五中品上生
諸戒久持　聞說苦空
往生如願　得阿羅漢

觀圖

九

○ 내원암본 『불설관무량수불경』 제15 중품상생

○ **십육관송**

모든 계를 오래 수지하면 왕생이 마치 원과 같고

고·공·무아·무상 설함을 들으니 아라한과를 얻네

의게 된다.

수행자가 보고 마음이 크게 환희하게 된다.

보고 나자마자, 몸이 연화대에 앉고 무릎을 꿇고 합장[長跪合掌]하여 부처님께 예배드린다.

머리를 미처 들기도 전에, 바로 극락세계에 왕생을 얻고 연꽃이 천천히 열린다.

꽃이 활짝 피게 되면, 여러 음성으로 4제(諦)를 찬탄함을 듣는다.

이때, 즉시 아라한과를 얻으며, 3명(明)과 6신통(神通)으로 8해탈을 구족한다.

이 이름이 중품상생이다."

[설명]

중생이 5계와 8재계를 지녀서 수행하면, 오역(五逆)을 만들지 않기 때문에 과실과 죄악이 없다고 한다. 이러한 자는 원을 세우고 수행하면, 임종시에 연화대에 올라 머리를 들기도 전에 극락왕생하게 된다는 것이다. 상품의 출가자들과 같은 계행은 아니지만, 5계나 8재계를 수지하는 자에게 해당하는 품이다.

[찬]

• 제15 중품왕생관(第十五 中品往生觀)-제15 중품에 왕생하는 모습을

생각하는 관

　　지계재계시대인(持戒齋戒是大因)

　　　　　　　　계를 지키고 재계하면 이것이 큰 인행이니

　　홀문화불어순순(忽聞化佛語諄諄)

　　　　　　　　홀연히 화불들이 정성어리게 하는 말을 듣네

　　금사지반청련상(金沙池畔靑蓮上)

　　　　　　　　금모래 깔린 연못가의 푸른 연꽃 위

　　료여제현결우친(聊與諸賢結友親)

　　　　　　　　성현에게 기울어져 친우를 맺네

•중품상생찬(지은원본)

　　제계병수도행청(諸戒幷修道行淸)

　　　　　　　　모든 계행과 도를 닦는 행이 청정하니

　　여래여중비구영(如來與衆比丘迎)

　　　　　　　　여래와 모든 비구가 와서 맞이하네

　　좌연대상서귀후(坐蓮臺上西歸後)

　　　　　　　　연대 위에 앉아서 서쪽으로 돌아간 후에

　　구육신통해탈행(具六神通解脫行)

　　　　　　　　육신통을 갖추어 해탈을 행하네

● 중품중생

○ 내원암본 『관무량수경』 중품중생

[경전]
"중품중생(中品中生)은 다음과 같은 경우다.

어떤 중생이 하룻낮 하룻밤 동안 8재계(齋戒)를 지니거나, 하룻낮 하룻밤 동안이라도 사미계(沙彌戒)를 지니거나, 하룻낮 하룻밤 동안 구족계(具足戒)를 지니더라도, 위의(威儀)는 부족함이 없다.

이 공덕으로 회향하여 극락세계에 태어나기를 원으로 구하는 경우다.

계향(戒香)이 배어 있어서, 이와 같은 수행자가 목숨이 다하려 할 때, 아마타불과 모든 권속을 보니 금색 광명을 놓고, 칠보 연화를 가지고 수행자의 앞에 다다름을 본다.

수행자는 허공에서 소리가 있음을 듣는데, 찬탄하여 말한다.

'선남자여, 그대 같은 착한 사람이 3세 모든 부처님의 가르침을 따라하였음으로 내가 맞으러 왔다.'

수행자가 보자마자, 연꽃 위에 앉고, 연꽃이 곧 닫히고, 서방의 극락세계에 태어난다.

보배 연못 가운데 있는데, 7일이 지나면 연꽃이 피기 시작한다.

꽃이 피고 나면, 눈을 뜨고 합장하여 세존을 찬탄한다.

법을 듣고 환희하며 수다원과(須陀洹果)를 얻고, 반 겁이 지나

○ 내원암본 『관무량수경』 중품중생

○ 십육관송

하룻낮 하룻밤 계를 받들고 원을 구하니
연꽃이 열리고 불(佛)을 보니 곧바로 성인의 흐름을 수기하네고 나면, 아라한과(阿羅漢果)를 이룬다.

　　이 이름이 중품중생이다."

[설명]

구족계, 8재계, 구족계, 사미니계 등의 계(戒)를 하룻밤과 하룻낮만이라도 지니면 위의가 있다는 것이다. 이는 지니는 계행을 지속하지는 못하고 단 하루만이라도 받아 지니면, 그 복행이 있다는 뜻이다.

[찬]

•중품중생찬(지은원본)

　　일일일소지계향(一日一宵持戒香)

　　　　　하루 낮 하룻밤에 계향을 지니니

　　역당수불좌연□(亦當隨佛坐蓮□)

　　　　　또한 부처님을 따라서 연화대에 앉았네

　　막신수소나여차(莫信修少那如此)

　　　　　믿지 않고 조금 닦았는데 어찌 이와 같은가

　　분화능생만거명(芬火能生萬炬明)

　　　　　향기로운 불꽃은 만 개의 횃불의 밝음을 만드네

　*□: 읽지 못한 글자

● 중품하생
○ 내원암본 『불설관무량수불경』 중품하생

[경전]

"중품하생(中品下生)은 다음과 같은 경우다.

만약 어떤 선남자나 선여인이 효도로써 부모를 봉양하고, 세상에서 인의(仁義)를 행하는 경우이다.

이 사람이 목숨이 끝나려 할 때, 선지식을 만나 아미타불국토의 즐거운 일을 널리 설하고, 또 법장비구의 48대원을 설함을 듣게 된다.

이 일을 듣자, 목숨이 끊어짐을 생각한다.

비유하자면, 힘센 장사가 팔을 굽혔다가 펴는 것과 같은 잠깐 사이에 곧 서방의 극락세계에 태어나게 된다.

태어나 7일이 지나면, 관세음보살과 대세지보살을 만나서, 법을 듣고 환희하며 수다원과(須陀洹果)를 얻는다.

1소겁을 지나면, 아라한과(阿羅漢果)를 이룬다.

이 이름이 중품하생이다.

이 이름이 중배가 마음에 그려내는 모습을 생한다[中輩生想]이며, 이름이 제15관이다.

이 관을 지으면 이름이 정관이 되고, 만약 다르게 관하면 이름

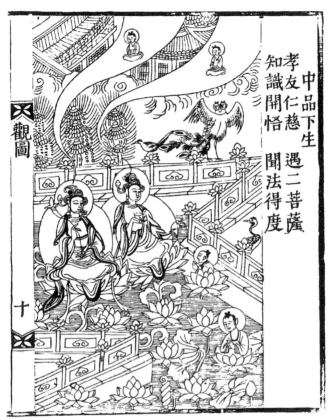

中品下生

孝友仁慈　遇二菩薩
知識開悟　聞法得度

觀圖

十

○ 내원암본 『불설관무량수불경』 중품하생

○ 십육관송

효를 친구하고 인(仁)을 좋아하니 선지식이 깨우침을 열고
두 보살을 만나니 법을 듣고 깨달음을 얻네

이 사관이 된다."

[설명]

중품하생관은 출가도 하지 못하고, 계행의 인연도 없지만, 효도로써 부모를 봉양하고, 세상에서 인의를 행할 때 왕생하는 것을 말한다. 부모에 대한 효와 충은 계행과 동일한 복이다. 임종시에 법장비구의 48대원을 들을 수 있게 된다. 『염불작법』에서 48대원을 염송하는 이유가 된다.

[찬]

•중품하생찬(지은원본)

효자인인욕사생(孝子仁人欲捨生)

효자인 어진 사람이 생을 버리려고 하니

여한불원갱귀계(如閒佛願便歸誡)

부처님의 원을 들인 것같이 다시 조심하네

굴신비정초삼계(屈伸臂頂超三界)

팔과 정수리를 굽어 펴니 삼계를 넘어

답착유리보지행(踏着琉璃寶地行)

발걸음은 유리로 된 보지(寶地)에서 행하네

○『고려불적집일』의 내용

5계나 8재계 등으로 시간이 날 때마다 계행을 실천하는 경우이다.

단 하루만이라도 계행의 인연이 있으면, 위의가 있어 서방정토에 왕생할 수 있다. 비록 이러한 인연이 없어도 효행으로 부모를 봉양하고, 인의를 세상에 행할 때도 복덕이 있게 된다. 임종시에 법장비구의 48대원을 들어도 사방정토에 왕생할 수 있다고 한다.

서방정토에 나는 모습은 서쪽을 바라보고 앉아서 계행을 생각하면 극락세계에 왕생할 수 있다. 그리고 7일이 지나면, 생로병사도 끊게 된다고 한다.

허응당 보우스님이 지은 『권념요록』에서 권념(勸念)을 주장한 근거가 될 수 있을 것이다.

"중품의 3위는 다음과 같다. 틈틈이 계행을 굳게 지켜서 추악한 탐진치가 전혀 없으며 서쪽을 향해 합장하면 안정된 마음이 산란하지 않고, 서방극락세계에 있는 연꽃에 왕생한다.

7일이 지난 후, 단박에 연꽃을 피우고, 보배로운 몸의 황금색은 생로병사를 영원히 끊게 된다."

(16) 하배-하품왕생
● 하품상생
○ 내원암본 『불설관무량수불경』 제16 하품상생

[경전]

觀圖

十

十六下品上生
生平積惡一稱佛號
死遇良師生寶蓮池

○ 내원암본 『불설관무량수불경』 제16 하품상생

○ 십육관송

태어나 평생 악(惡)을 쌓고 죽어서 좋은 스승 만나니
한번 부처님의 명호를 부르고 연꽃 핀 연못에 태어나네

부처님께서 아난과 위제희에게 말씀하셨다.

"하품상생(下品上生)은 다음과 같은 경우다.

혹 어떤 중생이 비록 방등경전을 비방하지는 않아서, 어리석은 사람과 같이 악업을 많이 만들어도 부끄러움이 없는 경우다.

목숨이 끝나려 할 때, 선지식을 만나서 그가 대승 12부경의 첫머리 이름을 찬탄함을 듣게 된다.

이와 같이 모든 경전의 이름을 들은 까닭에, 1천 겁 동안 지은 지극히 무거운 악업을 제거하여 물리친다.

지자(智者)가 다시 합장하고 차수하여 나무아미타불을 부르라고 가르친다.

부처님 이름을 부른 까닭에 50억 겁 동안의 생사의 죄를 제거한다.

이때 저 부처님은 곧 아미타불을 화현하고, 관세음보살을 화현하고, 대세지보살을 화현한다.

수행자 앞에 이르러 찬탄하여 말한다.

'장하다, 선남자여. 네가 부처님 명호를 부른 까닭에 모든 죄가 소멸되어, 내가 너를 와서 맞이한다.'

이 말을 마치자마자, 수행자가 바로 보니, 화불의 광명은 그 방을 두루 채운다.

보고 나서 환희하자 바로 목숨이 끊어지고, 보배 연꽃을 타고 화불의 뒤를 따르고, 보배 연못 가운데 태어나고, 21일이 지나자 연꽃이 핀다.

연꽃이 피기 시작할 때, 대비관세음보살과 대세지보살은 큰 광명을 놓으며, 그 사람 앞에 머물러서, 매우 깊은 12부경을 설한다.

듣고 나서 믿고 이해하여 위없는 도를 구하는 마음을 낸다.

10소겁을 지나면 백법명문(百法明門)을 갖추어 초지(初地)에 들어감을 얻는다.

이 이름이 하품상생이다.

부처님의 이름과 법의 이름을 듣고, 승의 이름을 듣게 되면, 삼보의 이름을 들으니 곧 왕생을 얻는다."

[설명]

출가를 하지도 않고, 단 하루라도 계행을 행하지 않았어도, 방등경전을 비방하지 않았다면, 임종시에 12부경의 경전 이름을 듣게 되어 서방정토에 태어날 수 있다는 것이다. 그리고 선지식의 나무아미타불을 부르는 소리를 듣게 된다. 그러면 부처님이 화현시킨 아미타불, 관세음보살, 대세지보살을 보게 된다. 목숨이 끊어지면, 보배 연못에 태어나고 21일이 지나면 연꽃이 핀다.

연꽃이 피기 시작하면, 관세음보살과 대세지보살은 큰 광명을 놓고 12부경을 설한다.

이 법문을 듣고, 10소겁 동안 백법명문을 닦아 비로소 초지 환희지가 된다. 그런데 상품하생에서는 3소겁을 닦아야 초지 환희지가 된다. 품에 따라 수행하는 기간을 달리하고 있는 것을 알 수 있다.

[찬]
• 제16 하품왕생관(第十六 下品往生觀)-제16 하품에 왕생하는 모습을 생각하는 관

심이추인지혜심(甚羨麁人智慧深)

　　　추한 사람의 지혜가 깊다고 매우 부러워해도

능어지옥갱회심(能於地獄便廻心)

　　　지옥에서 곧바로 마음을 돌릴 수 있네

종경다겁유궁내(縱經多劫留宮內)

　　　비록 많은 겁을 지나 궁 안에 머물더라도

친청관음법설음(親聽觀音法說音)

　　　관음이 법을 설하시는 음성을 직접 들을 수 있네

• 하품상생찬(지은원본)

적악하연치불영(積惡何緣致佛迎)

　　　악을 쌓았는데 무슨 인연으로 부처님이 와서 맞을까

리칭불호청경명(里稱佛號聽經名)

　　　마을에서 부처님 부름을 부르니 경전의 이름을 듣네

생연칠칠신재과(生連七七晨纔過)

  연꽃에 태어나 7·7재는 별안간 지나가고

칠보호광조안명(七寶毫光照眼明)

  칠보의 백호광명은 눈이 밝아지게 비추네

● 하품중생

○ 내원암본 『불설관무량수불경』 하품중생

[경전]

  부처님이 아난과 위제희에게 말씀하셨다.

  "하품중생(下品中生)은 아래와 같은 경우이다.

  혹 어떤 중생이 5계나 8계나 구족계를 헐뜯거나 범하는 경우이다.

  이와 같이 어리석은 사람은 사방승가(四方僧伽, 방사와 쌀 등)의 재물을 가볍게 여기고, 현전승가(現前僧伽, 결계 지역 안)의 물건을 도둑질하여, 법을 설함에 청정하지 못하고, 부끄럽게 여김이 없다.

  그래서 모든 악법으로 자신이 장엄한다.

  이와 같은 죄인은 악법이기 때문에 지옥에 떨어진다.

  목숨이 끊어지려 할 때, 지옥은 수많은 불꽃이 일시에 갖추게

○ 내원암본 『불설관무량수불경』 하품중생

○ 십육관송

계를 범하여 업이 깊어지니 지옥의 불이 함께 이르고
법을 듣고 마음을 돌리니 뭇 성인이 맞이하여 주네

된다.

선지식을 만나면, 대자비로써 바로 설(說)을 찬탄하게 되며, 아미타불의 열 가지 위덕[十力威德]은 저 부처님 광명의 신통력을 널리 찬탄한다.

또 계·정·혜·해탈·해탈지견을 찬탄한다.

그 사람이 듣자마자, 80억 겁 동안의 생사의 죄를 제거한다. 지옥의 맹렬한 불길은 화하여 맑고 시원한 바람으로 되고, 모든 하늘 꽃을 불어 날리며, 꽃 위마다는 모두 불(佛)과 보살을 화현하고 있어, 이 사람을 영접한다.

한 찰나 경에, 곧 칠보 연못 가운데 있는 연꽃 속에 왕생한다.

6겁이 지나면, 연꽃이 마침내 핀다.

연꽃이 피어날 때, 관세음보살과 대세지보살은 범음의 소리[梵音聲]로써 저 사람을 편안하게 위로하며, 대승의 심오한 경전을 설하게 된다.

이 법을 듣자마자, 때가 되어 곧 무상의 도의 마음을 발한다.

이 이름이 하품중생이다.”

[설명]

5계나 8계나 구족계를 헐뜯어서 지옥에 떨어지게 된다. 이때 선지식을 만나서 부처님의 설법을 찬탄하는 경우이다. 아미타불의 불십력(佛十力)이 광명을 놓는다. 이 십력의 광명 신통력으로 서방세계에 왕생한다. 연못 속에 있는 연꽃에 태어나 6겁이 지나서야 연꽃이 피게 된다. 이때 비로소 대승의 경전을 설하는 설법을 듣게 된다.

[찬]
•하품중생찬(지은원본)

옥화염염이치방(獄火炎炎已致傍)

지옥 불의 불꽃은 이미 옆에 이르고

재한찬불불래영(纔聞讚佛佛來迎)

별안간 부처님을 찬탄함을 들으니 불(佛)이 와서 맞이하네

약무선우간근설(若無善友懃懃說)

만약 선우가 없다면 정성스럽게 설하여

피보련중개왕생(彼寶連中豈往生)

저 보배 연못 가운데 어찌 왕생하리오

○ 불의 십력

불의 십력은 daśa balāni로 여래만이 가지는 10종 지혜의 힘을 말한다. 불의 18불공법 중에 중요한 10가지를 뽑은 것이다.

여래가 모든 현상에 대하여 이치와 이치 아님을 바르게 아는 힘.

여래가 모든 중생이 과거·현재·미래에 받는 업의 인과를 바르게 아는 힘.

여래가 삼매와 해탈의 차례와 깊고 얕음을 바르게 아는 힘.

여래가 믿음과 같이 모든 중생이 갖춘 모든 선근의 우열과 차별을 바르

게 아는 힘.

　여래가 모든 중생이 가지고자 하는 욕망과 지혜 등을 바르게 아는 힘.

　여래가 모든 중생의 종성(種姓)을 바르게 아는 힘.

　여래가 모든 중생이 지나는 윤회의 길에 대한 인과를 바르게 아는 힘.

　여래가 과거에 일어난 모든 일을 기억하여 여실히 아는 힘.

　여래가 천안으로써 모든 중생이 생사의 때와 미래의 선악업의 인연을 여실히 아는 힘.

　여래가 스스로 모든 번뇌를 끊고 다시 태어나지 않음을 바르게 아는 힘이다.

● 하품하생

○ 내원암본 『불설관무량수불경』 하품하생

[경전]

　부처님이 아난과 위제희에게 말씀하셨다.

　"하품하생(下品下生)은 다음과 같은 경우이다.

　혹 어떤 중생이 불선업과 5역(逆)과 10악을 지어서 모든 착하지 못한 일[不善]을 갖추는 경우다.

　이와 같이 어리석은 사람은 악업으로 인하여 악도에 떨어져, 여러 겁을 지나며 고통을 받아 다함이 없다.

　이와 같이 어리석은 사람은 목숨이 마치려 할 때, 선지식을 만

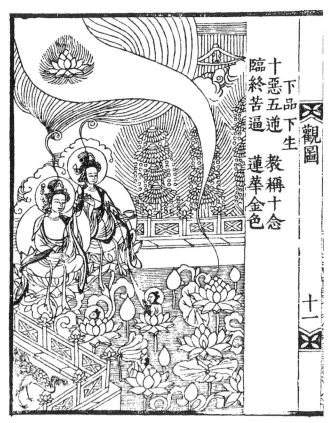

○ 내원암본 『불설관무량수불경』 하품하생

○ 십육관송

십악과 오역죄는 임종에 고통이 핍박하고
십념을 칭하라는 가르침으로 연꽃이 금색으로 열리네

나서 여러 가지 편안하고 위로함이 미묘한 법을 설함이 되어, 염불(念佛)을 하도록 가르치게 된다.

저 사람은 고통과 핍박으로 염불할 경황이 없다.

선우(善友)가 다시 말한다.

'그대가 만일 저 불을 염할 수 없다면, 귀명무량수불만을 불러라.'

이와 같이 지극한 마음으로 소리가 끊어지지 않고, 십념(十念)을 구족하게 나무아미타불을 부른다.

부처님 이름을 불렀기 때문에, 생각 생각[念念] 중에 80억 겁동안 지은 생사의 죄를 제거한다.

목숨이 끊어지려 할 때, 금련화(金蓮花)가 보이니 비유하면 마치 태양[日輪]과 같고 그 사람 앞에 주한다.

한 찰나와 같이 곧 극락세계의 연꽃 속에 왕생한다. 12대겁(大劫)을 다 채우면, 연꽃이 드디어 열린다.

꽃이 피게 되면 관세음보살과 대세지보살은 대비의 음성으로 바로 그 사람을 위하여 실상을 널리 설하여 죄법을 제거하여 멸한다.

듣고 나서 환희한다. 때가 되면 곧 보리심을 낸다.

이 이름이 하품하생이다.

이 이름이 하배가 마음에 그려내는 모습을 생한다[下輩生想]이며, 이름이 제16관이다."

[설명]

불선업, 5역과 10악을 지어서 모든 착하지 못한 일을 갖추는 경우다. 이와 같으면 악도에 떨어져, 오랜 겁 동안 고통을 받게 된다.

이러한 이가 목숨이 마치려 할 때, 선지식을 만나서 법을 듣고서, 염불(念佛)을 알게 된다. 그런데 이조차도 할 수 없다면, 귀명무량수불(歸命無量壽佛)을 10번만 불러도 80억 겁의 생사의 죄를 면하고, 금련화가 나타나고, 마침내 관음보살과 대세지보살의 음성을 들을 수 있게 된다는 것이다. 그러므로 정토경전을 설명하는 내용에는 나무아미타불을 단 1번 만 염송해도 80억 겁의 죄를 제거한다고 하는 주장이 있게 된 것이다. 허응당 보우스님도 『권념요록』 서문의 '몸에 나타나는 본받을 만한 모습'에서 일성(一聲)으로 80억 겁의 죄의 허물을 멸하며, 일념(一念)으로 80억 겁의 공덕을 얻는다고 하고, 허물이 가고 복이 온다고 한 것이다.

[찬]

•하품하생찬(지은원본)

임타무간십념성(臨墮無間十念成)

　　　무간지옥에 떨어질 때가 되어 십념을 하니

화탕번작보지청(火湯飜作寶池淸)

　　　화탕지옥이 뒤집어 저서 보배 연못의 청정함을 짓네

연중천락하연구(連中天樂何嬿久)

　　　　연꽃 가운데 천락(天樂)은 얼마나 아름다움이 오래겠는가

종향보리로상행(終向菩提路上行)

　　　　마침내 보리를 향하여 길을 오르내

○『고려불적집일』의 내용

하품 3위는 지옥에 떨어지는 경우이다.

중생이 비록 방등경전을 비방하지는 않고 악업을 많이 만들지 않고 나무아미타불을 하는 경우, 계행은 없어도 부끄러움이 없는 경우다.

계행은 없으나 선지식의 설법을 찬탄하는 경우 여래의 광명으로 왕생하게 된다.

염불은 하지 못하고, 귀명무량수불 만을 칭하여 지극히 십념(十念)만 해도 극락세계 연꽃 안에 왕생하게 된다.

지옥에 떨어져도 극락세계로 왕생할 수 있도록 부처님의 자비를 드러내고 있다. 수행인 수념(隨念)과 계행이 없이 악업이 많더라도, 임종 시에 선지식의 가르침으로 이미타불을 10번만 염해도 왕생할 수 있는 인연이 된다.

이는 나약한 중생에게 어떻게든지 살기 힘든 이 오탁악세에서 벗어 나는 길을 알려 주려고 노력하는 것이다.

"하품의 3위는 다음과 같다. 살생과 오역죄와 십악(十惡) 등 갖가지 악

업으로 죄를 끝없이 지었더라도, 매일 이른 아침에 아미타불을 열 번만 칭념하면 극락세계 연꽃에 왕생한다.

49일이 지난 후에, 비로소 연꽃이 피어나고, 몸이 자금색인 관세음보살과 대세지보살은 오묘한 법을 설한다. 그 소리를 듣고 크게 깨달아 여섯 가지 신통이 자재하고, 옷과 음식이 생각하는 데로 앞에 나타난다."

십육관법 중에서 마지막 제14관·제15관·제16관 9품을 모두 살펴보았다. 9품은 삼종중생이 삼종정업의 인연에 따라 왕생하는 것이었다. 구품은 정토종 내에서뿐만 아니라 주석가에 따라 매우 다양한 차별로 설명한다.

○ 9품의 정업과 인상(印相)

서문에서 범부가 정업을 지어 서방극락세계에 태어나는 방법으로 삼종정업 또는 삼종복업을 말했다. 제6 산선현행연이라고 하는데, 십선으로 부모에게 효도하는 것이며, 삼귀의를 지니는 계행이며, 인과를 믿고 보리심을 발해서 대승경전을 읽는 것이었다. 이 내용을 9품에서는 다시 삼종중생이라고 말해지며, 인이 되는 행으로 설명한다. 허응당 보우스님도 이 인에 주목하여 『권념요록』의 구성을 보여주고 있다.

상품상생에서 왕생하고자 하는 자는 삼종심을 가져야 하고, 또 삼종중생이어야 한다고 강조한다. 삼종심은 지성심·심심·회향발원심이며, 삼종중생은 계행·대승경전의 독송·육념의 수행이다. 삼종중생이 수행의 내용에 따라 임종시에 태어나는 곳(生處)과 아미타불을 만나는 시간은 각각 다르다.

삼종중생이란 상품은 출가한 수행자라고 할만한 경우 연꽃 속에 바로 태어나는 것이며, 중품은 계행의 인연을 맺은 경우로 연꽃 속에 태어나는 것이며, 하품은 선업을 쌓는 인연으로 연꽃 속에 태어나 몇 겁이 지나야만 꽃이 피는 것으로 설정되어 있음을 알 수 있다. 상품이라 정토의 연못에 있는 연꽃 속에 바로 태어나더라도 일정한 시간이 지나야 아미타불을 볼 수 있다. 중품과 하품도 마찬가지로 일정한 시간이 지나서 꽃이 피고 수행이 있어야 아미타불을 만날 수 있다. 이 수행의 내용을 표로 만들어 보았다.

		상품(佛)	중품(戒)	하품(善業)
상생	시간	정토, 1~7일, 불	연꽃속, 천천히 핌	연꽃속, 21일 이후 핌
	수행	삼종심,삼종중생	오계 팔재계 수지	대승경전 비방하지 않음
중생	시간	정토, 7일이후, 불	연꽃속, 7일이후 핌	연꽃속→6겁 이후 핌
	수행	경전독송	단 1일 수계 수지	계를 비방함
하생	시간	연꽃속하루, 21일, 불	연꽃속→7일 이후	연꽃속→12대겁 이후 핌
	수행	공덕회향	효행, 인행(仁行)	불선업, 오역, 10악

9품의 설정은 십선 중에 가장 중죄인 살생업을 지은 하품의 3생까지도 구제하는 것이 목적이다. 그러므로 하품 삼생에 왕생은 중생에게 희망인 것이다. 상생(上生)에 속하는 자는 대승경전을 독송하고 수지하고 믿지는 않지만, 비방을 하지 않는 경우이다. 중생(中生)에 속하는 자는 계를 비방하지 않는 경우이다. 하생(下生)에 속하는 자는 구제할 수 없는 범계가 있

더라도 나무아미타불이라는 염불로 아미타불의 위신력과 법장비구의 서원력으로 왕생하게 되는 경우이다.

구품 가운데 연꽃 속에 왕생하는 자는 대승법을 공부하고 마침내 육념의 하나인 염불(念佛)의 인연으로 아미타불을 만난다. 불수념의 수행인 관상염불로 진정한 서방극락세계를 만날 수 있게 된다.

『관무량수경』은 매우 이른 시기 번역하여 소개되어 중국불교에 많은 영향을 주지만, 수인(手印)과 결합은 늦은 시기에 일어난다. 경문에서 쓰이는 나무아미타불이나 귀의무량수불 등은 처음부터 진언(眞言)의 성격을 지니고 있고, 또 정토경전에서 수행으로 제시하는 관법은 처음부터 밀교의 삼밀수행과 밀접하게 관련되어 있기에 가능했던 것이다.

정토왕생이라는 목표는 염불수행결사(念佛修行結社)라는 형식으로 발전한다. 결사를 할 때, 처음에는 칭념염불수행을 중요하게 생각하며 반주삼매를 닦았다. 그 시작은 정토종을 창시한 백련사 혜원(慧遠)이 주도하였다. 승속 123인이 동림사(東林寺)에 모여 반야대(般若臺)를 설치하고, 무량수불의 불상 앞에서 재(齋)를 건립하고 서원을 세운 것이다. 이후 이 결사는 염불결사의 모범이 되며, 다양하게 전개된다. 초기에는 반주삼매를 닦는 것이 중시되었으나, 시간이 지나며 진언과 수인을 수용하며, 염불삼매를 닦았다.

혜원의 『무량수경의소』에서부터 구품을 상품삼인(上品三人)을 합하

여 상배, 중품삼인(中品三人)을 합하여 중배, 하품삼인(下品三人)을 합하여
하배로 이해하기도 하였다. 당 불공(不空)의 활동기에 이르러 중국 오대산
은 밀교도량으로 만들어지면서, 중국불교는 밀교화하는 현상이 가속화되
어 나타난다. 이 과정에서 정토에 관련된 불교의례는 진언과 다라니를 보
다 적극적으로 받아들이고, 또 진언의궤의 경전들이 새로 소개된다. 불교
학에서 초·중·후기 밀교라고 불리는 분류에 속하지 않는 약간 다른 중국식
밀교화가 나타나는 시기이다. 한국불교는 후기밀교와는 다른 밀교요소가
매우 강하게 내재되어 있는 것으로 보이기 때문에, 이 새로운 흐름에 영향
을 받고 있다고 하겠다. 이러한 상황을 이해하지 못하고 한국불교사상이
나 한국불교미술을 해석하면 오해될 가능성이 충분하다. 이 부분은 앞으
로 많은 연구가 필요하다고 하겠다.

구품의 이해는 송(宋)에 이르러서 참법으로 변화하며 새로운 변화가 나
타난다. 참법을 통해서 구품에 왕생하고자 하는 흐름이다. 이때 등장하는
것이 왕자성(王子成, ?~?)이 편집한 『예념미타도량참법』이다. 그런데 이
참법은 왕일휴(王日休, ?~1173)의 『용서증광정토문』 수지법문(修持法門)
에서 깊음과 얕음[深淺]으로 설명하는 구품의 내용을 인용하고 있다. 뿐 만
아니라 참법은 『용서증광정토문』의 많은 부분을 참고하고 있다.
위와 같은 문헌에 영향을 받은 것이 허응당 보우스님의 『권념요록』이
다. 특히 『예념미타도량참법』을 발췌한 내용은 『권념요록』의 큰 틀을 만
든다. 십념과 관상을 강조하고 있으며, 초기 염불결사의 흔적이 많이 남아

있다. 이전의 고려불화의 찬송(讚頌)에서도 이러한 현상은 찾아진다.

또 『관무량수경』 구품왕생(九品往生)설을 근거로 한 구품인은 염불행자의 수행을 돕는 인상(印相)이다. 이 mudrā에 관해서는 여러 가지 설이 있으나, 구품인을 밝힌 경전은 없다. 정토사상이 발전하고, 구품과 밀교수법이 연결되어 나타났다고 생각된다. 천식재(天息災, ?~1000년)가 번역한 『일체여래대비밀왕미증유최상미묘대만다라경』 상응행만다라의칙품에서 성현의 몸의 색과 인계에 대하여 설명한다. 중앙 본존은 비로인으로 하고, 동쪽 아촉불은 청색으로 촉지인, 남쪽 보생불은 황색으로 시원인, 서쪽 무량수불은 홍색으로 정인(定印), 북쪽 불공성취불은 녹색으로 시무외인으로 그려야 한다고 한다. 천식재에 이르러서 아미타불은 정인을 하고 있다는 표현이 경전에 등장한다. 오방불로서 아미타불이 정인을 한다는 것은 오불사상이 성립된 이후, 어느 정도 갖추어진 인식이라고 할 수 있다.

이후 유가행에서 지혜(智慧)를 얻는다고 하는 전식득지(轉識得智)로 인상을 나타내는 개념이 나타난다. 이 유식의 개념은 변성(變成)한 오분법신이다. 본존인 비로자나불은 비로인을 하고, 아촉불은 대원경지인을 하고, 보생불은 평등성지인을 하고, 아미타불은 묘관찰지인을 하고, 불공성취불은 소성작지인을 한다고 이해된다.

아미타불의 인상(印相)이 묘관찰지인(妙觀察智印), 정인(定印), 미타정인(彌陀定印) 등으로 불리는 이유이다.

인도에서 행하는 인계는 시무외인, 전법륜인, 촉지인, 선정인, 시원인이 있다. 이 기본 인계는 밀교가 발전하고 다른 지역으로 전래되며, 더욱 다양한 인(印)을 만들어 내게 된다. 좌상(坐像)이냐 입상(立像)이냐에 따른 어느 정도 변형은 인정하지만, 구품인에 대한 인상은 경전에 등장하지 않는다. 다만 매우 늦은 일본 문헌 『증보제종불상도휘(增補諸宗佛像圖彙)』(1783년, 초판 1690년)에 '구품지미타(九品之彌陀)'란 항목에 각각 인이 등장한다.

mudrā라로 불리는 인상은 밀교에서 만다라회 중에서 불·보살·천부 등의 존격 내증 삼매와 본서(本誓)가 밖으로 나타난 모습을 표시하여 상징한다. 인상을 취할 때는 제존의 본래 서원에 상응하는 것이어야 한다. 한국 불교에서 구품에 대한 인식은 매우 이른 시기부터 존재했고, 구품을 이해하는 방식도 중국과 일본과는 매우 다르다. 구품인을 중요하게 여기기보다는 구품연지에 왕생하는 장면을 강조하고 있기 때문이다. 그러므로 일본 문헌에 근거하여 한국 불상과 불화의 인상을 해석하려는 시도는 어떤 면에서는 무모해 보일 수 있다.

13. 오백 시녀의 왕생과 아난의 설법

1) 오백 시녀의 왕생
[경전]

이때, 세존이 이러한 말씀을 하실 때, 위제희와 5백의 시녀가 함께 부처님의 말씀을 듣고서, 곧 극락세계의 넓고 큰 모습을 보고서, 부처님의 몸과 두 보살을 보았다.

마음에 환희를 내고, 일찍이 있지 않았던 일을 찬탄하고 활연히 크게 깨달아 무생인을 얻었다.

5백 명의 시녀도 아뇩다라삼먁삼보리심을 내고, 저 국토에 태어나기를 원하였다.

세존이 모두 수기하니, 모두 다 왕생하게 되고, 저 국토에 태어나서 모든 부처님의 현전삼매[現前三昧]를 얻었다.

[설명]

위제희부인의 청법으로 16가지 수행에 대한 설법을 들은 위제희부인의 오백 시녀도 아미타불과 관세음·대세지보살을 보고 왕생하게 된다.

2) 부처님의 환귀와 아난의 설법

[경전]

이때 아난이 곧 자리에서 일어나 앞으로 나아가 부처님께 말한다.

"세존이시여, 이 경을 무엇이라고 이름하며, 이 법의 요체는 어떻게 수지(受持)합니까?"

부처님이 아난에게 말씀하신다.

"이 경의 이름은 『관극락국토무량수불관세음보살대세지보살』이라고 하고, 또 이름은 『정제업장생제불전』이라고 한다. 너희는 잘 수지하여서 잊어서 잃음이 없어야 한다.

　이 삼매를 행하는 자는 현재의 몸으로 무량수불과 두 대사(大士, 관음과 세지보살)를 볼 것이다.

　만일 선남자나 선여인이 단지 부처님의 이름과 두 보살의 이름을 듣기만 해도 무량겁 동안 생사의 죄를 제거하는데, 하물며 마음에 새겨[念] 잘 보존함이야!

　만약 불(佛)을 마음에 새기[念佛]는 자이면, 바로 이 사람 중에 분다리화, 관세음보살, 대세지보살을 알고 훌륭한 벗이 된다.

　도량에 앉게 되면 모든 부처님의 집에 태어난다."

　부처님이 아난에게 말씀하신다.

　"너는 이 말을 잘 지니도록 해라.

　이 말을 지니는 것이 곧 무량수불의 이름을 지니는 것이다."

　부처님이 이 말을 설하실 때, 목련존자, 아난존자, 위제희 등은 부처님이 설하신 것을 듣고는 모두 크게 기뻐하였다.

　이때 세존은 발이 허공을 딛고서 기사굴산으로 돌아가셨다.

　이때 아난이 널리 대중을 위하여, 위와 같은 일을 자세히 설한다.

　무량한 사람, 하늘, 용, 신, 야차는 부처님이 설한 것을 듣고는, 모두 크게 기뻐하며 부처님께 예하고 물러갔다.

[설명]

부처님께서는 설법을 마치고 기사굴산으로 되돌아간다. 경전의 이름을 들은 아난은 대중에게 경전을 설법한다. 그리고 『관무량수경』은 끝을 맺는다.

14. 구념과 심사의 실천법

허응당 보우스님의 『권념요록』은 왕랑반혼전을 제시하고, 10가지의 왕생 이야기를 보인 후 '관법'과 '인증' 항목을 두고 있었다. 이때 허응당 보우 스님의 수행법은 '관법'을 중심으로 이야기된다.

관법의 내용은 아미타불을 관상하고 관음보살을 관상하고 대세지보살을 차례로 관상하는 것이었다. 그리고 자신의 몸도 서방극락세계에 화생하는 것을 관하는 것이다. 십육관법 중에 제9 법신상관에서 제12 보법지관까지 4가지 관상을 순서대로 관상수행하는 것이다.

그런데 그 수행방법은 입으로 염[口念]하고 마음으로 생각[心思]하는 것이다. 이 구념과 심사가 정인(正因)을 닦는 수법(修法)이었다.

'인증'에서는 『약사유리광여래본원공덕경』과 『유가집요구아난다라니염구궤의경』을 들어서 부처님의 설법임을 인증하여 법에 어긋나지 않음을 보여준다. 의궤류 경전이 마지막에 온 이유는 진언 독송을 염두에 둔 밀교의 삼밀수행법으로 나아가기 위한 장치이다.

『권념요록』이란 제목에서 '권념'은 보우스님이 활동하던 당시 왕실 여성들이 출가하는 정업원(淨業院)에서 수행법으로 제시한 방법이라고 하였다. 삼업이라는 입장에서 보면, 효의 강조는 구(口)와 심(心)은 갖추어졌으나 신(身)이 더해지지 않으면 삼밀이 완성되지 않는 것이다.

정업원의 '정업(淨業)'이란 개념은 『관무량수경』을 소의경전으로 하는 것이며, 계행삼복이다. 또한 삼종중생의 행이다. 삼종복업의 제일 덕목은 십선(十善)으로 부모에게 효를 실천하는 것을 강조한다. 구품에서 살펴보았듯이 중품에 속하는 자는 계를 수지하는 것이며, 효행도 계와 같은 범주에 속하고 있었다. 하품의 특징은 49일 동안 대승경전을 독송해야 하는 조건이 있다. 독송하는 간단한 방법은 진언의 활용이다. 산선현행연을 쉽게 대체하여 수행할 수 있다. 십선의 실천행인 효행의 정인(正因)은 왕실 비구니승가라고 할 만 정업원을 통해서 수행법으로 면면히 이어갔다. 정업원이 명칭을 자주 바꾸기는 하지만, 내용과 기능면에서는 크게 변하지 않은 것으로 생각된다.

허응당 보우스님(1509년~1565년)의 활동 시기보다 약간 늦지만, 『염불작법』 중 가장 이른 것은 개천사본(1572년)이다. 용천사본 『염불작법』(1575년)에 합철되어 있는 『불설아미타경』(1577년)에 주목하고자 한다. 경이 끝난 곳에 놓인 진언은 『불설아미타경』과 분리하지 않고 경과 진언을 하나로 인식하도록 만들어졌기 때문이다. 그리고 『염불작법』과 『불설아미타경』의 판각 시기가 2년이라는 시차가 있어도, 작법과 경전이 하나로 연결된 수행체계라는 사실을 증명하는 것이기도 하다. 어쨌든 1500년대 후반은 조선불교에서 관상염불이 유행하고 있었던 것은 분명하다고 할 수 있다.

용천사본 『불설아미타경』은 어디에서도 볼 수 없는 특징을 가지고 있다. 경전과 진언이 결합한 모습을 보여주고 있으며, 염불작법이라는 의궤가 경전을 어떻게 작동시키는가를 보여준다. 그리고 용선도(龍船圖)는 아미타불 장엄의 변상도와 함께 『염불작법』에서 목적하는 서방정토에 왕생하는 모습을 구현한다. 어찌 보면 당시 1500년대를 살아가던 사람들의 불교적인 이상향이라고 할 수 있을 것이다.

이와 같이 한국불교의 정서를 담고 있는 경전의 도상과 함께 아미타불이 중생을 구제하는 모습을 살펴보려고 한다.

IV

아미타불의 장엄과
정토관상염불의 방법

15. 관상염불의 장엄과 아미타불의 내영

용천사본 『염불작법』(1575년)에는 『불설아미타경』이 두루마리 형식의 변상도와 함께 합철되어 있다. 『불설아미타경』 변상도는 명나라 주굉(袾宏, 1532년~1612년)이 주석한 『불설아미타경소초(佛說阿彌陀經疏鈔)』와 관련이 있다. 『중국불교판화전집』 제30권(58쪽)의 『불설아미타경소초』 변상도 형식이 반영되어 나타나기 때문이다.

이 『불설아미타경소초』와 『염불작법』에 합철된 『불설아미타경』에는 두 가지 공통점이 있다.

하나는 경전이 끝난 다음 진언을 첨부하고 있는 점이다. 이 형식은 선(禪)과 정토의 접점으로 이해하는 흐름이다. 다른 하나는 경전의 변상도에 관해서이다. 『염불작법』에 합철된 『불설아미타경』이 『불설아미타경소초』 도상과 유사한 내용으로 변상도를 분류하고 있는 점이다. 경전의 이야기 흐름에 따라 여러 장의 판화가 크기를 달리하며 두루마리 형식으로 이어져 있다. 같은 내용이지만, 쓰임이 조금은 달랐던 것으로 추측된다.

진언에 대해서 알아보자.

주굉의 『불설아미타경소초』에서는 서문·정종분·유통분이라는 일반적인 3과 분류 방식을 따르지만, 유통분 마지막에 '결석주의(結釋呪意)'라는 별도의 항목을 더 두고 있다. 유통분에서 진언의 뜻을 풀이하고 있는 것은 진언을 경전의 일부분으로 인식하고 있다는 의미이다.

그러나 그대로 받아들이지는 않는다. 용천사본 『불설아미타경』은 결석주의 중에 진언만을 취하여 경전 마지막 문장에 붙여 놓고, 의례가 첨부되어 있다. 『아미타경소초』의 본래 취지는 어느 정도 살려내고 있다고 할 수 있다. 그리고 아미타내영도를 놓은 다음에 용선도를 추가하는 특징을 보인다. 이것은 진언을 지송하면, 아미타불이 와서 접인(接引)하여 서방정토로 가는 모습을 그려서 보여주고 있다고 할 수 있다. 의궤가 반드시 있어야 한다는 방증이다. 서방극락세계로 왕생하는 모습을 용선도로 그려서 보여주고, 용선의 연기설(緣起說)이 첨부되어 있다.

이 변화는 조선불교의 수행 변화를 알 수 있는 중요한 자료가 된다. 진언과 의례를 첨부하였다는 사실은 칭념염불로 변화하는 단초가 제공되었다는 것을 의미하기 때문이다.

용선도는 다음과 같이 설명할 수 있다.

『불설아미타경』의 독송은 아미타불이 내영하여 '용선도(龍船圖)'의 용선에 오르도록 하는 기능을 부여한다. 경에 첨부된 진언을 왕생정토주라고 불리는 이유이다.

용선도 다음에 '죽암비구 가관 경제(竹庵比丘 可觀 敬題)'라는 제목으로 옛날 수선사(壽禪師)의 꿈 이야기를 기술하고 있다. 구품에서 대승방등경전의 독송은 정토왕생의 인이 되는 수행의 공덕법이다. 『불설아미타경』의 독송도 왕생하는 인(因)이 되는 것이다. 현재도 재의식에서 반드시 『아미타경』을 읽는 것과 무관하지는 않다.

  용천사본 『불설아미타경』의 방제(傍題)는 마모되어 보이지 않는다. 동일한 도상인 송광사본 『아미타경』(1648년)을 참조하면, '~~莊嚴'이라고 하여 25종류 장엄의 내용임을 확인할 수 있다. 그리고 아미타불내영도 1장과 용선도(龍船圖) 1장을 포함하여 총 27종의 도상으로 구성되어 있다. 도상의 상하 폭은 같으나 좌우 길이는 각각 다르며, 도상 아래에 놓인 경문 내용과도 잘 맞지 않는다. 그러나 방제의 제목에는 경문을 포함하고 있어 분류는 어렵지는 않다.

  『불설아미타경』의 내용을 크게 설법 대중의 장엄, 불국토와 불광명의 장엄, 염불왕생의 장엄, 부처님이 찬탄하는 장엄, 신수봉행하는 장엄 등 다섯 종류로 나누어 볼 수 있다. 그리고 아미타불의 내영과 용선을 타는 인연을 덧붙일 수 있다.

  각각의 도상과 경문의 내용을 맞추어 설명해보자. 이 분류는 일반적인 경전의 3과 분류와는 매우 다르다.

1) 설법 대중의 장엄
(1) 여시아문급고독원위제비구설법장엄(如是我聞給孤獨園爲諸比丘說法莊嚴)
○ 용천사본 『불설아미타경』

佛說阿彌陁經

三藏法師鳩摩羅什 詔譯

如是我聞一時佛
在舍衛國祇樹給
孤獨園與大比丘
僧千二百五十人俱
皆是大阿羅漢衆

○용천사본『불설아미타경』

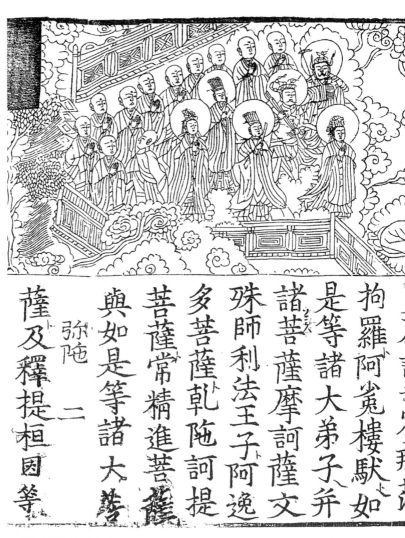

拘羅阿㝹樓馱如
是等諸大弟子并
諸菩薩摩訶薩文
殊師利法王子阿逸
多菩薩乾陀訶提
菩薩常精進菩薩
與如是等諸大菩
薩　弥陁　二
薩及釋提桓因等

○ 용천사본『불설아미타경』

(2)제대보살여제천중설법장엄
　(諸大菩薩與諸天衆說法莊嚴)

弥陀 一
所知識長老舍利
弗摩訶目揵連摩
訶迦葉摩訶迦旃
延摩訶拘絺羅離
婆多周利槃陁伽
難陁阿難陁羅睺
羅憍梵波提賓頭
盧頗羅墮迦留陁

○ 용천사본 『불설아미타경』

(1) 여시아문급고독원위제비구설법장엄
(如是我聞給孤獨園爲諸比丘說法莊嚴)

[경전]

　　이와 같이 나는 들었다.

　　어느 때 부처님께서 사위국의 기수급고독원에서 1,250명의 대
비구승과 함께 계셨다. 모두 알려진 대아라한들로서 장로 사리불·
마하목건련·마하가섭·마하가전연·마하구치라·이바다·주리반타
가·난타·아난타·라후라·교범바제·빈두로파라타·가류타이·마하
겁빈나·박구라·아루루타 등과 같은 모든 대제자들과

[설명]

방제에 보이는 '如是我聞'은 경전 처음에 보이는 아난의 말이다. 이를 그
대로 제목에 쓰고 있다. 설법을 듣기 위해 모인 성문제자들이다.

　처음의 그림은 기수급고독원의 모습을 누각에서 광명이 나오는 것으로
묘사한다.

(2) 제대보살여제천중설법장엄(諸大菩薩與諸天衆說法莊嚴)
○ 용천사본 『불설아미타경』

[경전]

　　아울러 모든 보살마하살……문수사리 법왕자·아일다보살·건타
하제보살·상정진보살과 이와 같은 대보살들 및 석제환인(釋提桓
因) 등과 무량한 모든 천·인 대중들이 함께였다.

[설명]

모인 대중은 여러 보살들과 제석환인 등이다.

그림은 설법을 시작하려는 석가모니불과 설법을 들으려는 성문제자, 그리고 보살대중을 묘사하고 있다. 석가모니불은 두광과 신광을 갖추고 설법을 위해 비구대중과 보살대중을 바라보는 모습이다. 석가모니불과 함께 시립한 성문 대중은 머리에 두광이 있으나, 설법을 듣는 비구 대중은 두광을 그리지 않았다. 아직 설법을 듣지 않았음을 나타내는 것이다.

○ 여기까지가 설법을 듣기 위해 모인 대중의 장엄을 설명한다. 설법을 듣기 위해 모인 대중의 모습이다.

2) 불국토와 불광명의 장엄

(3) 불과십만억불토유국토명왈설법장엄(佛過十万億佛土有國土名曰說法莊嚴)

○ 용천사본 『불설아미타경』

[경전]

그때 부처님께서 장로 사리불에게 말한다.

"이곳으로부터 서쪽으로 10만억 불국토를 지나가면, 세계가 있는데 이름은 극락(極樂)이라고 하고. 그 국토에 불(佛)이 있는데 아미타(阿彌陀)라고 부른다. 지금 현재도 설법하고 계신다.

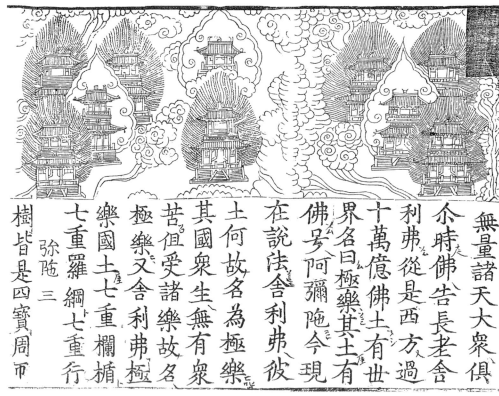

無量諸天大眾俱

尒時佛告長老舍

利弗從是西方過

十萬億佛土有世

界名曰極樂其土有

佛号曰阿彌陁今現

在說法舍利弗彼

土何故名為極樂

其國眾生無有眾

苦但受諸樂故名

極樂又舍利弗極

樂國土七重欄楯

七重羅網七重行
弥陁
三

樹皆是四寶周帀

○ 용천사본 『불설아미타경』

(3) 불과십만억불토유국토명왈설법장엄(佛過十万億佛土有國土名曰說法莊嚴)

사리불아. 저 국토는 어찌하여 이름이 극락인가?

그 나라의 중생은 여러 괴로움이 없고, 다만 모든 즐거움만 받기 때문에, 극락이라고 이름한다."

[설명]

극락세계를 설명한다. 서쪽으로 10만억 불국토를 지나서 있는 세계의 이름이 극락이다. 그 곳에 있는 부처님을 아미타불이라고 한다. 극락이라고 하는 이유는 그 나라에 있는 중생은 괴로움이 없고 즐거움만 있기 때문이다. 그리고 아미타불은 지금도 설법하고 계신다.

극락과 아미타불에 대한 의미를 설명한다.

그림은 『관무량수경』에서 제6 누상관과 같은 누각만을 그리고 있다. 이것은 국토장엄의 총관을 나타내고 있는 것이다.

(4) 칠보난순나망행수토장엄(七寶欄楯羅網行樹土莊嚴)
○ 용천사본 『불설아미타경』

[경전]

"또 사리불아, 극락국토의 7겹으로 된 난간[欄楯], 7겹으로 된 그물[羅網], 7겹의 늘어선 나무[行樹]는 모두 4주변을 보배로 둘러싸고 있다.

圍繞是故彼國名
為極樂又舍利弗
極樂國土有七寶
池八功德水充滿
其中池底純以金
沙布地四邊堦道
金銀瑠璃頗梨合
成上有樓閣亦以
金銀瑠璃頗梨硨
磲赤珠碼碯而嚴
飾之池中蓮華大
如車輪青色青光

○ 용천사본 『불설아미타경』

(4) 칠보난순나망행수토장엄(七寶欄楯羅網行樹土莊嚴)

그러므로 저 나라의 이름이 극락이다.

그림은 난간이 있고, 7그루의 행수가 있고, 나무는 그물로 덮혀 있다."

[설명]

『관무량수경』에서 불국토를 장엄한 내용은 칠보로 장엄된 7겹의 난간, 칠보로 장엄된 7겹의 그물, 칠보로 장엄된 7겹의 행수였다.

(5) 칠보지팔공덕수금은유리장엄(七寶池八功德水金銀瑠璃莊嚴)
○ 용천사본『불설아미타경』

[경전]

"또 사리불아, 극락국토에는 7보로 된 연못이 있고, 팔공덕수가 그 안에 가득 차 있다. 연못 바닥에는 모두 금모래로 땅을 깔았다. 사방의 계단은 금·은·유리·파리로 이루어져 있다.

위에는 누각이 있고, 또한 금·은·유리·파리·차거(車璖)·붉은 구슬[赤珠]·마노로 장식되어 있다."

[설명]

제5 지상관(池想觀)과 같은 묘사이다.

7보로 되어 있는 연못은 팔공덕수로 가득 차 있다. 연못 바닥은 금모래

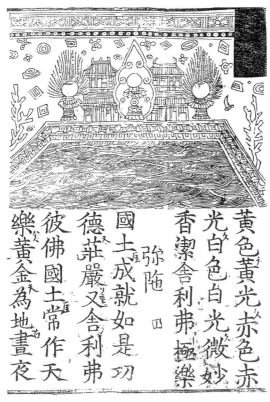

黃色黃光赤色赤
光白色白光微妙
香潔舍利弗極樂
國土成就如是功
德莊嚴又舍利弗
彼佛國土常作天
樂黃金為地畫夜

弥陁佛

○ 용천사본 『불설아미타경』

(5)칠보지팔공덕수금은유리장엄(七寶池八功德水金銀瑠璃莊嚴)

로 되어 있으며, 사방의 계단은 유리로 되어 있다. 그리고 그 위에는 누각이 있고 보석으로 장식되어 있다. 국토의 장엄이다. 국토 장엄에는 난순, 나망, 행수, 연못이 있고, 연못에는 팔공덕수가 있는 것이다.

그림은 칠보로 장식된 연못이 있고, 연못 안에는 팔공덕수가 표현되어 있고, 사면의 계단은 금은 등으로 장식되어 있다.

(6) 지중연화방대광명장엄(池中蓮華放大光明莊嚴)
○ 용천사본 『불설아미타경』

[경전]
>   "연못 속의 연꽃은 크기가 마치 수레바퀴와 같고, 청색에서는 푸른빛이 나고 황색에서는 노란빛이 나고 적색에는 붉은빛이 나고 백색에서는 흰빛이 나며, 미묘한 향기는 깨끗하다.
>   사리불아. 극락국토가 성취되었다 함은 이와 같은 공덕(功德)으로 장엄(莊嚴)한 것이다."

[설명]
팔공덕수의 연못에는 수레바퀴와 같이 큰 연꽃이 있는데, 연꽃은 각각 청·황·적·백색의 빛과 향기를 낸다. 이것은 극락국토가 성취된 모습을 말한다.

청·황·적·백의 색과 관련하여 전통색의 개념으로 발전시킬 때 매우 조

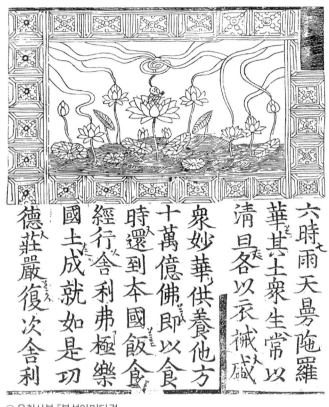

六時雨天曼陀羅
華其土衆生常以
清旦各以衣裓盛
衆妙華供養他方
十萬億佛即以食
時還到本國飯食
經行舍利弗極樂
國土成就如是功
德莊嚴復次舍利

○ 용천사본 『불설아미타경』

(6)지중연화방대광명장엄(池中蓮華放大光明莊嚴)

심해야 할 필요가 있다. 적(赤)이라고 한 연꽃은 실제로는 사용할 때는 적(赤)련화라고 하지 않고 홍(紅)련화라고 한다. 한국불교의례의 고유한 특징을 가장 잘 설명하고 『조상경』(유점사본 1824년)에서 오색선 및 오색사에서는 오색을 청황홍록백으로 구성하고 있어 매우 주목된다. 또 만다라에서 쓰는 오색열차(五色列次)와도 차별된다. 중국문화의 영향으로 해석하는 청·황·적·백·흑이라는 기존의 전통색과 다른 불교계통의 색계열(色系列)이 있음을 염두에 두어야 한다는 것이다. 한국불교의례에 만 유일하게 의궤로 존재하는 불복장의식은 매우 이른 시기부터 불상과 불화 조성에 깊이 관련되어 있다. 그러므로 불복장에서 강조하는 오색은 한국불교전통색으로 해석할 수 있다.

그림은 위에서 내려다 본 듯이 동일한 패턴으로 연(緣)을 두르고, 그 안에는 연꽃을 그려 넣고 있다.

(7) 상작천락묘성계장엄(常作天樂妙聲界莊嚴)
○ 용천사본 『불설아미타경』

[경전]
> "또 사리불아. 저 불국토는 항상 하늘의 음악 소리를 내고, 황금으로 땅을 이루고, 밤낮 6번 하늘은 만다라화(曼陀羅華)를 비내린다."

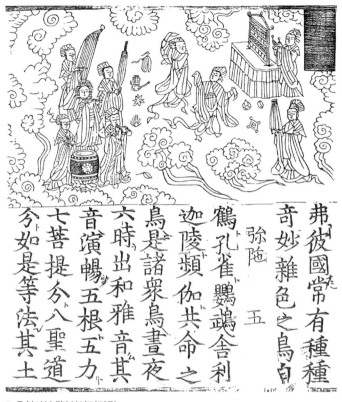

弗彼國常有種種
奇妙雜色之鳥白
弥陁　五
鶴孔雀鸚鵡舍利
迦陵頻伽共命之
鳥是諸眾鳥晝夜
六時出和雅音其
音演暢五根五力
七菩提分八聖道
分如是等法其土

○ 용천사본『불설아미타경』

(7)상작천락묘성계장엄(常作天樂妙聲界莊嚴)

청황적백의 연꽃에서는 연꽃색의 빛이 나고, 하늘에서는 음악소리가 나며, 꽃비가 내린다.

그림은 공중에 생황·북·피리·범라·편경 등의 악기가 묘사되어 있고, 춤을 추는 모습이 그려져 있다.

(8) 성중묘화공양만억불토장엄(盛衆妙華供養萬億佛土莊嚴)
○ 용천사본『불설아미타경』

[경전]

"그 나라의 중생은 맑은 새벽에 각각 옷자락 끝으로 갖가지 묘한 꽃을 가득 채워서, 타방 10만억 불(佛)께 공양을 올린다. 바로 밥 먹을 때이므로 본래의 나라로 돌아와서 밥을 먹고 경행한다.

사리불아. 극락국토가 성취되었다 함은 이와 같은 공덕으로 장엄한 것이다."

[설명]

중생이 새벽에 예불하는 모습, 공양 올리는 모습 등을 그린 것은 아닐까 한다.

그림은 공양물을 그릇에 담아 올리는 모습이다.

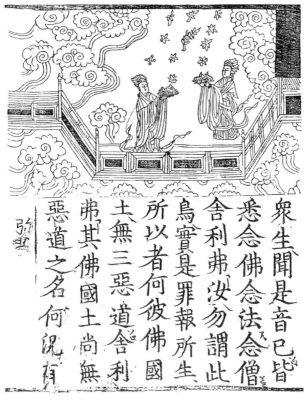

衆生聞是音已皆
悉念佛念法念僧
舍利弗汝勿謂此
鳥實是罪報所生
所以者何彼佛國
土無三惡道舍利
弗其佛國土尚無
惡道之名何況有

○ 용천사본 『불설아미타경』

(8)성중묘화공양만억불토장엄(盛衆妙華供養萬億佛土莊嚴)

(9) 종종기묘금가음중장엄(種種奇妙禽伽音衆莊嚴)
○ 용천사본 『불설아미타경』

[경전]

"또 사리불아. 저 나라에는 항상 종종 기묘한 여러 가지 색의 새들이 있는데,……흰 고니, 공작, 앵무, 사리조, 가릉빈가, 공명조 같은 여러 새들이 밤낮 6번 아름답게 온화한 소리를 낸다. 그 소리는 5근(根)·5력(力)·7보리분·8성도분과 같은 법들을 연설하여 편다.

그 국토의 중생들은 이 소리를 듣고 나면, 모두 다 염불·염법·염승한다.

사리불아. 너는 말하지 말라.

'이 새의 실제는 죄보(罪報)로 태어난 것이다. 이유는 무엇인가? 저 불국토에는 삼악취가 없기 때문이다.'

사리불아, 그 불국토는 오히려 삼악도라는 이름이 없는데, 하물며 실제로 있겠는가? 이 모든 새들은 모두 아미타불께서 법음을 널리 펴게 하려고 변화하여 지은 것이다."

[설명]

극락국토의 장엄은 새들도 아름다운 소리로 설법을 할 수 있다. 삼악도에 떨어져도 삼악도가 없기 때문에 장엄의 모습이 된다는 것이다. 그리고

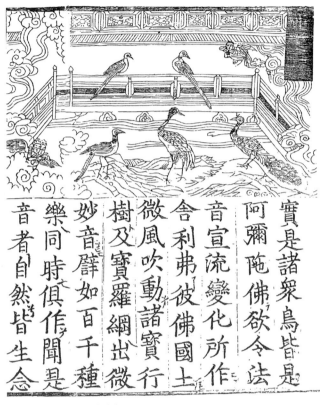

實是諸眾鳥皆是
阿彌陀佛欲令法
音宣流變化所作
舍利弗彼佛國土
微風吹動諸寶行
樹及寶羅網出微
妙音譬如百千種
樂同時俱作聞是
音者自然皆生念

○ 용천사본 『불설아미타경』

(9)종종기묘금가음중장엄(種種奇妙禽伽音衆莊嚴)

그 소리를 들으면, 가르침대로 불(佛)을 관상하는 수행을 하게 된다.

그림은 소리를 내서 우는 새들을 그려 넣었다. 대부분 아름다움을 나타내는 꼬리가 길다. 새들의 울음소리는 화현하는 부처님의 법음(法音)을 뜻한다.

(10) 제보행수미풍동음중장엄(諸寶行樹微風動音衆莊嚴)
○ 용천사본 『불설아미타경』

[경전]

"사리불아, 저 불국토는 미풍이 불어 움직이게 하여[微風吹動], 모든 늘어선 보배 나무와 보배 그물들이 미묘한 소리를 내게 한다. 비유하자면, 백천 가지 종류의 즐거움을 동시에 갖추어 함께 짓는다.

이 소리를 듣는 자는 모두 자연스럽게 염불·염법·염승의 마음을 낸다.

사리불아. 그 불국토가 성취되었다 함은 이와 같이 공덕으로 장엄한 것이다."

[설명]

'미풍이 불어 움직이게 하여[微風吹動]'라는 표현은 매우 중요하다. 중국의 정토종에서는 이 부분을 중요하게 생각하여, 경전이나 진언을 염송하

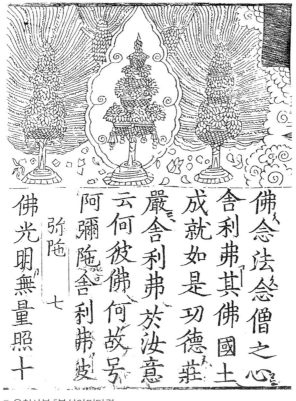

佛念法念僧之心
舍利弗其佛國土
成就如是功德莊
嚴舍利弗於汝意
云何彼佛何故号
阿彌陁舍利弗彼

弥陁
七

佛光明無量照十

○용천사본 『불설아미타경』

(10) 제보행수미풍동음중장엄(諸寶行樹微風動音衆莊嚴)

거나 독송할 때 이와 같은 좋은 소리를 내야 한다고 주장하고 있다. 그래야 염불의 공덕이 있다고 여겼다. 입으로 소리만 내는 칭념염불이 아니라 칭념염불을 하는 좋은 소리의 칭념관상염불이다. 허응당 보우스님이 주장하는 구념과 심사와 같은 수행이다.

삼악도에서 왕생한 새의 소리로 설법할 뿐만 아니라 보배 나무와 보배 그물에 부는 바람으로 인해 설법을 하여, 염불·염법·염승으로 수행하게 하여 장엄한다. 이것이 공덕 장엄이다.

그림은 칠보로 장식되고 그물로 덮혀 있는 행수가 미풍이 불어 아름다운 소리를 내는 모습으로 묘사되어 있다. 나무는 여의주 무늬로 둘러 있다.

○ 여기까지가 불국토와 불광명의 장엄이다.

『관무량수경』에서 불국토를 칠보로 장엄하는 것은 난순, 나망, 행수, 연못의 팔공덕수이며, 불광명은 연못에 피어있는 연꽃에서 광명이 나오고 있고, 하늘에서는 천락의 소리가 있고, 묘한 꽃으로 공양을 올리고, 행수에서 부는 바람소리는 법문을 설한다. 그리고 불광이 무량국을 비추고 있는 장엄이다.

국토를 장엄하고 있는 행수가 불의 광명을 받고, 미묘한 바람으로 일어나는 소리가 마치 부처님의 법문과 같다고 하여 많은 뜻을 부여한다.

3) 염불왕생의 장엄

(11) 불광명조무량국성문등계장엄(佛光明照無量國聲聞等界莊嚴)

○ 용천사본 『불설아미타경』

[경전]

"사리불아. 네 생각은 어떠한가? 저 불(佛)을 왜 아미타(阿彌陀)라고 부르겠느냐?

사리불아, 저 불(佛)의 광명은 무량하여 시방 국토를 비추는데 장애하는 것이 없다. 그러므로 호칭이 아미타가 된다.

또 사리불아. 저 불(佛)의 수명과 그 인민(人民, 중생)이 무량 무변한 아승기겁이었기 때문에 이름이 아미타이다."

[설명]

불광명의 장엄을 말한다. 아미타불의 광명은 무량하여 걸리는 것이 없다. 그래서 무량광이다. 국토뿐만 아니라 아미타불이 성불한 이래 지금까지도 무량광인 것이다.

그림은 아미타불이 서방극락세계의 연화대에 앉아 있는 모습이고 성문 대중이 호위하고 있다.

(12) 성불이래비시산수장엄(成佛已來非是算數莊嚴)

○ 용천사본 『불설아미타경』

方國無所障礙是
故号為阿彌陁又
舍利弗彼佛壽命
及其人民無量無
邊阿僧祇劫故名
阿彌陁舍利弗阿
彌陁佛成佛以來
於今十劫又舍利
弗彼佛有無量無
邊聲聞弟子皆阿

○ 용천사본『불설아미타경』

(11) 불광명조무량국성문등계장엄(佛光明照無量國聲聞等界莊嚴)

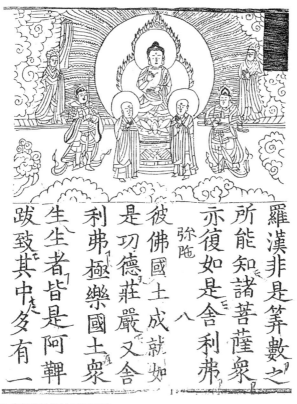

○ 용천사본 『불설아미타경』

(12) 성불이래비시산수장엄(成佛已來非是算數莊嚴)

[경전]

"사리불아. 아미타불이 성불하신 이래로 지금 10겁이다.

또 사리불아. 저 불(佛)은 무량 무변한 성문제자들이 있다. 모두 아라한으로 산수로 셈하여 알 수 있는 것은 아니다. 모든 보살도 또한 이와 같다.

사리불아. 저 불국토가 성취되었다 함은 이와 같이 공덕으로 장엄한 것이다."

[설명]

아미타불이 성불하고 10겁이 지난 지금 현재에도 계신다고 한다.

그림은 성불한 모습을 두광과 신광에 화염을 넣고, 사천왕으로 여겨지는 무장을 좌우에 놓아 보여주고 있다. 그리고 성문제자는 『아미타경』을 이끌어 가는 아난과 사리불일 것이다.

(13) 불성중인접임명종시장엄(佛聖衆引接臨命終時莊嚴)
○ 용천사본 『불설아미타경』

[경전]

"또 사리불아. 극락국토의 중생이 태어나는 것은 모두 아비발치[불퇴전지]이며, 그 가운데 대부분은 일생보처(一生補處)이다. 그 수가 매우 많아 산수로 셈하여 알 수 있는 것은 아니다. 단지 무

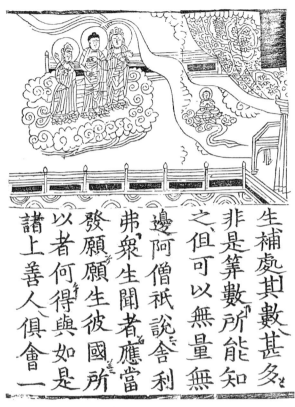

生補處其數甚多、
非是算數所能知
之、但可以無量無
邊阿僧祇說舍利
弗衆生聞者應當
發願願生彼國所
以者何得與如是
諸上善人俱會一

○ 용천사본 『불설아미타경』

(13)불성중인접임종시장엄(佛聖衆引接臨命終時莊嚴)

량 무변한 아승기겁 동안 설해야 가능하다.

사리불아. 중생이 들으면, 마땅히 원(願)을 발해서, 원(願)으로 저 나라에 태어난다.

이유는 무엇인가? 얻게 되면 이와 같이 모든 상(上)의 선인과 더불어 한 곳에 모두 모인다.

사리불아. 작은 선근과 복덕의 인연으로는 저 나라에 태어날 수 없다.

사리불아. 만일 어떤 선남자나 선여인이 아미타불을 듣고 설하며, 이름과 칭호[名號]를 마음에 굳게 지닌다. 만약 하루, 이틀, 사흘, 나흘, 닷새, 엿새, 이레 동안 일심(一心)으로 흐트러지지 않으면, 그 사람이 목숨을 마치려고 할 때에 임하여, 아미타불이 여러 성중과 함께 그 앞에 나타나 있다. 이 사람이 목숨을 마치려 할 때, 마음[心]이 전도(顚倒)되지 않고, 곧 바로 아미타불의 극락국토에 왕생할 수 있다.

사리불아. 나는 이 이로움을 보았기 때문에, 이 말을 설한다.

만약 어떤 중생이 이 말을 듣는다면, 마땅히 원(願)을 발해서 저 국토에 태어날 것이다."

[설명]

이 부분을 이해하는 방법은 아주 다양하다.

임종하려고 할 때, 불과 성중이 맞이하는 방법이기 때문이다. '아승기겁 동안 설해야 가능하다'는 것에 대해서 해석들이 많다.

부처님의 설법이나 선지식에 의해서 들을 수 있다면, 그 공덕으로 아미타불의 명호를 부를 수 있게 된다. 오래도록 하거나, 7일 동안 마음을 흩트리지 않고 한마음으로 하면, 임종시에 아미타불이 성중과 함께 와서 서방극락세계로 바로 왕생할 수 있게 한다.

용천사본 『불설아미타경』 후반부에 내영도가 『염불작법』과 함께 합철된 이유이며, 『염불작법』에서 '염불'과 '권념'의 항목을 설정한 이유이기도 하다. 『무량수경』・『관무량수경』・『아미타경』이 하나의 체계를 갖춘 수행법으로 연결되어 있음을 나타내며, 『염불작법』과 『불설아미타경』이 하나의 의궤로서 역할을 하는 것이다.

그림은 아미타불이 수행자에게 빛을 비추어 연꽃 속에 화생하는 것을 돕는다. 방제에 쓰여 있는 내용과 같이 불(佛)과 성중이 임종시에 수행자를 맞이[引接]하여 간다. 이 모티브가 서하지역에서 그려진 '접인선자왕생아미타불정토'이다.

○ 여기까지가 염불왕생의 장엄이다.
부처님과 성중들이 임종하려 할 때 맞이하는 장엄이다.

4) 부처님이 찬탄하는 장엄

(14) 동방성불편복계장엄(東方聖佛偏覆界莊嚴)
○ 용천사본 『불설아미타경』편

[경전]

　　"사리불아. 내가 지금 같다면, 아미타불의 불가사의한 공덕을 찬탄한다.

　　동방에는 또한 아촉비불, 수미상불, 대수미불, 수미광불, 묘음불 등이 있다. 이와 같은 항하사 수 모든 불(佛)은 각기 그 나라에서 광장설상(廣長舌相)을 내어서, 삼천대천세계를 두루 덮고, 진실한 말을 설하여 경계한다.

　　'너희 중생들은 마땅히 믿고서[信] 불가사의한 공덕으로 일체 모든 불(佛)이 호념한 경(經)을 칭찬해야 한다.'"

[설명]

　불의 상호(相好)에서 상(相)은 lakṣaṇa로 불의 육신에 구족한 특수한 용모로 나타나 쉽게 보이는 32가지를 말하고, 호(好)는 vyañJana로 불의 육신에 모양으로 세세하게 보이는 80가지를 말한다. 상으로 볼 수 있는 것은 32상이고, 좋은 모습을 따라서 보이는 것은 80가지인 것이다.

　광장설상(廣長舌相)은 dvātriṃśanmahā-puruṣa라는 큰 혀의 모습으로 불의 32상 가운데 하나이다. 혀끝이 얇고 부드러워서 쭉 펴면 머리카락 끝까지 덮을 수가 있다고 한다. 큰 대비행으로 법계에 회향하여 감응을 주

處舍利弗不可以
少善根福德因緣
得生彼國舍利弗
若有善男子善女
人聞說阿彌陁佛
執持名号若一日
若二日若三日若

弥陁

九

○ 용천사본 『불설아미타경』

(14)동방성불편복계장엄(東方聖佛徧覆界莊嚴)

는 모습이다. 이 모습[相]을 관하면 100억 8만 4천겁의 생사죄를 멸하여 80억 불보살의 수기를 만날 수 있다.

그러니 중생은 믿고 불(佛)이 설한 『아미타경』을 칭찬해야 한다. 광장설상은 동서남북과 하·상방의 모든 불이 갖추고 있다.

그림은 동쪽에 있는 아촉비불과 묘음불 등의 5불이 맞이한다는 것이다.

(15) 남방제상호설성등장엄(南方諸相好說誠等莊嚴)
○ 용천사본 『불설아미타경』

[경전]
　　"사리불아. 남방 세계에는 일월등불, 명문광불, 대염견불, 수미등불, 무량정진불 등이 있다. 이와 같은 등의 항하사 수의 모든 불(佛)이 각기 그 나라에서 광장설상을 내어서, 삼천대천세계를 두루 덮고, 진실한 말을 설하여 경계한다.

　　'너희 중생들은 마땅히 믿고서[信] 불가사의한 공덕으로 모든 불(佛)이 호념한 경(經)을 칭찬해야 한다.'"

[설명]
남방의 모든 불이 광장설상을 갖추고 있다. 남방에 있는 5불이 맞이한다.

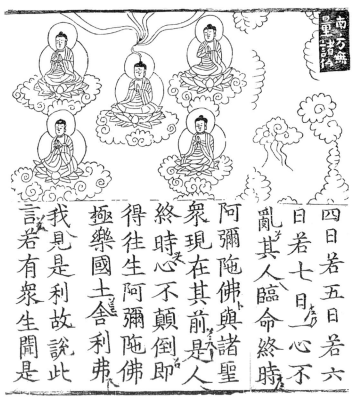

言若有眾生聞是
我見是利故說此
極樂國土舍利弗
得往生阿彌陁佛
終時心不顛倒即
眾現在其前是人
阿彌陁佛與諸聖
亂其人臨命終時
日若七日一心不
四日若五日若六

○ 용천사본 『불설아미타경』

(15)남방제상호설성등장엄(南方諸相好說誠等莊嚴)

(16) 서방무량상호사의장엄(西方無量相好思議莊嚴)
○ 용천사본 『불설아미타경』

[경전]

　　"사리불아. 서방세계에는 무량수불, 무량상불, 무량당불, 대광불, 대명불, 보상불, 정광불이 있다. 이와 같이 항하사 수의 모든 불(佛)이 각기 그 나라에서 광장설상을 내어서, 삼천대천세계를 두루 덮고, 진실한 말을 설하여 경계한다.

　　'너희 중생들은 마땅히 믿고서[信] 불가사의한 공덕으로 모든 불(佛)이 호념한 경(經)을 칭찬해야 한다.'"

[설명]

서방의 모든 불이 광장설상을 갖추고 있다. 그리고 서방에 있는 7불이 맞이한다.

(17) 북방장상여등억장엄(北方長相汝等億莊嚴)
○ 용천사본 『불설아미타경』

[경전]

　　"사리불아. 북방세계에는 염견불, 최승음불, 난저불, 일생불, 망명불이 있다. 이와 같이 항하사 수의 모든 불(佛)이 각기 그 나라에

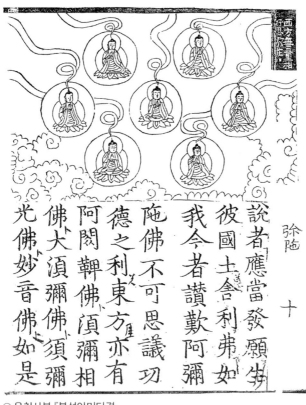

光佛妙音佛如是
佛大須彌佛須彌
阿閦鞞佛須彌相
德之利東方亦有
陁佛不可思議㓛
我今者讚歎阿彌
彼國土舍利弗如
說者應當發願生

○ 용천사본 『불설아미타경』

(16)서방무량상호사의장엄(西方無量相好思議莊嚴)

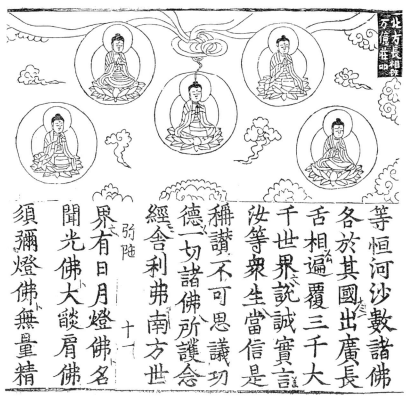

北方長相汝
万億莊嚴

須彌燈佛無量精

聞光佛大燄肩佛

界有日月燈佛名

弥陁 十七

經舍利弗南方世

德一切諸佛所護念

稱讚不可思議功

汝等衆生當信是

千世界說誠實言

舌相遍覆三千大

各於其國出廣長

等恒河沙數諸佛

○ 용천사본 『불설아미타경』

(17) 북방장상여등억장엄(北方長相汝等億莊嚴)

서 광장설상을 내어서, 삼천대천세계를 두루 덮고, 진실한 말을 설하여 경계한다.

'너희 중생들은 마땅히 믿고서[信] 불가사의한 공덕으로 모든 불(佛)이 호념한 경(經)을 칭찬해야 한다.'"

[설명]
북방의 모든 불이 광장설상을 갖추고 있다. 북방에 있는 5불이 맞이한다.

(18) 하방대천성중장상등장엄(下方大千聖衆長相等莊嚴)
○ 용천사본『불설아미타경』

[경전]
"사리불아. 하방(下方)세계에는 사자불, 명문불, 명광불, 달마불, 법당불, 지법불이 있다. 이와 같이 항하사 수의 모든 불(佛)이 각기 그 나라에서 광장설상을 내어서, 삼천대천세계를 두루 덮고, 진실한 말을 설하여 경계한다.

'너희 중생들은 마땅히 믿고서[信] 불가사의한 공덕으로 모든 불(佛이 호념한 경(經)을 칭찬해야 한다.'"

[설명]
하방의 모든 불들이 광장설상을 갖추고 있다.

進佛妙是等恒河
沙數諸佛各於其
國出廣長舌相遍
覆三千大千世界
說誠實言汝等眾
生當信是稱讚不
可思議功德一切諸
佛所護念經舍利
弗西方世界有無量
壽佛無量相佛無
量幢佛大光佛大
明佛寶相佛淨光
佛如是等恒河沙
數諸佛各於其國

弥陀

十、

○용천사본『불설아미타경』

(18)하방대천성중장상등장엄(下方大千聖衆長相等莊嚴)

하방에 있는 6불이 맞이한다. 특히 하방은 유리땅이 국토를 장엄하고 서 있는 곳이다. 그래서 장엄물의 대표인 총관에서 그려지는 누각으로 표시하고 있다.

(19) 상방제범상무량억불장엄(上方諸梵相無量億佛莊嚴)
○ 용천사본 『불설아미타경』

[경전]

　　"사리불아. 상방(上方)세계에는 범음불, 숙왕불, 향상불, 향광불, 대염견불, 잡색보화엄신불, 사라수왕불, 보화덕불, 견일체의불, 여수미산불이 있다. 이와 같이 항하사 수의 모든 불(佛)이 각기 그 나라에서 광장설상을 내어서, 삼천대천세계를 두루 덮고, 진실한 말을 설하여 경계한다.

　　'너희 중생들은 마땅히 믿고서[信] 불가사의한 공덕으로 모든 불(佛)이 호념한 경(經)을 칭찬해야 한다.'"

[설명]

상방의 모든 불이 광장설상을 갖추고 있다. 상방에 있는 10불이 맞이한다.

出廣長舌相遍覆
三千大千世界說
誠實言汝等眾生
當信是稱讚不可
思議功德一切諸
佛所護念經舍利
弗北方世界有燄
肩佛最勝音佛難
沮佛日生佛網明
佛如是等恒河沙
數諸佛各於其國
出廣長舌相遍覆
三千大千世界說
誠實言汝等眾生

弥陀
十三

○ 용천사본 『불설아미타경』

(19)상방제범상무량억불장엄(上方諸梵相無量億佛莊嚴)

(20) 정토일체제불상호장엄(淨土一切諸佛相好莊嚴)
○ 용천사본『불설아미타경』

[경전]

"사리불아. 너는 생각은 어떠한가? 무슨 이유로 이름이 모든 불(佛)이 호념한 경(經)인가?

사리불아, 만일 어떤 선남자나 선여인이 이 경을 듣고 수지하거나 모든 불(佛)의 이름[名]을 듣는다면, 모든 선남자나 선여인이 일체 모든 불(佛)이 함께 호념하게 모두 되어, 아뇩다라삼먁삼보리에서 물러서지 않게 됨을 모두 얻는다.

그러므로 사리불아. 너희들은 모두 믿고서 나의 말과 모든 불(佛)이 설한 것을 받아야 한다."

[설명]

『아미타경』을 호념하는 이유를 밝힌다. 경의 이름을 듣고, 수지하고, 이름을 듣게 되면, 믿고 따르게 된다는 것이다.

그림은 빈틈이 없이 화면에 불을 꽉 채워 넣었다.

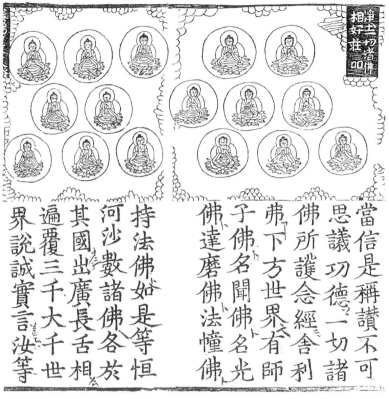

當信是稱讚不可
思議功德一切諸
佛所護念經舍利
弗下方世界有師
子佛名聞佛名光
佛達磨佛法幢佛

持法佛始是等恒
河沙數諸佛各於
其國出廣長舌相
遍覆三千大千世
界說誠實言汝等

○ 용천사본 『불설아미타경』

(20) 정토일체제불상호장엄(淨土一切諸佛相好莊嚴)

(21) 선남선녀발원억토장엄(善男善女發願億土莊嚴)
○ 용천사본 『불설아미타경』

[경전]

　　"사리불아. 만약 어떤 사람이 이미 발원하였거나 지금 발원하거나 앞으로 발원하여, 아미타불의 나라에 태어나고자 한다면, 이 사람들은 모두 아뇩다라삼먁삼보리에서 물러서지 않게 되어, 저 국토에 이미 태어났거나 지금 태어나거나 미래에 태어남을 모두 얻는다.

　　그러므로 사리불아. 모든 선남자나 선여인이 만일 믿음이 있다면, 마땅히 원(願)을 발해서 저 국토에 태어나게 된다."

[설명]

발원으로 왕생하게 되는 원이다.

　그림은 아미타불을 그리고 이중으로 다시 광배를 표현하였다. 선남자 선녀인인 수행자들이 발원하는 모습이다.

(22) 석가불희유사바토장엄(釋迦佛希有娑婆土莊嚴)
○ 용천사본 『불설아미타경』

[경전]

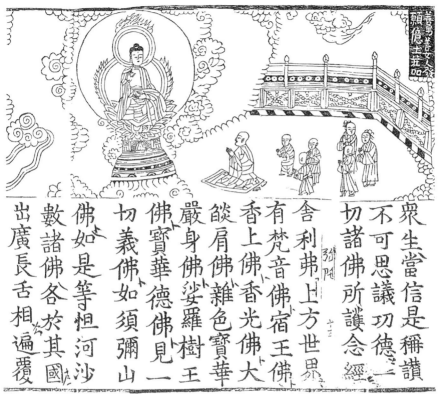

善男善女發願
億土莊嚴

眾生當信是稱讚
不可思議功德
切諸佛所護念經
舍利弗上方世界
有梵音佛宿王佛
香上佛香光佛大
燄肩佛雜色寶華
嚴身佛娑羅樹王
佛寶華德佛見一
切義佛如須彌山
佛如是等恒河沙
數諸佛各於其國
出廣長舌相遍覆

○ 용천사본『불설아미타경』

(21)선남선녀발원억토장엄(善男善女發願億土莊嚴)

三千大千世界説
誠實言汝等衆生
當信是稱讚不可
思議功德一切諸
佛所護念經舍利
弗汝女意云何何
故名為一切諸佛所
護念經舍利弗若
有善男子善女人
聞是經受持者及
聞諸佛名者是諸
善男子善女人諸

弥陁

十五

○ 용천사본『불설아미타경』

(22) 석가불희유사바토장엄(釋迦佛希有娑婆土莊嚴)

"사리불아. 내가 지금 같다면, 모든 불(佛)의 불가사의한 공덕을 칭찬한다.

저 모든 불(佛)은 또한 나의 불가사의한 공덕을 칭찬하여 설하여서 이 말을 짓는다.

'석가모니 부처님은 매우 어렵고 희유한 일을 능히 하고,

[설명]

부처님에게만 있는 불가사의한 공덕을 말하고 있다.

그림에서 불자의 모습을 그리고 있는 것은 서방정토를 향하는 것을 가리키고 있다.

(23) 정토계일체제불장엄(淨土界一切諸佛莊嚴)
○ 용천사본 『불설아미타경』

[경전]

사바국토 오탁악세의……겁탁, 견탁, 번뇌탁, 중생탁, 명탁 가운데서 아뇩다라삼먁삼보리를 능히 얻고, 모든 중생들을 위하여 일체 세간의 믿기 어려운 법을 설한다.'"

[설명]

사바국토 오탁악세를 위한 설법이다. 이것이 원이다. 오탁은 겁탁·견탁·

多羅三藐三菩提　得不退轉於阿耨　國者是諸人等皆　願欲生阿弥陀佛　我語及諸佛所說　舍利弗若有人已　發願今發願當發　為一切諸佛之所　護念皆得不退轉　於阿耨多羅三藐　三菩提是故舍利　弗汝等皆當信受

○용천사본『불설아미타경』

(23)정토계일체제불장엄(淨土界一切諸佛莊嚴)

번뇌탁·중생탁·명탁이다.

그림은 중생의 세계가 비록 오탁악세라도 시방의 모든 곳에는 아미타불이 빛을 비추고 있다고 하여 10불로 나타내고 있다.

(24) 오탁세계사바국토장엄(五濁世界娑婆國土莊嚴)
○ 용천사본『불설아미타경』

[경전]

> "사리불아, 마땅히 알리라. 내가 오탁악세에서 이 행을 행하여, 아뇩다라삼먁삼보리를 얻고, 모든 세간을 위하여 믿기 어려운 법을 설한다. 이는 심히 어려운 일이다."

[설명]

오탁악세에서 국토장엄을 보였으니 믿기 어려우나 믿어야 한다고 설한다.

○여기까지가 모든 부처님이 찬탄하는 장엄이다.

동남서북 하상의 6방향에는 여래와 불상호, 발원토, 사바토, 정토계 등이 있고, 오탁악세에서도 과거, 현재, 미래 모든 부처님이 믿기 어려운 것을 찬탄하고 권유한다는 것이다.

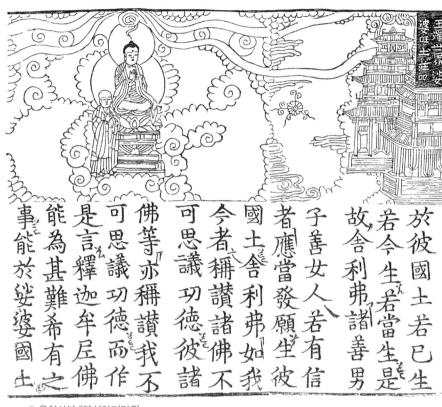

於彼國土若已生
若今生若當生是
故舍利弗諸善男
子善女人若有信
者應當發願生彼
國土舍利弗如我
今者稱讚諸佛不
可思議功德彼諸
可思議功德而作
佛等亦稱讚我不
是言釋迦牟尼佛
能為甚難希有之
事能於娑婆國土

○ 용천사본『불설아미타경』

(24) 오탁세계사바국토장엄(五濁世界娑婆國土莊嚴)

5) 신수봉행하는 장엄

(25) 천인팔부문설환희신수예불이거장엄(天人八部聞說歡喜信受禮佛而去莊嚴)

○ 용천사본 『불설아미타경』

[경전]

　　부처님께서 이 경을 설하여 마치자, 사리불과 모든 비구, 일체 세간의 천·인·아수라 등이 부처님께서 설한 것을 듣고서, 환희하며 믿고 받아, 예를 올리고 떠났다.

　　나무아미다파야 치타가다야 치지야타 아미리 도파비 아미리 치 실탐파비 아미리치 비가란제 아미리치 비가란치 가미니 가가 나 지다가례 사바하

[설명]

경전이 끝날 때 보여주는 설법 대중의 환희하는 모습이다. 신수봉행하는 장엄이다. 이를 유통분이라고 한다. 이 경전이 세상에 경전이 널리 널리 퍼지기를 바라는 것이다.

그리고 위와 같이 용천사본 『불설아미타경』에서는 '나무아미다파야 ~~~사바하'라는 진언이 첨부되어 한 경전처럼 되어 있다. 이 진언의 이름 은 무량수불왕생정토주이다. 왕생주, 왕생정토주, 왕생정토진언 등 다양하 게 불린다.

羅等聞佛所說歡

喜信受作礼而去

南無阿彌多婆夜

哆他伽哆夜哆地夜

他阿彌唎都婆毗阿

彌唎哆悉躭婆毗阿

彌唎哆毗迦蘭帝

阿彌唎哆毗迦蘭

哆伽彌膩伽伽郍

枳多迦隷莎婆訶

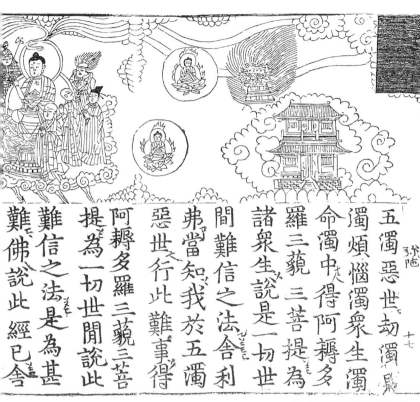

五濁惡世劫濁見
濁煩惱濁眾生濁
命濁中得阿耨多
羅三藐三菩提為
諸眾生說是一切世
間難信之法舍利
弗當知我於五濁
惡世行此難事得
阿耨多羅三藐三菩
提為一切世閒說此
難信之法是為甚
難佛說此經已舍

○ 용천사본 『불설아미타경』

(25) 천인팔부문설환희신수예불이거장엄
(天人八部聞說歡喜信受禮佛而去莊嚴)

무량수불왕생정토주는 본래 '발일체업장근본득생정토신주(拔一切業障根本得生淨土神呪)'라고 한다. 이 주(呪)가 등장하는 경전은 구나발타라가 번역하였다고 알려진 『발일체업장근본득생정토신주』이다. 그러나 이 경전은 송·원·명판에는 입장되어 있으나 고려대장경판에는 입장되어 있지 않다. 번역자에 대해서 이설이 있는 이유이다. 실제 진언이 처음으로 문헌에 인용되는 곳은 『용서증광정토문』이다.

○『용서증광정토문』에서 진언을 어떻게 설명하고 있는지 살펴보자.
왕일휴가 지은 『용서증광정토문』 2곳에서 진언을 언급하고 있다. '수지법문 6'에서는 왕생정토진언을 언급하고, '특위권유(特爲勸喻)'에서는 '권동남(勸童男)'와 '권실녀(勸室女)'에서 59자의 진언 이름과 내용을 언급한다.

'수지법문 6'의 내용을 간략하게 설명하면 다음과 같다.
석가불이 세상에 계실 때, 어떤 노인 2명이 곡식 1말[斗]을 써서, 아미타불을 염(念)하는 것을 세고, 원으로 서방에 태어났다고 한다. 아미타불을 염할 때, 어리석어서 염할 수 없다면, 단 한 번이라도 온전하게 하면 큰 복보(福報)를 얻을 수 있다. 그래서 진언과 함께 『소아미타경』이나 『대아미타경』 혹는 기타 경전을 지송한다. 그리고 회향하며, 왕생정토진언을 따른다고 한다. 복보로 사방정토에 왕생하는 것을 강조하는 것이다. 진언은 본래 부처님의 나라 글자는 아니라고 하며, 원(遠)법사는 이 진언을 송했다는 설명이 있다.

원법사는 백련결사를 처음으로 한 혜원스님을 가리키는 것이다. 『권념요록』에서는 왕랑반혼전 다음에 염불결사의 시조로서 첫 번째로 등장한다. 『대아미타경』은 아마도 4본을 대교하여 만든 경전을 가리킬 것이다. 왕일휴는 지겸이 번역한 『무량청정평등각경』과 『아미타경』, 강승개가 번역한 『무량수경』, 법현이 번역한 『무량수장엄경』을 대교하여 2권으로 만들었는데, 이를 『대아미타경』이라고 부르고 있다. 그리고 이 경에는 위의 진언이 들어 있다.

'특위권유'의 내용은 다음과 같다.

'特爲勸喻三十七篇'이라고 하는데, '勸'하는 37가지 이야기라는 내용이다. 특위권유의 서문에 의하면 다음과 같은 뜻이 있다. '정토를 닦는 자는 그 이유를 따르면 선(善)이 되고, 바탕[資]으로서 나아가는 공(功)을 닦는다. 그래서 이 권의 이름이 된다. 글자를 모르는 자가 자비롭고 인자한 군자에게 힘입어서 보살심을 발하면 해탈이 된다. 보시가 큰 자는 선후의 순서가 가깝고 멀고, 혹은 급하고 천천함은 그 사람의 높고 낮음에 구애받지 않는다.' 이 설명에 따르면 선업이 되고, 바탕을 따라서 실천하면 공덕이 된다고 하는 것이다. 글자를 알거나 모르거나 선지식을 따르면, 37가지 이야기와 같이 정토에 왕생할 수 있다는 뜻이다.

권하는 37가지 이야기 중 '권동남'과 '권실녀'에서 59자 왕생정토진언에 대하여 다음과 같이 언급하고 있다. 어린아이가 집에 태어났을 때, 글을 가리키는 이유와 내용이다.

권동남에서는, 사람의 집에 남자가 태어나 말할 수가 있게 되었을 때, 매일 서방사성호(西方四聖號)를 10번씩 염(念)하고 59자인 정토진언을 송하도록 해야 한다고 한다.

권실녀에서는 임신한 여자를 보면 많은 인(因)으로 아기를 낳기 때문에, 큰 병을 얻을 수 있거나 몸이 죽게 되기도 한다. 소생한 자식은 전생에 원수인 것이니 '발일체업장근본왕생정토진언'을 송하여 아미타불이 항상 정수리에 있도록 하여 해를 끼치지 못하도록 해야 한다고 한다.

'勸'은 남자나 여자아이가 정토주를 공부하고 염송하여 수지하는 것이 매우 당연하게 해야 할 의무라는 것이다. 한자로 쓰여진 진언의 글자 수는 59자이고, 원수를 만나지 못하도록 진언을 송하여 아미타불의 광명을 정수리에서 빛나게 하여 모든 업장을 소멸시켜야 한다. 글을 알지 못해도 진언을 독송하면 아미타불로 인해서 사방극락세계에 왕생하게 된다는 뜻이다.

한자로 표기된 진언을 로마나이즈하여 번역하면 다음과 같다.

Namo Amitābhāya tathāgatāya

tad-yathā

amṛta-udbhave

amṛta-siddhabhave

amṛta-vikrānte

amṛta-vikrānta-gāmine

gagana-kīrtikara

sāvhā

무량광여래에게 귀의합니다.

그것은 다음과 같습니다.

불사(不死)에서 생한 것입니다.

불사에 의해서 성취한 것에서 생한 것입니다.

불사에 의해서 초월한 것입니다.

불사에 의해서 초월을 획득한 것입니다.

허공과 같이 영예를 받은 것입니다.

스바하

『아미타경』에서 아미타불의 장엄을 알고, 무량수불왕생정토주를 송지하면, 오탁악세에서 오역죄를 짓고 십악을 지었더라도 누구나 왕생할 수 있다는 가르침을 알려 주고 있다.

이 진언을 이해하기 위해 '용선도'를 설명하는 '죽암비구 가관 경제(竹庵比丘 可觀 敬題)'를 살펴야 한다. 여기에서 왕생정토하기 위해서는 '결정왕생주'를 반드시 염송해야 한다고 한다. 『아미타경』을 아무리 읽었어도 이 주를 염송하지 않으면 소용이 없는 것이다. 그래서 경전의 뒤에 다라니를 경전처럼 붙어 놓은 것이다. 다라니를 송함으로서 아미타불이 내영하고, 용선을 타고 정토에 왕생하는 순서로 놓은 것이다. 마지막에 갖춘 진언의 지송의궤를 놓아 정토왕생을 돕고 있다.

6) 아미타불의 내영
(26) 아미타불내영도(阿彌陀佛來迎圖)
○ 용천사본『불설아미타경』

[설명]
『아미타경』에서는 불국토의 장엄과 불광명의 가피로 아미타불과 관세음·대세지보살 그리고 권속들이 함께 내영하여 서방극락세계로 가는 왕생을 보여준다. 특히 경전 마지막에 결정왕생주를 지송함으로서 정토에 왕생이 결정된다. 이때 아미타불이 내영하게 된다.
그림도 아미타불이 내영하는 모습을 그리고 있다.

7) 용선을 타는 인연
(27) 용선도(龍船圖)
○ 용천사본『불설아미타경』

[설명]
서방극락세계로 왕생하는데, 경전을 독송하고 진언을 함께 송하였기 때문에, 아미타불이 내영하여, 함께 용선을 타고 간다는 것이다. 매우 상징적인 도상이다.

○ 용천사본 『불설아미타경』

(26)아미타불내영도(阿彌陀佛來迎圖)

○ 용천사본 『불설아미타경』

(27) 용선도(龍船圖)

용선도 다음에는 '죽암비구 가관 경제(竹庵比丘 可觀 敬題)'라는 제목으로 옛날 수선사의 꿈 이야기가 실려 있다. 용선을 탈 수 있도록 하는 연기문이다. 이 연기문의 성립은 십육관의 관상염불 수행과 밀접한 관계가 있고, 수관(水觀)에서 시작되었다. 중생이 임종시에 관하는 것은 해가 떨어지는 마지막 곳이 물이기 때문이다.

진언이 문헌에 최초로 인용되는 『용서증광정토문』은 늦어도 12세기경에는 『아미타경』과 진언이 결합한 형태로 등장하고 있음을 알려준다. 서방극락세계에 왕생하려면 진언의 염송이 반드시 필요하다. 남자아이에게는 경전의 내용을 가르치고 새로 태어나는 여자아이에게는 진언을 외우게 한다. 진언을 외우면 정수리 위에 아미타불이 항상 광명을 발하므로 업장을 소멸시켜 원수가 접근할 수 없게 된다. 죽어서는 아미타불이 내영하고 마침내 배를 타고 서방정토에 왕생할 수 있게 된다. 그 증거인 이야기가 '죽암비구 가관 경제'이다.

○ 죽암비구 가관 경제(竹庵比丘 可觀 敬題)
　죽암비구 가관 경제
　장경(藏經)에 실려 있는 것이다. 옛날에 수선사(壽禪師)는 꿈에서 경을 암송하는 사람들로 가득 찬 꽃배 하나를 보았다.
　선사는 뱃사공에게 "어디로 가는 것인가?"라고 물었다.
　"왕생정토"라고 답한다.

선사는 "노승도 배에 들어가 함께 가고 싶다"고 말한다.

뱃사공이 말하길, "선사는 일찍이 아미타경을 암송하지 않았기 때문에, 왕생할 수 없다"라고 하였다.

배는 마침내 출발하여 가버렸다.

선사는 꿈에서 깨어났다. 경전을 찾아서 낮 밤으로 암송하고 지니는 것을 그치지 않고, 반년이 되었다. 또, 꿈에서 경을 암송하는 사람으로 가득 찬 배를 보고서, 선사는 배를 함께 타고자 했다.

뱃사공이 선사에게 말하길, "비록 경을 암송하였으나 아직 결정왕생주를 암송하지는 않았습니다"라고 한다.

선사는 다시 주(呪)를 암송하고, 반년이 되었다.

어느 날 밤에 선사는 방장(方丈)에 앉아 있는데, 원(院)을 가득 메우고 있던 사람들은 방장 위에서 나는 천락(天樂)을 홀연히 듣고, 반(飯)의 향기가 두루하게 충만함을 느꼈다. 어떤 사람이 급히 방장으로 가니, 단정하게 그대로 앉아서 화생하는 것을 보았다.

경에서 "만약 어떤 사람이 정토에 구하여 태어나고자 한다면, 반드시 아미타경과 왕생주를 송해야 하며, 매일 사성존(四聖尊)의 호를 발(發, 稱念)하여 정토에 태어나기를 구하고 발원해야 한다"라고 하였다.

부처님의 말씀은 이 믿기 어려운 법을 말하는 헛됨이 아니니, 대중들은 마땅히 믿음으로 부처님의 말을 수지해야 한다. 정토에 태어나고자 하는 자는 반드시 경(經)과 주(呪)를 송지(誦持, 지송)하여, 생각[念]에 매달아 놓아서 안양(安養)에 태어나 구하기를 그치지 말아야 한다.

이 주(呪)를 암송하는 자는 결정왕생 극락국토 청련화 가운데 화생(化生)하여 성불한다.

죽암비구의 용선도 인연담은 『아미타경』에는 보이지 않는다. 『아미타경』이 번역되고 진언을 처음 인용한 『용서증광정토문』의 성립 사이에 일어난 감응 이야기임을 알 수 있다. 조금 더 좁혀보면, 염불결사에서 일어난 이적과 관련이 있음을 짐작할 수 있다. 관련된 단편은 여럿 찾을 수 있지만, 이와 일치하는 이야기는 없는 것 같다. 구나발타나가 번역한 『발일체업장근본득생정토신주』도 번역자에 대하여 이견이 있는 만큼 새로운 연구 성과가 나와야 할 것 같다.

용선도와 '죽암비구 가관 경제' 사이에 있는 6개 진언은 다음과 같다. 불설보누각근본진언, 보누각수심주, 무량수불설왕생정토주, 아미타심주, 결정왕생진언, 불설결정왕생진언이다. 『아미타경』의 독송과 함께 중요한 염불 수행으로 꼽고 있는 불설결정왕생진언으로 인하여 '죽암비구 가관 경제'가 놓여 있다.

이미 현전하는 『육경합부』로서 가장 이른 안심사본(1424년, 원각사 소장본)에서도 이 진언의 활용이 보이므로 새로운 연구가 필요하다고 하겠다.

16. 허응당 보우스님의 '권념(勸念)'과 정토관상염불의 실천

1) 수지법문과 '권념(勸念)'의 뜻

지금까지 『권념요록』의 구성체계를 중심으로 허응당 보우스님이 제시한 수행법을 알기 위해 관련 경전과 문헌을 번역하고 분석해보았다.

용천사본 『염불작법』은 『권념요록』의 관법·권념 내용을 이었지만, 구념염불 또는 칭념염불만을 강조하는 염불수행으로 넘어가는 전환점이 되는 의례집이었다. 나무아미타불의 십념 또는 48원의 원생(願生) 강조는 『아미타경』과 결정왕생주가 결합하여 칭념하는 구념염불의 수행으로 변화하는데 영향을 주었다. 사실 이 내용은 『용서증광정토문』 특위권유에서 영향을 받은 것이다.

그리고 허응당 보우스님의 마지막 해는 1565년이고, 용천사본 『염불작법』은 1575년에 판각되었으며, 합철된 『아미타경』은 1577년에 판각되었다. 이들 간에 시간과 공산에는 근 차이기 없다고 보아도 된다. 1500년대 후반은 관상염불과 칭념염불이 공존하는 변화시대라고 해도 좋을 듯하다.

허응당 보우스님이 저술한 『권념요록』은 『예념미타도량참법』 서문·왕생전록·구생행문과 결의생신·인교비증 등을 인용하여 재구성하였다. 서문은 물론, 수행법으로 제시한 '관법'에서도 아미타불과 관음·대세지보살을 차례로 관상하고, 수행자인 자신도 연꽃 위에 왕생함을 관하는 내용이다. '인증'은 인교비증에서 인용한다. 허응당 보우스님은 구념과 심사라는 수행법을 제시하고, 증거로 『약사유리광여래본원공덕경』과 『유가집요구아난다라니염구궤의경』을 들었다. 다라니의궤를 강조하는 것은 신구의 삼업을 삼밀로 변화시키려는 조짐을 보여주는 증거였다.

『권념요록』 서문에서 저술 목적으로 사용한 구생(求生)이란 용어는 허응당 보우스님의 독창적인 주장으로 이해할 수 있다. 『권념요록』에 영향을 주고 있는 『용서증광정토문』 염불보응인연이나 『예념미타도량참법』 서문의 저술 목적에는 쓰이지 않았던 용어이다. 허응당 보우스님이 서문의 발원에 보이는 생전(生前)과 신후(身後)와 호응하도록 하여, 저술의 목적인 관상염불을 더욱 분명하게 밝히기 위한 구성이었다.

위와 같이 허응당보우스님의 인용문의 재배치와 그 만의 주장은 『예념미타도량참법』이 본래 가지고 있던 참법을 그대로 보여주지 않는 결과를 낳았다. 허응당 보우스님은 참법을 관상염불수행으로 전환하고, 나아가 삼밀의 밀교수법으로 변화시키려고 하였다. 이러한 허응당 보우스님의 의도는 용천사본 『염불작법』과 같은 작법류에 반영되며 조선불교의 수행법으로 변화하기 시작한다.

그런데 여기에는 주목해야 할 내용이 있다. 그 변화 중심에는 수지법문이라는 용어와 관련이 깊다는 것이다. 허응당 보우스님이 주장하는 수행법은 '십육관경수지법문'이 중심이 되어 있다. 칭념염불을 강조하는 『아미타경』과 진언의 결합도 모두 구품왕생과 관련된 수지법문이라는 공통점을 가지고 있다.

허응당 보우스님이 '십육관경수지법문'을 인용한 것은 『용서증광정토문』에 보이는 15편의 '수지법문'의 내용으로 판단할 수 있다. 왜냐하면 '수지법문'이란 용어는 『용서증광정토문』에서 십육관의 수행을 강조하는 용어로만 나타나기 때문이다.

수지법문의 내용은 구품에 왕생하기 위해서 구체적으로 해야 할 정례념(頂禮念)과 경례(敬禮) 등의 종류를 설명하고 있다. 정례념과 경례는 매일매일 아미타불을 관상하고 칭념하는 예불법이라고 이해하면 무리는 없다, 이러한 예법 중에 진언을 제시하고 독송하는 방법은 6번째 '수지법문 6'이며, '수지법문 9'에서는 이 수행을 '관상법'이라고 정의한다. 경전을 독송하고 진언을 송해야 하는 것을 '특위권유'의 권동남과 권실녀에서 보여준다.

특위권유에 나오는 37가지 이야기는 농경사회인 송나라에서 농업을 통해서 일어나는 살생을 효의 행으로서 윤회를 끊고 서방정토에 왕생을 보여주는 것이라고 한다. 직업의 상하를 만들려는 것이 아니고, 농가·승·참선자 등을 보이며 유교사상과의 갈등을 해소하는 하나의 방법으로 제시하였다는 주장이다. 정토교의 입장이 아닌 왕일휴의 입장에서 보는 평등관인 것이다.(林田康順, 1993)

이렇게 『용서증광정토문』 수지법문에서 강조하는 정례념과 경례는 송(宋)의 현실을 수용한 '특위권유'와 매우 깊은 관련이 있다. 특위권유에서는 선을 닦고 공덕을 키워가는 방법으로 태어나는 아이에게 진언의 내용을 가르쳐 주어야 한다.

권동남과 권실녀에서 보여주는 것과 같이 자식이 태어나면, 남자아이에게는 글을 가르친다. 그리고 임신한 여자를 보았을 때, 잦은 출산으로 인하여 병이 들거나 죽음에 이르게 되고, 또 이로 인해서 낳은 자식은 전생이 귀신이 된 것이다. 그러니 업보가 있게 된다. 진언을 가르쳐서 원수로 태어난 업장을 소멸해야 한다고 한 것이다.

오계나 십선의 불살생계를 잘 수지하고, 염불을 닦아야 한다. 『관무량수경』에서 가리키는 삼복(三福) 즉 삼종정업의 내용을 실천하는 것이다. 이 영향으로 『아미타경소초』 '결석주의'에서 경전과 진언의 결합을 보여주고 있는 것이다.

『용서증광정토문』 서문을 빌어서 말하면, 비록 칭창(稱唱)하고 첨례(瞻禮)하고 독송(讀誦)하고, 지계(持戒)하지만, 정업의 정인과 정관의 조행(助行)으로 구품의 상·하에 들어갈 수 있다고 하는 것이다. 48원의 서원과 관법의 수행을 인(囚)으로 하고 정토세계를 과(果)로 보여주는 것이 『아미타경』이다. 그러니 매일 예불하고 염불해야 하고, 이것이 곧 효의 실천이다. 정업을 바탕으로 이루어지는 염불의 모습이고, 그 결과로 보이는 과보가 '염불보응인연' 즉 『권념요록』 서문에서 보이고자 한 것이다.

'수지법문 6'의 실천은 '수지법문 8'과 '수지법문 9'을 보면 『관무량수경』을 어떻게 수행해야 하는가를 구체적으로 알려준다.

'수지법문 8'에는 온전히 재계(齋戒)를 수지하고, 예불하고 염불하고, 대승경전을 독송하고, 제일의(第一義)를 잘 알아서 회향으로 서방에 원생(願生)하는 것이라고 한다. 이는 모든 계(戒)에서 처음에 오는 살생 또는 불살생에 대한 가르침이며, 『무량수경』에서 미륵보살이 알아야 할 오선(五善)과 관계가 있다. 『관무량수경』에서는 팔재계를 가리킨다. 이러한 주장은 후에 송(宋)에서 '계살념불(戒殺念佛)'이라고 하는 염불법으로 유행하게 된다.

또 '수지법문 9'에는 재계를 수지했으므로 얼굴은 서쪽을 향하고 앉아서 아미타불의 진금색을 관상한다. 아미타불을 관한다는 것은 곧 법신상관을 말한다. 법신상관은 『관무량수경』에서 설명하고 있듯이 미간 백호에서 시작해야 한다. 백호를 관상하여 심(心)이 불(佛)을 마음에 떠올려 그려낼[想] 때이면, 이 심이 곧 불이며, 또 구념(口念)을 넘어선 것이다. 몸[身]은 반드시 상품상생한다고 한다. 이를 관상백호법(觀想白毫法)이라고 부른다.

계방(啓芳)과 원과(圓果) 두 사람이 관상법(觀想法)을 지었고, 관상법을 수행했다. 몸이 정토에 이르는 이야기들을 『용서증광정토문』 감응사적(感應事跡)에 적어놓았으며, 『십육관경(관무량수경)』에서 모든 관상법을 자세히 설명하고 있다고 한다. 또 감응사적의 많은 이야기들은 『예념미타도량참법』 왕생록전을 구성하게 된다.

『용서증광정토문』에서 관상법이란 용어는 3곳에 있는데, 혜원스님의 염불결사에 참여한 유유민(劉遺民), 아미타불과 관음·세지보살을 동시에 본 계방과 원과, 그리고 관법으로 『관무량수경』을 언급할 때다. 그래서 『예념미타도량참법』 서문에서 염불결사의 시조인 혜원스님과 유유민, 그리고 관상법을 지은 계방이 처음에 놓인 것이다. 이 문장을 활용하고 있는 『권념요록』서문도 동일한 의도로 사용하고 있다고 하겠다.

허응당 보우스님의 『권념요록』은 『용서증광정토문』수지법문의 '관상법'을 『예념미타도량참법』을 통해서 '관법'으로 재구성한 것임을 알 수 있다. 그리고 이 관상법은 구생의 개념을 도입하여 원과 행이 부합하고, 복과 지혜가 의지하여 하나가 되는 수행을 강조하며, 정토왕생하기를 권(勸)하는 것이다. 입으로 염불하며, 아미타불을 관상하고 관음·대세지보살을 관상하고, 자기 자신을 관상하는 것을 념(念)하기를 권한다. 권념의 뜻인 것이다. 그런데 이 관상법을 쉽게 풀어서 원을 행하고 복을 짓는 것이라고 했다. 이때 배워야 할 것은 진언이며 진언의 지송이며, 정업으로 효를 행하는 것이다. 이것이 허응당 보우스님이 『권념요록』을 통해서 보여주려고 했던 관상염불수행이다.

2) 보권수지의 구성과 활용

『권념요록』서문은 『용서증광정토문』염불보응인연의 활용에 지나지 않는다. 비록 『예념미타도량참법』서문에서 인용하였다 하여도 본래 모습은 염불보응인연이다. 그런데 염불보응인연은 『용서증광정토문』부록편 '보권수지(普勸修持)'를 설명하는 염불 인연의 공덕 내용이다. 보권수지는 수지법문을 요약하고 축약하여 뽑아서 만든 일종의 수지해야하는 수행의 절차와 공덕 내용이라고 할 수 있다.

구성은 다음과 같다. 내용은 제외하고 항목만을 살펴보자. '(發願偈)'는 설명을 위해 첨부한 내용이다.

○ 보권수지(普勸修持)
普勸修持
南謨阿彌陀佛
(發願偈)
願同念佛人 盡生極樂國 見佛了生死 如佛度一切
口業勸戒
超脫輪迴捷徑
念佛報應因緣

'나무아미타불(南謨阿彌陀佛)'은 『관무량수경』 구품에서 강조하는 구념의 진언으로 귀경게로 생각할 수 있다.

'발원게(發願偈)'는 왕일휴가 4종의 경전을 교감한 『불설대아미타경』에서 중생이 극락세계에 태어나기 위해 대보살이 스스로 경전 독송과 함께 해야 할 수행으로 규정한 내용이다. 즉 찬불(讚佛)·참죄(懺罪)·회향·발원을 위해 이 게송을 반드시 해야 하며, 스스로 발원게라고 부른다. 그래서 진언과 게송을 한 짝으로 묶어 놓인 것이다. 이 게송은 왕일휴의 저술인 『불설대아미타경』과 『용서증광정토문』에서만 사용을 확인할 수 있다. 진언과 게송의 결합은 송나라에서 만들어지는 여러 불교의례에서 자주 발견된다.

뿐 만 아니라 현재 한국불교의례에서도 진언과 게송의 결합은 흔하게 보인다.

'구업권계(口業勸戒)'는 십선을 신구의 삼업으로 설명한다.

'초탈윤회첩경(超脫輪迴捷徑)'은 십념으로 정례념하는 방법이며 수지법문의 예경법이라고 할 수 있다. 정례념이나 정례가 윤회를 벗어나는 가장 빠른 지름길이라는 주장이다.

'염불보응인연'은 염불한 과의 종류이다. 『권념요록』 서문에 보이는 내용과 같다.

『용서증광정토문』 부록편 마지막에 놓인 보권수지는 수지법문, 감응사적 등의 내용을 모두 모아서 요지만을 보여주고 있다. 주요한 내용은 십선에서 출발하고, 나무아미타불을 강조하는 정례념을 강조한다. 국내 현전하는 『용서증광정토문』의 보권수지는 판본에 따라 순서는 다르나, 전체 내용은 모두를 포함하고 있어 정형화된 하나의 모습이라고 할 수 있다. 즉 『용서증광정토문』을 수지하기 위한 하나의 의례로 볼 수 있다고 하겠다.

3) 권념과 관상염불의 실천

십육관경수지법문의 수지법문, 보권수지의 염불보응인연을 살펴보았고, 특위권유는 결석주의를 통해서 '修持'와 '勸'의 의미도 정의해 보았다.

'修持'는 정토에 왕생하기 위해서 어떻게 염불을 닦아서 잘 지녀야 하는가를 제시한 방법이었다. 관상법은 정례념인 것이며, '勸'은 널리 권하라는 것이다. 특위권유와 감응사적에서 보여주는 것과 같이 염불은 그 결과가 반드시 있다는 것이다. 특위권유가 불교와 유교의 갈등을 해결하는 왕일휴의 평등관이라면, 감응사적은 혜원의 백련결사에서 시작하고 있는 정토 관상염불의 이적이라고 볼 수 있다.

허응당 보우스님은 『권념요록』을 서문에서는 저술 의도를 밝히고, 다음 왕랑반혼전을 놓고 혜원의 백련결사 이야기부터 시작하는 왕생전록 이야기를 놓고서, 관상법을 제시하는 순서로 구성했다. 자신의 염불관상수행을 반영하며 왕랑반혼전을 놓아서 『예념미타도량참법』을 이용한 재구성이었다. 그러나 그대로 인용하지 않음를 보여준다. 『권념요록』 서문에서 변화를 주고 있다. 구생의 개념을 끌어들이고 있으며, 수행문인 관법에서는 구생행문의 호응을 이끌어 내고 있다. 그리고 왕랑반혼전을 임종에 왕생하는 모습에서 정토왕생의 증거로 제일 먼저 놓았다.

현재 국내에서 가장 오래된 『예념미타도량참법』(계명대 소장본, 보물)은 고려 우왕 2년(1376년)에 고려의 승려 혜랑(慧朗) 등이 간행한 것으로 알려져 있다. 고려말에는 『예념미타도량참법』이 전래되어 있었으므로 염불관상수행은 충분히 이해되었을 것이다. 그리고 조선중기를 지나며 수행자들은 자기만의 새로운 해석이 가능하게 되었다. 이러한 흐름 속에서 '수지'와 '권'의 의미를 허응당 보우스님은 '권념요록'으로 드러낼 수 있었다.

『권념요록』의 서문을 분석하는 것은 고려와 조선불교와 염불수행법을 파악하는 중요한 열쇠가 된다. 『용서증광정토문』 염불보응인연이 『예념미타도량참법』의 서문을 지나며 『권념요록』의 서문으로 어떻게 변화하고 있는가를 보여주는 좋은 예일 것이다.

『권념요록』의 서문에서 '몸에 나타나 본받을 만한 모습[身前之效]', '왕생을 구하는 모습[往生之徵]', '후신의 증거[後身之效]'에서 이미 보았다. '염불보응인연'도 세 부분으로 나누어져 있다. 다만 『예념미타도량참법』 서문으로 인용될 때, 감응이나 왕생하는 이들이 보인 왕생하는 자의 이름을 늘어놓은 부분은 그대로 인용하고, 그 앞에 나름의 설명을 붙이고 있다.

설명을 더한 내용은 '신전지효(身前之效)'에서는 조금이라도 선업을 닦는 것이며, '왕생지징(往生之徵)'에서는 십념으로라도 백호광을 맞이할 수 있어 염라왕이 부르지 못한다는 것이며, '후신지효(後身之效)'에서는 귀신의 명부에서 삭제된다는 내용을 담고 있다. 추가된 내용이 『예념미타도량참법』 왕생전록에서 하나의 이야기 속에 모두 담겨있는 예는 없다. 반면 왕랑반혼전은 추가된 내용을 모두 담고 있는 경향을 보인다. 이는 시왕사상의 영향으로 보인다.

허응당보우스님은 내용이 첨부된 『예념미타도량참법』의 서문을 그대로 인용한다. 다만 '身前之效', '往生之徵'에 약간의 변화를 주고 있다. '身前之效'에는 누락하는 부분이 있고, '往生之徵'에는 왕생하는 예로 왕랑반혼전의 이야기가 추가되고 있다.

이 두 내용은 서로 관련이 있어 보인다. 그래서 '身前之效'에 누락으로 생긴 변화에 주목하고자 한다. 『권념요록』의 서문 중 '身前之效'에 해당하는 원문을 염불보응인연과 『예념미타도량참법』 서문을 함께 인용하여 표를 만들면 아래와 같다.

'身前之效'의 인용 내용 비교

	염불보응인연	예념미타도량참법 서문	권념요록 서문
①	-	慈光照處 地獄爲之崩隤 聖號持時 天魔爲之悚懼 不思議佛力 無障礙神通 一聲滅八十億劫罪愆 一念獲八十億劫功德	慈光照處 地獄爲之崩隤 聖號持時 天魔爲之悚懼 不思議佛力 無障礙神通 一聲滅八十億劫罪愆 一念獲八十億劫功德
②	-	是以世尊 觀彼方之緣會 在此界之有情 特開往生一門 敎入念佛三昧 日修片時之少善 後爲萬劫之資粮	-
③	-	現世則白業頓增 惡緣漸息 人敬而神祐 禍去而福來	現世則白業頓增 惡緣漸息 人敬而神佑 禍去而福來
④	梁氏女雙瞽而眼明 憑氏夫人久病而痊愈 陳仲擧冤鬼遂去 劉慧仲夜臥不驚 此生前念佛之效也	梁氏女目盲而重明 馮夫人身病而復差 邵希文神遊而脫難 劉慧仲夢魘而無驚 此乃身前之効也	梁氏女盲而重明 馮夫人身病而復差 邵希文神遊而脫難 劉惠仲夢魘而無驚 此乃身前之效也

염불보응인연에서 『예념미타도량참법』으로 증가될 때, ①②③의 내용이 추가되었다. 그러나 허응당 보우스님은 ②는 인용하지 않는다. 이것은

큰 변화라고 생각된다. 허응당 보우스님이 『권념요록』을 저술한 의도를 파악하는데, 아주 중요한 단서가 되기 때문이다.

모두 동일한 내용인 ④를 제외하고, ① ② ③에 추가된 내용만을 온전히 번역하면 다음과 같다.

> ① 자비의 광명이 비추는 곳은 지옥이면 닿는 곳이 무너지고 허물어지며, 성인의 명호를 유지할 때는 천마(天魔)이면 유지하는 곳이 두렵고 두려워진다. 부사의한 부처님의 힘이 걸림이 없이 신통하며, 일성(一聲)은 팔십억겁의 죄의 허물을 멸하며, 일념(一念)은 팔십억겁의 공덕을 얻는다.
> ② [누락부분]
> 그러므로 세존께서는
> 저 방향[方]의 인연있는 모임[緣會]을 관하여, 이 세계[界]의 유정[중생]을 살피고,
> 특히 왕생의 일문을 열어서, 하여금 염불삼매에 들어가게 하며,
> 매일 짧은 시간에 적은 선을 닦게 하여, 후에 만겁의 자량을 삼았다.
> ③ 현세에 백업(白業)은 몰록 늘어나며, 악연(惡緣)은 점점 쉬게 된다. 사람이 공경하면 신(神)이 도와서 허물이 가고 복이 온다.

②를 인용하지 않은 이유를 다음과 같이 설명할 수 있을 것이다.

②의 내용은 경전에서 설법을 시작하는 모습이 설명되어 있고, 염불삼매에 들어가서 왕생을 하고, 선을 닦는 이야기이다. 이와 같은 내용은 『관무량수경』에서 위제희부인이 청법하는 내용에 부합한다고 생각된다. 부처

님께서 위제희부인에게 서방정토의 국토 수명과 불광명의 수명을 보여주는 것은 곧 중생세계의 유정들에게 보여주는 것이다. 정토에 태어나기 위해 매일 적은 시간이라도 조금의 선을 행해야만, 정인(正因)이 되어 서방정토에 왕생을 할 수 있다는 내용을 압축하고 있다. 효를 행하고, 위의를 지니고, 대승경전을 독송해야 한다. 이것이 아니라면 십념 아니면 한 번이라도 나무아미타불을 온전하게 칭념하는 것이다. 이 내용은 염불삼매로 강조된다.

『예념미타도량참법』에서는 참법은 정토에 왕생하는 자량을 쌓는 수행이며, 아미타도량을 건립하여 참법을 실천하는 것이다. 매일 매일 나무아미타불을 칭념하고 예불하여, 염불삼매를 얻는 것이다.

이와 같은 내용을 『권념요록』에서 인용하지 않음으로서, 매일 매일 해야 할 참법으로 염불삼매에 들어가는 것을 강조하기보다 나머지 ①③부분을 강조하는 효과를 낳는다. 즉 부처님의 부사의한 힘을 빌린 자비광명에 의한 일념의 공덕이며, 선업을 닦는 복업이다.

①③을 보다 자세하게 설명해보자.

허응당 보우스님은 ②의 내용인 염불삼매를 얻기 위해 매일해야 할 과송(課誦)을 제외시킨 반면에, 현세에서 선을 닦아서 복을 쌓아야 한다고 강조한다. ①③은 『관무량수경』의 삼종정업 즉 삼복을 지어야 한다는 주장이다. 효로 대표되는 십선업의 실천을 의미한다. 현세에서 선업을 증장시키면 악연은 쉬게 되고, 사람에게 공경받게 되어 화는 가버리고 복이 온다는 것이다. 복을 짓는 것을 무엇보다 강조하게 된다. 산선현행연에서 복을 닦는 이야기와도 맥락이 닿는다.

그렇다면 『관무량수경』에서 주장하는 염불삼매를 대신할 무엇인가의 수행법이 제시되어야 하지 않을까 한다. 복을 어떻게 지어야 할까?

두 가지 방법으로 답할 수 있을 것이다. 하나는 허응당 보우스님이 수행법으로 제시한 '관법'을 강조하는 것이며, 다른 하나는 '인증'의 내용으로 변화를 꾀하는 것이다. 하지만 별개로 나누어 설명하기보다는 하나의 흐름으로 이어가는 것이 옳다.

관법의 강조는 제III장의 '1) 구품의 '관법(觀法)' 구념과 심사'에서 이미 많은 내용을 설명하였다. 『권념요록』 '인증'의 비교인증에서 경증의 경전 배치가 바뀌는 이유는 다라니 수행을 강조하기 위해서이다. 이러한 다라니 수행을 강조하는 것은 관상법을 삼밀로 변화하여 더욱 관상법을 강화하는 것이라고 생각할 수 있다. 허응당 보우스님은 구념과 심사를 십육관으로 행하는 관상법을 제시하였다. 구념은 나무아미타불을 칭념하는 것으로 구업이며, 심사는 관상의 대상인 불보살을 마음에 그려내는 것으로 의업이라고 할 수 있다. 그리고 인증으로 『유가집요구아난다라니염구궤의경』을 들고 있는 것이다.

이 부분에 대한 해석은 다양하고 복잡하다. 그러나 단순히 다라니의궤에 촛점을 맞추어 보면, 허응당 보우스님의 저술에서 의궤에 부합하는 것은 『수월도량공화불사여환빈주몽중문답』 뿐이다. 문답의 내용은 원관(圓

觀)으로 보여주는 인계(印契)를 설명한다. 인계는 신업(身業)에 해당한다. 나무아미타불을 칭념하는 구념, 불보살을 관(觀)의 대상으로 하는 심사, 그리고 문답하는 내용의 인계는 신업이다. 마침내 신구의 삼업이 갖추어진다. 여기에서 말한 신구의 삼업은 삼업이라기 보다는 삼밀로 부르는 것이 옳을 것이다.

『수월도량공화불사여환빈주몽중문답』의 구성에 주목해보자. 허응당 보우스님은 그의 수행법인 '관법'을 『예념미타도량참법』 제2 결의생신, 제9 구생행문에서 가지고 왔다. 이 중에 『수월도량공화불사여환빈주몽중문답』과 유사한 용어들을 사용하는 결의생신 서문을 참고할 필요가 있다. 결의생신은 다음과 같이 지은 뜻을 말한다.

> 아. 대개 중생은 의심은 많고 배움은 적으니 장애는 무겁고 복은 가볍나. 열이서 이르게 하는 글이 없는 것 같으니, 어찌 구생(求生)의 법을 풀어 열 수 있겠는가!
> 지금 거짓으로 문답을 늘어 놓아서[假施問答], 방편으로 주빈을 시설하여[權設主賓] 의심의 뜻을 터놓겠다.
> 살펴서 믿음을 내게 할 뿐이다.

『예념미타도량참법』 결의생신은 모인 대중들이 정토에 대한 의심을 내지 않도록 의심스러운 점을 20개의 문답으로 풀어서 설명해 준다. 의심이 없도록 하는 법이 구생의 법으로 바로 결의생신이라는 것이다.

위 인용문의 첫 번째 문장은 『권념요록』 서문의 첫 문장으로 허응당 보우스님이 저술 목적을 드러내는 내용이다. 이미 제Ⅰ장의 '2. 보우스님이 제시한 염불왕생의 모습'에서 자세하게 다루었다. 다만 '아. 대개 중생은'에서 '眾生'을 '人道也'로 바꾸어 '嗟夫人道也'란 문장으로 놓았을 뿐이다. 불교 용어인 중생을 대신하여 사람의 도리로 보여주고 있다. 의미에 변화는 없다고 해도 좋다.

인용문 두 번째 문장에 보이는 '問答' 또는 '主賓'이라는 용어에 주목해보자. 이는 『수월도량공화불사여환빈주몽중문답』이란 제목에 모두 사용되고 있다. 또 '權設'을 '如幻'으로 '假施'을 '夢中'으로 바꾸고 있음도 추측할 수 있다. '權'과 '假', '幻'과 '夢'은 모두 방편이란 뜻으로 동일한 개념이라고 하겠다. '수월도량공화불사여환빈주몽중문답'이란 제목에는 결의생신 서문에 쓰인 용어가 많은 부분 사용되고 있음을 보여주고 있다.

『수월도량공화불사여환빈주몽중문답』은 문답을 통해서 정토에 대한 의심을 푸는 것이 아니라 원관(圓觀)으로 관상하는 방법과 의미를 설명한다. 문답의 내용은 바른 관상인 인법(印法) 즉 인계의 역할을 바르게 행하는 것으로 신밀을 주장한다. 원관은 설주와 법주가 하나가 되며, 나아가 지금 열리고 있는 법회에 참여한 모든 사람들이 조그만 인연이라도 있다면 그 공덕으로 함께 모두 정토왕생할 수 있다고 한다. 결국 현세에서 일념의 공덕으로 복을 닦으며, 원관을 닦아 모두 왕생하게 된다. 『권념요록』의 저술 목적에 부합한다고 하겠다.

허응당 보우스님의 수행법인 '관법'은 그 증거를 구생행문, 결의생신, 의궤(儀軌)에서 찾는다. 『권념요록』 서문의 내용에서 밝힌 뜻은 구생행문의 구념과 심사, 결의생신의 신밀이라는 구성으로 삼밀이 완성된다. 자비의 광명을 비추고 성인의 명호를 유지하며 일성과 일념으로 삼밀을 닦는 이것이 복을 닦는 것이다. 이것이 곧 허응당 보우스님이 『권념요록』을 저술한 의도이며, 불보살을 관상염불하는 신구의 삼밀수행이라는 것을 드러나는 것이다. 아주 간략하게 설명하였지만, 자세한 내용은 많은 연구가 필요하다고 하겠다.

허응당 보우스님이 ②의 변화와 ①③을 인용한 의도는 다음과 같이 정리할 수 있다.

제일 먼저 염두에 두어야 할 것은 『용서증광정토문』 수지법문 절차의 염불보응인연 원문이 『예념미타도량참법』 서문으로 『권념요록』의 서문으로 인용되면서 구성과 의미가 변화하고 있음을 아는 것이다.

『용서증광정토문』 수지법문의 절차에서는 염불인연의 과로 나타나는 모습을 3종류로 나누어 보여주고 있다. 3종류는 '生前念佛', '臨終往生', '後身示視'이었다. 그리고 『예념미타도량참법』 서문에서는 '身前之效', '往生之徵', '後身之效'로 받아들이며 변화시킨다. 변화의 내용은 염불결사의 기원과 관상법을 수행한 이들의 이적을 염불인연의 맨 앞에 놓고, 염불보응인연의 3가지 종류를 설명한다. 생전에 염불하는 모습에는 조금이라도 선업을 닦는 내용, 임종시에 왕생하는 모습에는 십념으로라도 백호광을 맞이할 수 있어 염라왕이 부르지 못하는 내용, 후신을 보여주는 모습에는 귀신의 명부에서 삭제된다는 내용이 추가되고 있다.

『권념요록』에서는 '身前之效'의 내용을 인용하는데 변화가 생기고, '往生之徵'의 내용에는 왕랑반혼전이 추가된다. 『예념미타도량참법』에 추가되는 3가지 내용을 충족하는 이야기가 왕랑반혼전이다. 허응당 보우스님이 『권념요록』을 짓는 저술 목적에 변화가 생기게 되는 이유이다.

'身前之效'에 생긴 변화가 허응당 보우스님이 『권념요록』을 저술한 본래의 목적이 된다. 인용문의 단락에서 내용을 보면, 의도가 더욱 명백해진다. 참법과 『권년요록』의 서문을 비교하면 다음과 같다.

첫 번째 단락은 동일하다. 십념수행을 해야 하며, 일념이라도 공덕을 쌓아야 한다.

두 번째 단락은 인용하지 않는다. 염불삼매의 수행 내용이 삭제되었다. 때문에 허응당 보우스님이 보이려는 수행법의 제시가 요구된다.

세 번째 단락은 동일하다. 현세의 선업 즉 정업의 수행을 강조하며, 복업을 강조한다. 이것은 구념과 심사의 관상염불수행을 쉽게 풀어서 삼종정업으로 강조한 것이다. 허응당 보우스님의 수행관 제시라고 할 수 있다.

네 번째 단락은 염불보응인연, 참법, 『권념요록』의 세 문헌의 서문이 모두 동일하다. 전생에 염불하는 공덕이 바로 나타나는 인과의 이적을 보인 증거이다.

이러한 변화는 서문의 첫 문장에서 결의생신의 서문 즉 구생을 위한 방편이 『수월도량공화불사여환빈주몽중문답』임을 보여준다. 그런데 이 결과는 신구의 삼밀이 갖추어지는 구조의 완성이다. 그리고 허응당 보우스님이 수행법으로 제시한 '관법'의 내용과 동일한 구조가 되는 결과를 낳았다.

칭념을 강조하는 염불삼매의 수행이 관상염불로 전환된 것이다. 구념을 강조하는 칭념염불이 아니라 불보살을 관상하는 관상염불로 탈바꿈한 것이다. 참법을 위한 칭념의 칭념염불보다는 관상을 강조하는 관상염불이 강화되었다는 뜻이다. 그리고 그 근간에는 『용서증광정토문』 수지법문과 특위권유을 통해서 구품왕생을 권하는 '권념'을 보여준다. 특히 특위권유는 농경사회인 송나라가 농업 활동 중에 발생하는 살생을 효행의 실천으로 윤회를 끊고 서방정토에 왕생한다는 불교와 유교의 갈등을 해소하는 방법으로 제시한다. 비록 왕일휴를 중심으로 하는 평등관일지라도 매우 시기 적절한 방법이었을 것이다. 그러나 허응당 보우스님은 한쪽으로 치우친 평등관조차도 신구의 삼밀을 완성하며, 정토관상염불이라는 관상수행을 제시하고 완전한 평등관으로 전환하여 버린 것이다. 『권념요록』을 지은 궁극적인 저술 목적이라고 할 수 있다.

허응당 보우스님이 『권념요록』을 통해서 당시 불교계에게 보여주려고 했던 의도는 다음과 같다. 중국의 왕생전에는 3가지 내용을 갖춘 이야기가 없으므로, 한국의 왕생전을 보여주어 10종의 중국 왕생전의 우두머리로 하여 11가지로 구성하였던 것이다. 우리의 왕생전이 갖추어져 있다는 점을 은근히 보여주려고 하였던 것은 아닐까 한다. 당시 조선불교의 중흥을 고려불교에서 찾으려는 자주성도 보여지는 대목이라고 할 수 있다.

허응당 보우스님은 그의 수행법을 '관법'을 통해서 관상염불수행으로 보여주고 있다. 염불삼매가 아닌 아미타불과 관음·대세지, 그리고 나의 몸을 관상하는 순서로 단순화하여 수행의 목적인 의심을 버리고 구생의 길을 여는 것이었다. 그것은 신구의 삼밀을 통해서 조그만 인연이라고 있으면, 모두 함께 서방정토에 왕생할 수 있다는 것이다.

이는 효를 강조하고 복을 지어 정토왕생할 수 있는 인(囚)을 쌓아야 한다는 변화이다. 염불삼매가 아닌 효행을 관상하는 법이라고 해도 좋다는 것이다. 그리고 그 방법은 인증에서 다라니법을 강조하여 삼밀수법으로 변화시키고자 한 것이다. 이것이 구생하는 방법으로 왕생정토라고 하는 것이다.

다시 말해서, 허응당 보우스님의 수행법은 공덕의 깊고 낮음[深淺]에 따라 구품에 왕생하는 '수지법문'을 참조하고, 당시 조선 왕조와 일어나는 이데올로기의 충돌을 '특위권유'에서 찾았던 것이다. '수지법문'에서는 효를 강조하는 관상법을 찾고, '특위권유'에서는 집에 아이가 태어나면 남자아이에게는 59자를 가르치고 여자아이에게는 진언의 송지를 가르치는 교육의 평등성을 발견한 것이다.

이것을 실천하는 방법이 『용수증광정토문』 부록편 보권수지의 예경법이었다. 그래서 염불인과를 보여주는 염불보응인연으로 『권념요록』을 재구성하였다. 관상염불에서 가장 중요한 것이 '염불'인데 이를 '권유'한다고 하여, 그의 책 이름을 '권념요록'이라고 불렀던 것이다. 그 수행은 칭념염불이 아닌 관상염불이며, 염불의 본래 개념인 '불수념'으로 행한다는 의미이다. 이렇게 부처님의 가르침인 선을 실천하며 복을 짓는 불법이 퍼지기를 기원한 것이다. 이것이 한국불교의 정토염불수행 방법이다.

에필로그

불교수행에서 염불(念佛)은 매우 중요하다. 이는 지역과 시대에 따라 표현의 방식은 매우 다르나 어떤 형태로든지 항상 일관된 수행의 주제였다.

염불은 부처님을 마음속에 그려내어 닮고자 하는 자연스러운 생각에서 시작하였다. 육념(六念)에서 알 수 있듯이, 염(念)은 끌어당겨서 들어간다는 섭(攝)의 뜻으로, 불(佛)의 모습을 마음에 그려내는 행위 자체를 바로 수행법으로 인식한다. 불자의 입장에서 부처님을 닮으려는 노력은 너무나 당연하다.

1700년의 불교 역사를 자랑하는 한국불교에서 우리는 우리의 수행법을 우리의 문헌 또는 우리 것에서 찾으려는 노력을 얼마나 했는가 자문해 본다. 물론 신라시대에 활동한 의상스님과 원효스님을 비롯한 여러 스님들의 수행은 현재까지도 많은 영향을 끼치고 있다. 현재 한국불교는 조선불교의 영향 아래에 놓여 있으나, 불교수행법은 중국불교의 문헌들에서

답을 찾으려는 경향이 짙다.

이러한 의문을 가지며, 우리의 저술이라고 할 수 있는 허응당 보우스님의 『권념요록』을 분석하여 이제까지 알려지지 않았던 우리의 불교수행법을 찾으려고 시도해보았다. 그동안 아무도 알려주지 않은 관상염불수행을 찾으려고 노력해 보았다는 뜻이다. 한국불교 수행의 특징을 온전히 담아 보여 줄 것이라는 의미이기도 하다.

한국불교사상이나 불교의례, 불교문화사를 연구하는데, 항상 염두에 두어야 할 점이 있다. 삼국과 고려시대는 불교사회였으며, 조선시대는 유교사회라는 점이다. 정치 이데올로기가 변한 조선불교는 이러한 현실 문제를 어떻게 대처했으며, 사상과 사회 또 문화 측면에서 어떻게 변용하며 녹여냈는가이다. 조선에만 이런 문제에 직면한 것은 아니었다. 중국불교도 당에서 송·명으로 이어지는 변화기에 유사한 상황에 놓여 있었다. 조선불교 입장에서는 중국의 불교 상황이 본보기가 되기에 충분한 것이었다.

한국불교와 중국불교를 비교하려는 것은 아니다. 한국불교는 참 독특한 특징을 가지고 있다. 외형은 중국불교를 수용한 것으로 오해할 수 있지만, 내용은 매우 현실적인 구성으로 전환하여 자주적인 불교사상과 수행법을 만들어 낸다는 것이다. 이 점을 간과하고 접근하면 매우 이상한 결론에 이르게 된다. 특히 불교의례는 이러한 경향이 더 짙다. 불교사상을 연구하는데 일본이나 중국의 연구성과에 의존하는 경향은 이제 벗어나야 한다는 뜻이다. 우리의 것으로 우리를 해석할 때가 되지 않았나 한다.

『권념요록』에는 언해본인 왕랑반혼전이 등장한다. 아직 저본에 대한 이견은 있으나, 그 가치는 낮아지지 않는다고 생각된다.

『권념요록』이란 허응당 보우스님(普雨, 1509년~1565년)의 저술로 불교와 유교가 대치하는 격동기에 나온 문헌이다. 비록 찬술자에 대한 작은 이견은 존재하지만, 허응당 보우스님의 저술로 생각해도 큰 무리는 없다. 그리고 당시를 보여주는 수행법은 매우 자주적인 해석에 의한 구성이었다는 점이다. 이전부터 인수대비가 간행한 『불정심다라니경』은 가정 질서를 보호하는 역할을 하고 있었고, 『아미타경』의 독송은 아이들의 교육을 통해서 다라니를 수지하며 지송하도록 하는 것을 강조하였다. 정업원의 왕실 비구니들은 『관무량수경』을 소의경전으로 하는 정업을 효의 실천으로 보여주었다. 비록 정업원이 궁중에 설치되어 불당 또는 원찰의 역할을 하였지만, 여성을 위한 기관이었다. 이때 여성을 위한 지침서가 될 수 있는 『권념요록』은 정업을 실천하여 여성의 왕생극락을 보여주기에 충분했다.

왕생전에 등장하는 인물은 체계를 가지고 있다고 생각된다. 왕생전 처음은 왕랑반혼전이고, 다음 10종의 왕생전의 내용은 다음과 같다. 전반부는 염불결사를 시작하는 시조①②, 『관무량수경』의 삼종정업 내용으로 되어 있다③④⑤. 후반부는 ⑥~⑨까지는 염불왕생한 여인들의 이야기이다. 그리고 ⑩은 아무리 불살생의 계를 범했어도 십념을 통해서 정토왕생을 보여준다. 전반부는 정토왕생의 조건이 되며, 후반부는 실제 정토왕생한 여성만의 이야기이다. 왕생전에 보이는 과(果)를 여성들의 이야기로 구성하였다는 것은 곧 여성들을 위한 지침서임을 알려준다. 그리고 수행은 관상염불을 통해서 이루어지며, 『권념요록』 '인증'에서 보여주듯이 신구의 삼밀수행으로 완성한다.

허응당 보우스님은 염불을 강조하지만, 칭념염불이 아닌 관상염불의 관상법을 요구한다. 그리고 효의 실천과 진언을 염송하는 법을 제시한 것이다. 이것은 구품왕생을 위한 수행이기도 하다. 여기에 왕랑반혼전을 제시함으로서 자주성을 드러내고 있다. 칭념하는 구념, 마음에서 생각하는 심사, 그리고 다라니를 실천하는 신밀은 신구의 삼밀을 갖추어 삼밀수법을 보여준다. 이것이 『권념요록』이라고 할 수 있다.

허응당 보우스님은 관상염불수행으로 서방정토에 왕생하는 것이 바른 길이며, 당시 어려움을 벗어나는 것임을 알려주려고 노력하였던 것이다. 그리고 대표적인 왕생이야기인 왕랑반혼전을 들려준다. 왕생하는 법은 부처님의 모습을 내 마음에 그려내는 불수념을 통해서 이루어진다. 이것이 효이고, 이것이 계행이며, 이것이 진언을 지송하는 것이다. 이와 같은 흐름은 조선시대를 관통하며 한국불교 관상염불수행의 특징으로 완성된다. 즉 한국불교의 정토염불수행 방법인 것이다.

본 작업을 통해서 나름대로 성과라고 생각할 수 있는 내용을 정리해 보았다.

첫째, 『권념요록』의 서문을 복원하여 저술 목적을 드러낼 수 있었다는 점이다. 그리고 이를 바탕으로 전체 이야기를 전개하였다. 특히 왕생을 보여주는 이야기는 여성만으로 구성되어 있어, 문헌을 사용하는 대상이 여성이었음을 알 수 있다. 아직 미지의 세계로 남아있는 조선시대 불교 수행법의 원형을 조금이나마 짐작할 수 있었다는 성과가 있었다.

둘째, 왕랑반혼전 이야기를 중심축에 놓고, 경전의 내용으로 수행법을 엮어 낼 수 있었다는 점이다. 왕랑반혼전은 나암(懶庵)이 지었다는 주장도 있지만, 창작이라기에는 무엇인가 부족하다. 당시 이미 유통되고 있던 어떤 이야기의 각색일 수도 있기 때문이다. 하지만, 왕랑반혼전의 이야기가 불교 설화에 그치지 않고 수행법으로 활용된 것을 밝힌점은 매우 중요하다.

셋째, 고려불화 관무량수경변상도와 『권념요록』의 이용법이 크게 다르지 않아서 모두 관상수행으로 쓰였을 가능성이 있다는 공통점을 발견한 것이다.

넷째, 관법의 실제를 알 수 있게 되었다. 염불의 개념은 현재의 칭념염불보다는 관상염불이라는 수행법이었다. 신구의 삼업을 기반으로 한 수행이라기보다는 신구의 삼밀수법에 가까운 관상염불임을 알 수 있었다.

다섯째, 『권념요록』의 관상염불수행은 조선불교의 수행법과 염불작법류에 많은 영향을 주고 있다. 현재에도 이 영향은 유효하다고 생각된다.

어쨌든, 이번 작업은 『권념요록』이라는 문헌을 통해서 한국인의 손으로 만들어진 현재 불교수행의 특징이 무엇인가를 처음으로 찾아내려고 노력한 것에 의미를 두고 싶다. 염불은 관상수행이 항상 동반되어야 한다는 것이 본래의 뜻임을 다시 한번 마음에 새긴다. 그리고 이 주장에 대하여 많은 비판이 있었으면 하는 바램이다.

참고문헌

- D/B자료

강량야사, 『관무량수경』(불교기록문화유산 아카이브, https://kabc.dongguk.edu/)

강승개, 『무량수경』(불교기록문화유산 아카이브, https://kabc.dongguk.edu/)

구마라집, 『아미타경』(불교기록문화유산 아카이브, https://kabc.dongguk.edu/)

내원암본 『불설관무량수불경』(1853년)(장서각 디지털장서각, http://yoksa.aks.ac.kr/)

대우, 『예수시왕생칠재의찬요』(불교기록문화유산 아카이브, https://kabc.dongguk.edu/)

송광사본 『아미타경』(1648년)(규장각 한국학연구원, https://kyudb.snu.ac.kr/)

中華電子佛典協會, CBETA(Chinese Buddhist Electronic Text Association)

- 대장경 및 전서류

길장, 『법화현론』(대정신수대장경 제34권)

담무참, 『대반열반경』(대정신수대장경 제12권)

대우, 『예수시왕생칠재의찬요』(한국불교전서 제11권)

덕진, 『정토감주』(한국불교전서 제11권)

도안, 『증일아함경』(대정신수대장경 제1권)

무진 법사, 『불설관무량수불경도송』(중국불교판화전집 제38권)

方廣錩, 『寧夏西夏方塔出土漢文佛典敍錄』(藏外佛教文獻 제7권)

선도, 『관경서분의』(대정신수대장경 제37권)

왕일휴, 『불설대아미타경』(대정신수대장경 제12권)

왕일휴, 『용서증광정토문』(대정신수대장경 제47권)

왕자성, 『예념미타도량참법』(만속장 제74권)

원조, 『관무량수불경의소』(대정신수대장경 제37권)

일연, 『삼국유사』(한국불교전서 제6권)

장천, 『불설예수시왕생칠경』(만속장 제1권)

장천, 『불설지장보살발심인연시왕경』(만속장 제1권)

종효, 『낙방문류』(대정신수대장경 제47권)

주굉, 『불설아미타경소초』(만속장 제22권)

지의, 『국청백록』(대정신수대장경 제46권)

천식재, 『일체여래대비밀왕미증유최상미묘대만다라경』(대정신수대장경 제18권)

치조, 『청주집』(한국불교전서 제11권)

팔관, 『삼문직지』(한국불교전서 제10권)

허응당 보우, 『권념요록』(한국불교전서 제7권)

허응당 보우, 『수월도량공화불사여환빈주몽중문답』(한국불교전서 제7권)

현장, 『칭찬정토불섭수경』(대정신수대장경 제12권)

혜원, 『무량수경의소』(대정신수대장경 제37권)

휴정, 『선가귀감』(한국불교전서 제7권)

– 단행본 및 논문류

Yu Chun-Fang, 『Kuan-yin-The Chinese Transformation of Avalokiteśhvara』, Columbia University Press, 2001.

간경도감 언해본, 『불정심다라니경』, 세종대왕기념사업회, 2008.

강향숙, 「『염불작법』의 의식구성과 염불수행 연구–용천사본을 중심으로」, 한국정토학회, 『정토학연구』 제36호, 2021.

教學研究委員會 編, 「禪と淨土の接點-拔一切業障根本得生淨土陀羅尼 譯注」, 臨濟宗 妙心寺, 『教學研究紀要』 第五號, 2007.

林田康順, 「王日休『龍舒淨土文』の研究」(一~四), 日本 印度學佛教學會, 『印度學佛教學研究』 제41-1·66-4·42-1·67-4호, 1992·1993·1993·1994.

미상(영인본), 『增補諸宗佛像圖彙』(1783년, 초판 1690년, 일본), 보련각, 2006.

박도화, 「16·17세기 경전 간행의 양상과 변상도의 특징」, 한국불교사학회, 『한국불교사연구』 제14호, 2018.

福田素子, 「女性與『佛頂心陀羅尼經』信仰」, 『出土文獻研究視野與方法』 第六輯, 2016.

福田素子,「僞經『佛頂心陀羅尼』の版行·石刻活動の演變」,『東京大學中國語中國文學研究室紀要』第15號, 2012.

小南一朗,「『十王經』の形成と隋唐の民衆信仰」, 京都大學人文科學研究所,『東方學報』제74호, 2002.

송일기;김유리,「「六經合部」의 板本 硏究」, 한국서지학회,『서지학연구』제52호, 2012.

양혜승,「〈王郎返魂傳〉의 역사적 수용 및 성격」, 충남대학교 인문과학연구소,『인문학연구』제57-3호, 2018.

오대혁,「〈왕랑반혼전〉의 전승 연구」, 한국불교어문학회,『불교어문논집』제7호, 2002.

翁連溪;李洪波 主編,『中國佛敎版畵全集』, 中國書店, 2014.

용천사본,『불설아미타경』(1577년)(동국대학교 소장본, 소장번호 B217.1 염47)

용천사본,『염불작법』(1575년)(동국대학교 소장본, 소장번호 B217.1 염47)

이선이 역,『조상경(造像經)-불복장의 절차와 그 속에 담긴 사상』, 운주사, 2006.

이선이,「「권념요록」 왕생담에 나타난 조선 왕실 여성의 관상염불수행」, 대행선연구원,『한마음연구』제11호, 2023.

이선이,「조선 명종(明宗, 재위 1545~1567)대 왕실 비구니승가의 불교수행관 연구」, 원광대학교 원불교사상연구원,『원불교사상과 종교문화』제93호, 2022.

이선이,「한국 불교전통색의 시원 연구-『삼국사기』색복조(色服條)와 직관조(職官條)를 중심으로」, 연세대학교 국학연구원,『동방학지』제181호, 2021.

정규복,「〈왕랑반혼전〉의 원전과 형성-고려본의 출현을 중심으로」, 한국고소설학회,『古小說 硏究』제2-1호, 1996.

정우택,『고려시대의 불화』, 시공사, 1997.

한태식,「虛應堂 普雨禪師의『勸念要錄』연구」, 한국불교학회,『한국불교학』제53호, 2009.

허응당 보우,『칠대만법·권념요록』, 세종대왕기념사업회, 2013.

황패강,「나암(懶庵) 보우(普雨)와「왕랑반혼전」-화엄사본(華嚴寺本)『권념요록(勸念要錄)』을 중심으로」, 국어국문학회,『국어국문학』제42·43호, 1969.

효성 조명기,『曉城先生八十頌壽高麗佛籍集佚』, 동국대학교 출판부, 1985.

그림으로 경전 읽기와
극락세계 이야기

1. 그림으로 경전 읽는 법

1)『권념요록』과 왕랑반혼전 이야기

2)『무량수경』의 수명 이야기

[경전] 강승개 역『무량수경』일부

2. 극락세계를 노래한 이야기

3. 『권념요록』 서문의 복원 과정과 복원문

자료: 왕일휴, 『용서증광정토문』 염불보응인연(대정신수대장경 제47권)

    왕자성, 『예념미타도량참법』 병서(만속장 제74권)

    나암 찬, 『권념요록』 서문(『한국불교전서』 제7권)

    김무봉 역, 『역주 칠대만법·권념요록』(세종대왕기념사업회, 2013)

위 자료를 기초로 하여 『한국불교전서』에 수록된 화엄사판 개판본 『권념요록』(1637년) 서문의 탈락자를 복원하였다. 『용서증광정토문』 염불보응인연(念佛報應因緣)은 『예념미타도량참법』 병서(幷序)에 인용되고, 병서는 『권념요록』 서문(序文)에 인용되었기 때문에 첨삭을 조사하였다.

그리고 화엄사본 개판 형식에 따라 행수와 행의 자수를 정하고 인용문을 배치하였다. 선행 작업은 「조선 명종대 왕실 비구니승가의 불교수행관 연구」(이선이, 2022)에서 이루어졌으나, 미진한 점이 많았다. 이번 작업에서는 김승호교수님(동국대 국어교육과)의 조언으로 왕랑반혼전 부분을 수정하였다.

『권념요록』 서문 복원작업에서 얻은 결과는 크게 두 가지로 정리할 수 있다.

하나는, 『권념요록』의 왕랑반혼전 이야기는 허응당 보우스님이 직접 언급한 이야기임을 밝힌 것이다.

탈락이 있는 '▨▨▨▨府而未久返魂人間 宋氏囚冥▨▨▨▨▨▨公主'의 문장을 왕랑반혼전에서 보이는 글자와 내용을 참고하여 '王郞入冥府而未久返魂人間 宋氏囚冥間而體專托於公主'로 정하였다. '而'를 참고하여 문장의 구조를 보면, 두 문장은 왕랑과 송씨의 내용이 서로 대구가 되는 것이 자연스럽다. '府'를 참고하면, 앞의 구는 왕랑이 명부에 든 이야기일 것이다.

'公主'를 참고하면, 뒤에는 '其體專在'란 의미가 놓여야 하지만, 공란의 수에 맞지 않는다. 따라서 의미를 줄여서 '體專'으로 하였다. '왕랑은 명부에 들었으나 오래지 않아서 혼은 인간으로 돌아왔고, 송씨는 명간(명계)에 갇히었으나 몸은 온전하게 하여 공주에게 밀어 넣어졌다'라는 뜻으로 공주의 몸에 의탁해서 환생했다는 뜻이면 왕랑반혼전의 이야기와 어울릴듯하였다.

다른 하나는, 왕랑반혼전은 왕생의 증표로 본받을 만한 모습을 갖춘 한국의 이야기를 강조한다는 점이다.

『권념요록』 서문은 다음과 같이 구성되어 있다. 처음은 저술의 목적을 밝히고, 관상염불행이 혜원스님에서 사작되었음을 밝히며, 다음 염불수행을 통해서 '몸에 나타나는 본받을 만한 모습'을 밝힌다. 그리고 '왕생을 구하는 모습'의 예로 처음에 놓여 있다.

허응당 보우스님이 의도적으로 놓은 위치이다. 인용하는 원전에 없는 내용으로 우리가 본받아야 할 염불수행의 왕생 모습은 곧 우리의 왕랑반혼전이라는 것이다.

『한국불교전서』에 실려 있는 『권념요록』에는 편집자주가 있는데, 1304년(大德 8)에 간행된 『불설아미타경』 말미에 『궁원집(窮原集)』에서 인용한 한문의 왕랑반혼전이 일부 수록되어 있다고 한다. 『궁원집』의 실물이 확인되지 않고 있어, 왕랑반혼전이 한문 원작으로 14세기 이전 작품으로 확정하기에는 아직 이른 것 같다.

●『용서증광정토문』 염불보응인연(念佛報應因緣)

梁氏女雙瞽而眼明 憑氏夫人久病而痊愈 陳仲舉冤鬼逐去 劉慧仲夜臥不驚
此生前念佛之效也

姚婆見佛像於空中 曇鑑得蓮華於瓶內 懷玉承金臺迎接 智舜覩孔雀之飛鳴
此臨終往生之効也

志通有五色祥雲 李氏得三根不壞 寶藏有童子出於頂上 公則有金色現於洛
中 此身後示視之效也

●『예념미타도량참법』 병서(并序)

原夫釋迦大覺出慈旨 以叮嚀讚彼彌陀運悲心而廣博發四十八之誓願 願願
度生 開一十六之觀門 門門攝化 救提溺者 越苦海之迅航 指導迷人 出輪迴之
捷徑 高超三界 逈出四流 十方接引諸群生 九品護持 如一子 又聞古今善士緇素
名人感應尤多 往生非一

方抱圓頂 宜追慧遠之高風 儒履道冠 可慕遺民之雅範
啟芳懷玉 壽終而化佛迎歸
張抗吳瓊 命盡而金僊引去
善和具屠牛之業 尚往玉池
仲舉負害命之怨 亦生金地

慈光照處 地獄為之崩隤 聖號持時 天魔為之悚懼 不思議佛力 無障礙神通

一聲滅八十億劫罪愆 一念獲八十億劫功德

　是以世尊觀彼方之緣會 在此界之有情 特開往生一門 教入念佛三昧 日修片
時之少善 後為萬劫之資粮 現世則白業頓增 惡緣漸息 人敬而神祐 禍去而福來

　梁氏女目盲而重明 馮夫人身病而復差

　邵希文神遊而脫難 劉慧仲夢魘而無驚

　此乃身前之効也

　臨終則免赴黃泉 更無黑業 緩則一日至于七日 急則十聲至于一聲 面覩白玉
毫 身乘紫金座 閻王不敢召 化佛自來迎 直歸極樂之鄉 永別幽冥之路

　范婆瞻聖像於戶外 曇鑒得運華於缾中

　烏長王天樂盈空 隋文后異香滿空

　此乃往生之徵也

　過世則名除鬼簿 位列佛階 丘冢現祥 輝骨骸為舍利 拋閻浮之短景 居安養
之長年 化生菡萏 華中託質 芙蓉池內

　勢至觀音為其勝友 馬鳴龍樹結作法朋

　雖名往生凡夫 便是不退佛子

　前唐善導垂語向五雲堂中 後魏曇鸞現形於七寶舫內 此乃身後之驗也

　壽盡臨終之感應傳廣 聊陳生前身後之禎祥 文繁略載

●『권념요록』서문 복원문(1면 9행 16자)

화엄사본 서문 1쪽 →	동일
1 勸念要錄	1 勸念要錄
2 　　　　懶庵 撰	2 　　　　懶庵 撰
3 嗟夫人道也疑多學寡障重福輕如無開導	3 嗟夫人道也疑多學寡障重福輕如無開導
4 之文豈解求生之法是以援引古今善士緝	4 之文豈解求生之法是以援引古今善士緝
5 素名人感應之多往生非一之賢錄以視	5 素名人感應之多往生非一之賢錄以視
6 末運善男善女或有念而未露或無心而	6 末運善男善女或有念而未露或無心而
7 發起者也方袍圓頂目追慧遠之高風儒	7 發起者也方袍圓頂目追慧遠之高風儒
8 履道冠可慕遺民之雅範啓芳懷玉壽終	8 履道冠可慕遺民之雅範啓芳懷玉壽終
9 而化佛迎歸張抗吳瓊命盡而金僊引去	9 而化佛迎歸張抗吳瓊命盡而金僊引去

화엄사본 서문 2쪽 →	동일
1 善和具屠牛之業而尙往玉池仲擧負害	1 善和具屠牛之業而尙往玉池仲擧負害
2 命之惡而亦生金地慈光照處地獄爲之	2 命之惡而亦生金地慈光照處地獄爲之
3 崩隤聖號持時天魔之悚懼不思議佛	3 崩隤聖號持時天魔之悚懼不思議佛
4 力無障碍神通一聲滅八十億劫之罪怨一	4 力無障碍神通一聲滅八十億劫之罪怨一
5 念獲八十億劫之功德現世則白業頓增	5 念獲八十億劫之功德現世則白業頓增
6 惡緣漸息人敬而神佑禍去而福來梁氏	6 惡緣漸息人敬而神佑禍去而福來梁氏
7 女目盲而重明馮夫人身病而復差邵希	7 女目盲而重明馮夫人身病而復差邵希
8 文神遊而脫難劉惠仲夢魘而無驚此乃	8 文神遊而脫難劉惠仲夢魘而無驚此乃
9 身前之效也臨終則免赴黃泉更無黑業	9 身前之效也臨終則免赴黃泉更無黑業

화엄사본 서문 3쪽 →	복원
1 緩則一日至于七日急則十登至于一聲	1 緩則一日至于七日急則十登至于一聲
2 面覩白毫光身乘紫金座閻王不敢召化	2 面覩白毫光身乘紫金座閻王不敢召化
3 佛自來迎直歸極樂之鄕永別幽冥之路	3 佛自來迎直歸極樂之鄕永別幽冥之路
4 ▨▨▨府而未久返魂人間宋氏囚冥	4 王郎入冥府而未久返魂人間宋氏囚冥
5 ▨▨▨▨公主范婆瞻聖像於戶外	5 間而體專托於公主范婆瞻聖像於戶外
6 ▨▨▨▨▨鳥長王天樂盈空階	6 曇鑒得運華於缾中鳥長王天樂盈空階
7 ▨▨▨▨此乃往生之徵也過世則	7 文后異香滿空此乃往生之徵也過世則
8 ▨▨▨▨▨▨▨白骸爲	8 名除鬼簿位列佛階丘冢現祥輝骨骸爲
9 舍利抛閣浮之短景居安養之長年化生	9 舍利抛閣浮之短景居安養之長年化生

화엄사본 서문 4쪽 →	복원
1 ▨▨▨▨▨▨▨▨	1 菡萏華中託質芙蓉池內勢至觀音爲其
2 ▨▨▨▨▨▨▨▨	2 勝友馬鳴龍樹結作法朋雖名往生凡夫
3 ▨▨▨▨▨▨▨▨	3 便是不退佛子前唐善導垂語向五雲堂
4 ▨▨▨▨此乃	4 中後魏曇鸞驗現形於七寶舫內▨▨此乃
5 ▨▨▨▨而聊陳	5 身後之驗也壽盡臨終之感應傳廣聊陳
6 ▨▨▨▨心之頑踈	6 ▨▨▨▨▨▨心之頑踈
7 ▨▨▨▨伏以同識勉	7 生前身後之禎祥文繁略載伏以同識勉
8 ▨▨▨▨	8 ▨▨▨▨▨▨▨
9	9